目はかすまず気力は失せず

講演・論考・説教

関田寛雄

新教出版社

装丁　桂川　潤
オビの写真　毎日新聞提供
表紙の写真　著者提供

目次

序　「老い」を生きるための黙想……10

第Ⅰ部　キリスト教学校人権教育セミナーから……21

預言者エリヤにおける宗教と国家
——その信従と抵抗の生涯をめぐって……22

この最も小さい者の一人にしたこと
——マタイ二五・三一—四六……31

使命に生きるとは「命を使う」こと……38

あなたの体を献げなさい
——ローマ一二・一—二……44

一人一人の出会いの中から
——マタイ一〇・一六……52

なぜキリスト教学校に人権教育が必要か……57
平和のために働く者としてください
——ヨハネ二〇・一九—二三……71
福音に生きる、福音を命としていただく……77
「人権教育」をすべての教育の原点に……82
正義の目的は共に生きる世界をつくること
——アモス書に学ぶ……85
希望を持って生きるために
——キリストの日に向かって（フィリピ一・三—一一）……99
この最後の者にも
——マタイ二〇・一—一六……116
在日の子どもたちとの出会いから……121
アブラハムの生涯に学ぶ
——すべての民の祝福の基……138

第Ⅱ部　今日における宣教の課題……153

「和解の務め」に生きること……154
まず行きて和解せよ
——マタイ五・二三—二四……157
今、思うこと
——米寿を迎えて……160
敵意という隔ての壁を取り壊す……164
戦後七〇周年の夏を迎えて
——敵意と隔ての壁を取り壊し……166
アダムとエバへの贈物……169
傷だらけの主の復活
——ヨハネ二〇・一九—二二……172
東日本大震災に直面して……176

二人の教区総会議長……178
わが記念としてこれを行え……181
和解の務めに立つ……187
汝の敵を愛せよ……190
見張りの務め……193
軍隊慰安所のマリヤ像……196
ガリラヤとエルサレム
――場所の神学の可能性……199
無用の用……202
石が叫ぶ……205
小さいひとりから始める
――今日における宣教の課題……208

第Ⅲ部　説教者として生きる …… 213

説教とわたし
——個人史的回想 …… 214
説教学的循環を生きる …… 236
暗黒の中の光
——ヨハネ一・一—五 …… 248
光の証人
——ヨハネ一・六—八 …… 254
光は世に来た
——ヨハネ一・九—一一 …… 260
血すじによらず
——ヨハネ一・一二—一三 …… 266
言は肉体となった
——ヨハネ一・一四—一八 …… 272

荒野の声　――ヨハネ一・一九―二三……278
わが後に来る者　――ヨハネ一・二四―二八……284
見よ、神の小羊　――ヨハネ一・二九―三一……290
わたしはそれを見た　――ヨハネ一・三二―三四……296
何を求めているのか　――ヨハネ一・三五―三九……302
邂逅　――ヨハネ一・四〇―四二……308
ナザレの人イエス　――ヨハネ一・四三―五一……314
あとがき……320

目はかすまず気力は失せず

講演・論考・説教

序 「老い」を生きるための黙想

『福音と世界』二〇一九年五月号

そこで、わたしが切実な思いで待ち望むことは、わたしが、どんなことがあっても恥じることなく、かえって、いつものように今も、大胆に語ることによって、生きるにも死ぬにも、わたしの身によってキリストがあがめられることである。（ピリピ一・二〇、口語訳）

右の句は私の人生における起点でもあり帰点でもある言葉である。卒寿を越えた者として今を生きる信仰の、ささやかな断想を述べてみたい。

1 生きるということ

天地創造において神は「光あれ」との言葉から始めて一切を創造されたと聖書は語っている。創造主たる神と被造物（者）との間には絶対的断絶があるにもかかわらず、言葉においての交わりが与えられている。そこに聖書の宗教の独自性があることは周知の通りである。しかもその言葉は六日間の創造を通じて命令として一貫している。そこでは全被造物（者）が偶然の存在ではなく、神の「あれ（存在せよ）」との意志の発動の結果であり、一切は何者にも妨げられぬ必然の存在であることが確認される。それ故全被造物（者）は神の命令に応ずるものとして創造されている。つまり存在とは応答なのである。全被造物（者）は応答的存在であり、それはアニミズムや汎神論とは異なった自然観、人間観の根拠であると思われる。そのあり方は無機物にまで及ぶと考えるべきであろう。それはまさに人間、動植物、自然のすべてを包括する、応答的存在論である。

人間の創造において、神は「神の像」に造られたと聖書は告げている。この場合「像」とは関係的存在、交わる人格を意味することも周知のことである。従って人は神への応答と他者との交わりを条件づけられて存在する者である。この二重の交わりは聖書の人間観の基本であり、およそキリスト教信仰の基本的構造であると言うべきであろう。即ち「十戒」における二部構造として、第一戒から第四戒は神と人との関係を規定するものであり、第五戒から第十戒は人間間の関係を示すものである。「主の祈り」においても第一祈願から第三祈願は神についての祈りであり、第四祈願から第六祈願（第七祈願とする場合もある）は人間についての祈りである。そして何よりもイエスの教えた「最も重要な掟」（マタイ二二章）は、神への愛と隣人への愛という二部構造を示している。その両者の重さは等しいとされる。

「老い」の日々を生きる者としても、この信仰の二部構造を一つとして生きることが生涯の課題であることは明らかである。

2　独り生きるということ

キェルケゴールの『死に至る病』の冒頭に彼は「人間とは関係である」と語り、その第一に自己自身との関係ということを示唆する。これは深い洞察であるが、それは何よりも人間の罪と関わる事柄である。周知のように楽園におけるアダムとエバの物語に象徴的に描かれている堕罪の現実は、人を「独り」にさせている。神の戒めに背いた二人は互いに隠し合いの関係に入り、神への背きの罪を他に転嫁し、アダムはエバのせいに、エバは蛇のせいにする。それはとりも直さず創造主への転嫁となる。そこにこそ後代に「原罪」と称されるに至った人間のエゴイズムという罪の現実が生じた。アウグスチヌスが「原罪」を強調した背景には、自らの若き日の罪の深さへの記憶から人間の罪責性の普遍的事実を洞察した経験があった(『告白録』)。「義人なし、ひとりだになし」とパウロが叫ぶように語る時、彼自身の個としての生の罪責性を告白しているのである。サルトルの『出口なし』なる作品がある。一人の男と二人の女のすさまじい関係を描く中で、たまりかねた男が、「地獄とは他人のことだ」とつぶやく場面がある。人間における交わりの破綻、亀裂、喪失のもたらす絶望と孤独の現実には耐え難いものがある。

森有正が「人には誰にも言えない闇がある」と言う時、それはすべての人の共感を呼ぶのではなかろうか。そのことは夫婦の間、親子の間、その他あらゆる関係に生きる人間の内面にある現実ではなかろうか。教会という信仰共同体の中においても、平和と共生を求めて運動する仲間の間においても、必ず現われてくる罪の現実があることを私たちは忘れてはならない。罪と孤独と絶望の渕に立って死の誘惑にさらされる場合もあるのではないか。そのような「独り」の私はどのように生きていけるのであろうか。

3　ゆるされて生きること

ここで我々は再び創世記のアダムとエバの物語に帰らざるを得ない。楽園から追放されていくアダムとエバに神は最後の贈物を与えられた。それは神が手ずから彼らに着せられた「皮衣」である（創世記三・二一）。罪の故に他者に対して隠さなければ生きられなくなった二人に、神は「隠しながらでも生きていけ。しかし自らを隠すに当たっては、お前たちの自家製の『いちじくの葉』などではなく（それは自己義認のシンボル）、私の与えるゆるしの皮衣（恵みに生きるシンボル）を着て生きよ」と言われるのである。かつてボンヘッファーの『キリスト教倫理』を読んだ時、その最後の部分でこの「皮衣」にふれた所を読んで、私は彼の倫理学がやや古めかしいものであるにもかかわらず大いに慰められた思い出がある。最近の『カール・バルト――未来学としての神学』（福嶋揚著）の中で紹介されているバルトの言葉がある。「あなたは生きなくてはいけないのでは全くない。あなたは生きていてよいのである。……生きようと欲することは、この許された者が欲すること、この自由の中で欲することである。この自由の中では人間はまさしく主権者などではなく、まさしく孤独でもない。神を創造者、いのちの与え手かつ主として、絶えずいかなる状況においても仰ぎ見ているのだ」と（二四頁）。

「独り生きるということ」を思う時、私の心には愛するパートナーを失った視覚障がいの老牧師I氏をはじめ、独身の立場で伝道に励んでいる教職や司祭の方々のことが浮かんでくる。ボンヘッファーの言う「祈ることと民衆の間に正義を行うこと」という、あの福音の二重構造を存在をかけて生きている独身の高齢者を思う時、H・ナウエンの『傷ついた癒し人』という名著を思い出すのである。「まことの癒し人とは自ら傷つき癒された経験のある人のことである」。また「独身を選ぶことにより悲しむ者の慰め手となる」ということは、イエス・キリストの憐れみの出会いにより、「独り生きること」を知った人の新しい生の始まりであると思う。

ここで冒頭に掲げた聖句について黙想したい。「喜びの手紙」と称されるピリピ人へのパウロの手紙は晩年の、しかも獄中で書かれた手紙である。彼が「切実な思いで待ち望むことは、わたしがどんなことがあっても恥じることなく……」と告白する所に私は深い共感を憶えるのである。私自身の生涯を回顧する時、恥多く躓きを残した経過であった。それはひとえにキリストのとりなしの憐れみによって生かされてきた道であった。今、病と弱さを得て思うことは、「生きるにも死ぬにもこの身によってキリストがあがめられること」以外に生きる意味がないということだ。そこに主の前に「独り生きること」の恵みと喜びを思わざるを得ない。かくて残された生（今なお約束されている生と言うべきか）の内容は、罪のゆるしと傷の癒しを与えられた者として、使命に生きること以外にないのである。

4　使命に生きるということ

復活の主が、「ユダヤ人を恐れて」閉じこもっている弟子たちの真中に立ち「平安あれ」と言われて（ヨハネ二〇・一九以下）、自分の「手とわき腹とをお見せになった」と報告され、「弟子たちは、主を見て喜んだ」（二〇）とあるが、むしろそれは号泣の涙と共なる喜びではなかったか。主の十字架の前に弟子たちはもろくも崩れて主を見捨てた。今はひたすら慚愧《ざんき》の想いと恐怖におののいていた所に、主の「平安あれ」とのゆるしと受容の言葉に加えて、主の体の傷に接して、彼らは謝罪の号泣をもって主の復活を喜んだに違いない。しかし更に主は改めて「平安あれ」と語られ、弟子たちの使命への派遣における平安を告げられる。

主の教えと働きは弟子たちによって担われ継続されなければならない。その派遣における使信の内容は何であろうか。それは「傷だらけの体」をさらされた主の復活の事実以外にはない。主の十字架上での叫び、「わが神、わが神、なぜわたしをお見捨てになったのですか」という、究極的な絶望の叫びこそは、「なぜですか」と叫ばざるを得ない、不条理の世界に苦しむ全人類の絶望の叫びを包括する永遠の叫びではなかろうか。そしてそれこそが苦しむ万民の慰めとなる言葉に違いない（ヘブル二・一七以下、四・一五）。更には万民の罪を負って「陰府《よみ》にくだり」（使徒信条）たもうた主に復活の事件を引き起こされた神の摂理への信頼の使信こそ、弟子たちの荷《にな》い行く福音にほかならない。その派遣の過程は決して順調平坦な道ではないはずである。主に倣って歩む道は主の傷に与りつつ歩む道ではなかろうか。それ故に「平安あれ」との主の言葉は一層力強く響くのである。

信徒であれ牧師であれ、キリストを信じ従う者は使命に生きるものである。それはキリスト教世界の量的成長や社会的影響力の増進などを目標にするものではなく、あの福音の二重構造を一つに生き切ることである。すべてのキリスト者は使命に生きるべく召命に与っている。主に召し出されて「主の用」に命を使う者とされている。それは具体的には「放っておけない事態」に主の名において関わることであろう。最近も社会派とか教会派とかいう区別が論議されるが、まことに愚かな論議である。

昔、R・ボーレンが確か、牧師の定年制に対して批判的な意見を述べていた記憶があるが（『説教と教会』?）、私も定年制には反対である。およそキリスト者にとって定年はあり得ない。もちろん、人それぞれの状況に応じて具体的職務から身を引くことはあり得る。認知症の始まった牧師が自覚のないままに教会と宣教において妨げとなる場合がある。それを知らされるならば、潔く引退すべきであろう。しかしなお用いられる余力のある者が自ら引退を決めることは、召命の主の意に悖《もと》ることではなかろうか。もちろん召命は強制ではないし、各自の信仰における選択を否定するつもりはない。

教会によっては牧師の赴任について任期制をとる所がある。私はこれには賛成である。使命に生きることが円滑になされるためにも、これは必要でさえある。召命を受けている牧師も使命に生きる教会も、限界のある存在であり、変動する歴史を生きる者である限り、すべての営みは暫定性という条件を負っている。そのような流れの中で、任期制は牧師にとっても教会にとっても、信頼の中で移動できる制度であり、それは召命にとっても信仰生活にとってもふさわしいことであると思う。使命に生きることを具体的に、積極的に進めるためにも、任期制は有効なものではなかろうか。もちろん信頼のある中で任期が何度も更新されることはまことに喜ばしいことである。

5　終わりを生きるということ

「存在せよ、生きよ」と神に命じられ、ゆるされて約束されて生きてきた生も、やがて必ず終わりを迎える。かつて恩師の松本卓夫先生が青山学院大学文学部神学科の同窓会に来られて、教師仲間が次々と召されていく淋しさを涙を浮かべつつ語られ、自らの長命の意味を、広島の原爆被災者としての証言の使命と結びつけて話されたことがあった。その先生の手には出版されたばかりの『ヒロシマ・ノート』（大江健三郎著）の英訳本が握られていた。卒寿を越えた恩師の姿の中に「終わりを生きること」のモデルを見たのは私だけではない。前述のパウロの告白の中で「生きるにも死ぬにも」キリストがあがめられることこそが自分の切望する所であると語られている。ここでは死も生も相対化されている。生の終わりとしての死が相対化される根拠は、使命に生きることの中にある。私が大切にしているハイデルベルク信仰問答の第一問に対する答、「生きるにしても死ぬにしても、私の人生における唯一の慰めは、私がイエス・キリストのものであるということです」との言葉は、「終わりを生きる」場での私の告白である。「生きるにしても死ぬにしても」という状況は既に復活の命に与っているということではなかろうか。パウロにしても松本卓夫にしても使命に生きることの中で死が相対化されているのである。「死は勝利にのみ込まれた」（Iコリント一五・五五）とはそのような事態を示しているのではなかろうか。「最後の敵」であるとまで言われた死が、ここでは相対化されるのみならず、「わたしの身によってキリストがあがめられる」最後のチャンスでさえあるものとされている。

人の死に際して最も悲しいことは家族―血縁者との別離であろう。もちろん愛する者との永遠の離別は涙なくしては迎えられない場面である。しかし信仰において「終わりを生きること」は血縁をも相対化する。イエス御自身も母や兄弟たちの憂慮にもかかわらず、「神の御心を行う人こそ、わたしの兄弟、姉妹、また母なのだ」（マルコ三・三五）と、使命において血縁を相対化されている。旧くはアブラハムの召命にさかのぼっても、「生まれ故郷、父の家を離れて」行くことが命じられている

（創世記一二・一）。しかし家族の悲しみの現実も無視はできないし、「天国における再会」というロマンの生まれてくることも理解できる。そのような物語の意義を私は決して否定しないし、むしろ牧会上の有益な場面として尊重するものである。しかし私たちは死に直面してただ悲嘆に暮れるというのではなく、むしろ死者の「終わりを生きる」姿勢を示すことで、愛する家族のまなざしを、各自の将来の生き方に向けて方向づける機会とすべきではなかろうか。「終わりを生きる者」の最後の課題、使命はそのような生き様を通して生前よりも更に深い交わりを家族に提供することではなかろうか。

恵みに生きる他、何もない者として終わりを迎える時、寄り添ってくれる家族やかつての教会員や大学の教え子たちの友情は何物にも代え難い感謝すべき賜物である。

キリスト者として自死という形でその生を終える方がある。自死は罪だとして、自死者の葬儀を行なわない牧師の例を見た。ユダの自死を含めたそれは罪だと断ずることができるであろうか。自死に至るまで苦しみ続けた者を、十字架の苦しみによって万民の救いを遂げられた主が、憐れみをもって受容されないはずはないであろう。むしろその方の葬儀をこそ、一層丁重に執行すべきではなかろうか。キリストのとりなしの愛を仰ぐ大切な機会であることは言うまでもない。ここでも「アダムによってすべての人が死ぬことになったように、キリストによってすべての人が生かされることになるのです」（Iコリント一五・二二）というパウロの言葉を希望として受けとめたい。

それ故、天災や事故や犯罪により思いがけない終わりを迎えた方々のことも、このような包括的（インクルーシヴ）な福音の中で受けとめていくべきではなかろうか、そのような終わりを迎えた方々が幼くあろうが老いてあろうが、神によって「生きよ」とされた生を充分に生き抜かれたと信ずる他ない。それにまつわる不条理な「謎」や「なぜ」との問いについては、時間の中で「答」に出会わされる神の摂理に委ねる他はないであろう。

いわゆる死後の世界はどうなるのかとの問いが多くなされる。天国、煉獄、地獄という推論がなされ、それぞれの宗教における大きな神学上のテーマになっている。それは人生の各自における歩みの結論を導き出すための「物語」であり、ある意味でその有用性は認めるにしても、私としては、はっきり申し上げてそれらの「神話」は「非神話化」するべきであると思う。キリスト教における「死後」をめぐる黙示文学的な、時には因果応報的な物語は福音とは無縁のことと思われる。

大事なことは死後の世界の論義ではなく、キリストの復活の命に与ることである。復活の命と言い、永遠の命と言い、それは死後の世界に関わるものではない。復活の命とはこの世における究極的な否定としての死を更に否定し、絶対的肯定の命を生きることであり、この世界における神の恵みの勝利の信仰に生き切ることである。また永遠の命とは死後なお霊魂的な生が続くというのではなく、時間の中に生じる凡《あら》ゆる不条理の事態を突き抜けてなお、その人を生かしてやまない恵みの力に生きることである。時間に対決するものが永遠であり、しかも永遠は時間の中で体験される。かつてM・L・キングは語った、「私の生涯は思いがけなく終わるかもしれない、しかしこの運動（黒人解放の）は続きます。なぜならそれは正しいからです」と。この言葉の中にはまさに死の力に抗してそれに打ち勝っている、復活の命を生きているキリストに従う人のモデルが見えるのではなかろうか。

第Ⅰ部　キリスト教学校人権教育セミナーから

預言者エリヤにおける宗教と国家
——その信従と抵抗の生涯をめぐって

第二九回セミナーの聖書研究（二〇一八年八月八日／清和女子中高等学校）

エリヤを取り上げた理由は二つあります。まずエリヤが預言者の代表だからです。もう一つは、エリヤがバアル宗教と闘ったことを覚えたいからです。バアル宗教は力の宗教です。エリヤの時代、弱肉強食が当たり前になり、階級差、貧富の差が広がっていきます。アシュラという女神、バアルという男神、この二神による多産主義、権力主義、階級主義がバアル宗教の本質です。これは今日の資本主義の構造にもつながってゆくものです。資本主義社会の中でどう生き、何と闘っていくのか、それが私たちの課題です。その意味でエリヤの闘いは示唆に富んでいます。

1

背景を見ましょう。サムエル記八章にイスラエル国家の始まりが記されています。当時、民衆はペリシテ軍に痛めつけられており、対抗するため他国のように民を統括し命令を下す王をサムエルに要求します。サムエルは、ヤハウェ宗教は平等の原理であり特定の家に王としての権力が集中するのはいけないと要求を退けますが、民衆はぜひにと望みます。そこでサムエルが神に問うと、神はサムエルに「今は民衆に聞け」と言います。サムエルは民衆に対し、王という存在がどんな悲惨な結果をもたらすか説き聞かせます。民は承知しそれでも望むと言ったので、サムエルは神の言葉に従いサウルを王として選びます。これがイスラエルという国家の始まりです。

王政とヤハウェ宗教とは本来矛盾するものです。バアル宗教の影響で「力」を欲した民衆が間違った願いを持ち、それに応えて国家ができた。聖書によれば国家は必要悪です。なくて済むなら無いほうがいい。秩序維持のために何らかの統制が必要だから認めているに過ぎない。神の国を求めるとは、この世の国を相対化することです。キリスト教信仰には、この世の国に対する批判的な姿勢がどうしても必然なのです。サウルの後、ダビデが続き、さらにソロモン王朝が生まれました。ソロモンは独裁主義者でした。本来、諸民族の祝福の基になることがイスラエル民族の使命であったはずなのに（アブラハムの召命・創世記一二章）、ソロモンは逆に、権力をもって諸国を支配し、賂《まいない》や人質をとります。ソロモンの死後、息子は王権を継承しましたが、北方の民が反逆してサマリヤという別の国を作り、南北に分裂します。北イスラエルと南ユダです。紀元前九二二年でした。

北イスラエルでもっとも悪辣な王が、アハブです。アハブについて聖書は口を極めて非難しています。アハブはイゼベルという異国の王の娘を妻とします。このイゼベルの家はバアル宗教の大立者であり、その影響でアハブはバアル礼拝をするようになります。宗教的な堕落です。そこへ預言者エリヤが現れるのです。ヤハウェ宗教は平等の宗教、また契約の宗教です。言葉による天地創造があり、超越的な存在である創造主と被造物の間に言葉による交わり（契約）があるということが特徴なのです。「光あれ」という言葉に対して「光があった」という聖書の記述に見るとおり、創造主の言葉への応答としてすべてが存在するのです。「存在」は神の意志によって根拠づけられている。気づこうが気づくまいが「存在」は「応答」なのです。それに対しバアル宗教は力関係です。アシュラと結ばれていくという血縁関係、血のつながりが強調されます。超越神ではなく「力あるもの」が神になるのです。人であっても力あるものが神になる。これは天皇制を想起させます。

ヤハウェという言葉の意味について、木田献一氏がこう分析しました。出エジプト記三章で神はモーセに自らの名を「私は在る」という言葉で示された。言語学的な分析を加えれば、それは「在るものを在らしめるもの」という意味である。さらに「神は『無』と表現する方がふさわしい」という学者もいます。何もない「無」ではなく、在るものを在らしめるために自らは「無」であり続けねばならない。大きな創造的な力としての「無」なのです。そうしてみるとイエスの十字架の出来事は、在るものを在らしめるために自らを無化した神の姿と言える。十字架によって一切を赦し一切のものを生かすため、自らを無にした出来事であったと言えないでしょうか。イスラエルの民がエジプトを出て、旅を続けてカナンに入っていった時、カナンの産業は農業・牧畜でした。イスラエルの民は農耕を知らなかったので、周辺の先住民族に教わるしかありません。それによりバアル宗教の影響を受けざるを得なかったのです。そこにヤハウェ信仰がゆらぐ危険性があり、預言者の存在が必要となります。

預言者という制度は、バアルの影響による国王の権力の暴発をチェックし防ぐ役割として、サムエルが作ったのです。国家と同時に預言者という制度を作ったのは、サムエルの功績です。その預言者の伝統を引き継ぎ、国家権力の暴発をチェックする「見張りの務め」が、今日も教会の役割、姿勢であるはずです。「日本キリスト教団戦責告白」の中にある「『見張り』の務めをおろそかにした」とはそういう意味です。「見張りの務め」を回復し強めていくことは、私たちの課題です。

2

さて、列王記一七章以下の聖書の記述に沿ってエリヤの生涯を学びましょう。エリヤはアハブと対決し、預言します。「私が告げるまで数年の間、露も降りず、雨もふらないであろう」（一七・一）。農産物を司るのはバアルの神とされているが、農産物に影響を与える天候はバアルではなくヤハウェが支配しているのだという、アハブへの批判が込められています。しかしアハブの国王としての力の下で、エリヤはその後、迫害から逃れなければなりませんでした。「身を隠せ」という神の言葉により、ケリテ川のほとりへ導かれます（一七・三）。「烏によって食物を与えられた」との記述は、名前を明らかにしないヤハウェ信仰に生きる者が彼を助けたということでしょう。

エリヤは次に、シドンのサレプタに行って住めと命じられます（一七・九）。シドンはイゼベルの国です。神は敵国に行くようエリヤに命じ、異邦人のやもめにエリヤを養わせる。ヤハウェの神はこのように民族を超えています。このやもめは貧窮の中にありました。エリヤは彼女に水を飲ませてほしいと頼み、パンも所望します。貧しい女は残った最後の粉でパンを焼き、その後、息子と死のうと思っていた。けれどもエリヤは、それでも私に小さなパンでいいから持ってきなさいと望むのです。干ばつの中、貧窮のどん底にあるやもめに対して、エリヤは何を言っているのか。エリヤは主の言葉に立って、バアル宗教に対するヤハウェの「分かち合い」の倫理を訴えているのです。わずかなものであっても分かち合っていこうという呼びかけです。やもめが言葉通りにすると、この後、食べるものに事欠かないほどの粉と油を与えられる。バアル宗教の、力で奪っていこうとする社会（そして今日の資本主義の構造）の中にあって、わずかなものでも分かち合っていくことがどれだけ豊かなものをもたらすか、「分配の倫理」を示して発想の転換を求めているのです。

ところが、もう一つ事件が起こります（一七・一七以下）。貧しいやもめの息子が死んでしまう。「あなたは罪を思い起こさせ、息子を死なせるために来たのか」というやもめの問いに対して、エリヤは「息子をよこしなさい」と言って神に祈ります。「私を助けてくれたやもめの息子の命をお取りになるのですか」と。そして子どもの上に三たび身を重ねて「この子の命を返してください」と祈ります。エリヤは今度は、息子を失った女の側に身を置き、神に向かって叫ぶのです。神は子どもを生き返らせます。ここにまた大きなメッセージがあります。先には「分かち合え」と神の側からの言葉がエリヤを通して女に告げられるのですが、今度はエリヤは貧しい女に寄りそい、人間の側から叫ぶ（祈る）のです。エリヤはイエス・キリストの姿をはるかに指し示しています。神からの言葉であると同時に人間からの祈りである、それを体現していらっしゃるのがイエス・キリストです。

次に一八章でエリヤとアハブとの対決、バアル宗教との対決が描かれます。バアルの預言者四五〇人をカルメル山に集めます。彼らは何も力を示すことができませんでした。エリヤはバアル宗教によって壊された主の祭壇を修復します。主の火が下り雄牛は焼き尽くす捧げ物となるのです。エリヤは民衆を回心させ、バアルの預言者たちを捕らえて殺すという大勝利を得ます。しかしアハブに向かっては「あなたも登っていって飲み食いせよ」と言う、干ばつで苦しんでいた敵に対する寛容なエリヤの姿が描かれています。ヤハウェによってもたらされた大雨の中、主に言われて裾をからげてアハブの前を走り、導いていく。敵の王を先導する、ここにまた神の器としてのエリヤの働きがあるのではないでしょうか。

こうしてアハブは敗北しましたが、バアル宗教の権化である妻のイゼベルがエリヤに対する憎悪の言葉を発したため、恐れたエリヤは直ちに逃げます（一九・三以下）。預言者も逃げることがある。私たちも信仰生活においてつまずきを経験します。限界を感じ、行き詰まり、逃げることがあります。しかし、自分の弱さを知らされ逃げざるを得なかったことが、再派遣への導きにもなるのです。「もう十分です。私の命をとってください」と弱さをさらけ出して祈るエリヤを神は憐れみ、「起きて食べよ」と御使いに言わせます。責めるのではなく「食べろ」と慰め、パン菓子と水で励まします。逃げてきたつまずきから再出発する「旅は長く耐え難い」から、「食べよ」とヤハウェは繰り返し言うのです。神の備えた食べ物で充分に力づけられ、たどり着いたホレブの山で、エリヤは今一度神からの召命を受けます。「ここで何をしているのか」と問われたエリヤは、自分はたった一人残った孤独な預言者であり、無力な存在であると訴えます。エリヤは山の中で主の前に立つように命じられ、「風の中にも地震の中にも火の中にも主はおられず、ささやくような声で」神から語りかけられる。「ここで何をしているのか」と。エリヤは自分の無力を訴えます。神は、弱ったエリヤを再派遣し、新たな王を立てるよう命じると同時に、エリシャという人物を後継者として養えと言うのです。

私たちは人間解放につながる運動をしていますが、一人ひとりには終わりが近づいてきます。限界が訪れ、つまずき、無力になります。しかしその時、後継者を育てるという課題があるのです。新たな後継者が必ず現れるという約束、それが運動の希望となる。神はエリヤに、バアルに膝をかがめない七〇〇〇人を残すと言われました。再派遣にあたってこの約束が与えられるのです。

この後、列王記上二一章以降に「ナボトのぶどう畑」の記事があります。アハブはイゼベルにそそのかされ、ぶどう畑を譲るのを拒んだナボトから土地を奪う。それこそバアルのやり方で、先祖から受け継いだ農民の土地を無理矢理、力で奪おうとするのです。権力によって民衆を弾圧し迫害し宝を奪う。ついにナボトは石で撃ち殺されます。ここから想起するのは、国家権力が機動隊をもって民衆に迫る姿です。これがバアル信仰の本質であり、現在の私たちの住む世界の国家権力の姿ではないでしょうか。それに対してエリヤは闘い、主の裁きの言葉が臨みます。「アハブにつながるものを滅ぼす」と。イゼベルに対しても「犬の群れの餌食になる」と告げます。聖書の記述者は、「イゼベルにそそのかされたとはいえ、アハブのように偶像に仕え主の目に悪と映ることに身を委ねた者はいなかった」（二一・二五）と書きます。エリヤは生涯の最後に、主の御言葉に信頼しながら農民ナボトのために預言して畑を取り返し、アハブに勝って終わりました。

3

さて、エリヤの物語をたどってきた私たちは、何を学び、何をどのように担っていくのでしょうか。まず、現代のバアル宗教との闘いです。経済優先、生産第一、能率重視、人間性無視、強者の勝利、そして差別という構造的な悪の状況、これこそ現代のバアル宗教にほかなりません。それに対してエリヤのように、平等を原理とする聖書の神の言葉に耳を傾けながら、いと小さき者への関わりを深めていきましょう。異邦人のやもめのような、いと小さき者との出会いの中で、エリヤはまず「分かち合ってみよう」と語り、絶えることのない粉と油を与えます。今日の社会が「分かち合い」という倫理を回復できるなら、電力や資源の不足などは解決されるのではないか。自分だけの所有と欲望のために終わりなき収奪を試みるのではなく、分かち合いの世界に生きるならば、わずかなもので豊かに満たされるのではないでしょうか。イエスの働きを想い起こします。五千人を前に「あなた方の手で養いなさい」と弟子たちに言われた。五つのパンと二匹の魚で五千人が満たされたでしょう。「分かち合い」がどんなに現代に必要であるか。それなのに資源の収奪の中でまた戦争が起こり、人類の悲劇が繰り返される。どうして「分かち合い」という営みがもっと広がらないのか。

マザー・テレサは、インドの街の貧しい民衆の中でわずかなお米をいただいて、うれしかったので貧しいヒンズー教徒の母親にそれを半分分け与えた。するとその女性も喜んだが、またその半分をイスラム教徒の貧しい母親に分けに行ったのです。その時マザーは「ここに神の国がある」と言いました。キリスト教教育の目標、イエス・キリストの福音の目的が、ここにあるのではないでしょうか。いと小さきものとの共生の視点、エリヤのまなざしです。神から人間に対する言葉を預かるエリヤ。悲しむ人間の側に立ち神に向かって祈るエリヤ。その姿勢から学ぶのです。

ヤハウェ信仰、創造神信仰は、自然環境の保全をも促します。資本主義のあくどい論理によって自然環境が破壊されていきます。「分かち合い」の精神が少しでもあれば、あるがままの自然を十分に保全していくことができる。しかしそれに逆らうように原発が推進されている。私たちはバアル信仰的なものに今一度はっきりと抵抗していく必要があります。

最後に、「神の召命に生きる」ことに注目しましょう。人は、最後には一人になっていく。そこにイエスとの出会いがあります。たった一人になったことを恵みとして受けとめ、そこから始める自由な歩みがあります。私を生きるに値するものとして認め、徹頭徹尾支え、罪を赦し導かれるイエスとの出会い。イエスの前に一人立つという世界にこそ、自由の根源があるのです。キリスト者の自由とは、唯一の真理、本当に従うべきものに従う、その時にこそ、それ以外のものから自由にされるということです。そのような自由に生きる時、私たちはつまずきを超え、弱さを励まされ、限界を突き抜けながら生きていくことができるのです。一人の人間として、正義と平和の実現のために立ち向かっていくことが可能になるのです。国家権力の相対化と人権の確立は一つのことです。聖書の信仰において国家は必要悪です。だからこそ「み国を来たらせたまえ」という主の祈りが熱く祈られる。国家を相対化すること、国家の終わりなき変革をもたらす働きに連なること、それこそが「み国を来たらせたまえ」という祈りを自ら生きることなのではないでしょうか。

この最も小さい者の一人にしたこと

──マタイ二五・三一─四六

第二七回セミナーの派遣礼拝（二〇一六年八月二〇日／松蔭中学校・高等学校）

1

「いのちと向きあう～今、大切にしたいこと」というテーマで行なわれた第二七回全国キリスト学校人権教育セミナーもいよいよ終わる時になりました。内容豊かなセミナーだったと実感しております。特に私にとりましては、大先輩である九六歳の山本善偉先生の痛切な証言を聞き、衝撃を受けました。山本先生と初めてお会いしたのは、四年ほど前、沖縄・辺野古に行った時です。辺野古という現場に、先生は体を運んでおられるわけです。先生の思いがそこに溢れ出てくるように感じました。

主題講演の安積先生からは、教師としての歩みの中でのさまざまな出会い、とりわけ一人の青年の死を通しての血を吐くような思いのお話をお聞きし、一人の命の大切さをしみじみ思わされました。

私も青山学院で四〇年務めましたが、私の読書会にずっと参加していたクリスチャンの学生が、卒業してすぐに自死いたしました。ショックを受けて教会に駆けつけ、ご両親にお会いし、牧師先生と一緒に話をしました。就職試験に失敗したと新聞には記事が出ていました。いろいろうかがってみると、仕事が決まれば結婚をと考えていた女子学生がいたのですが、彼が広島の出身で両親が被爆者であると分かった時に、女性の両親が猛烈に結婚に反対したというのです。もちろん彼女は一所懸命両親を説得したのですが、最後の最後は両親の意見に従ってしまった。それが彼にとっては本当に大きな痛みで、被爆二世という生涯負っていかなければならない重荷の前にくずおれてしまった。原子爆弾の直接的な悲劇もありますけれども、被爆二世の青年までも犠牲になっている。一人の命の重さ、死の重さを思わされ、戦争の罪悪がどこまで人びとを苦しめるのかという反戦の思いを一層深くしました。

教育の現場において、「一人」に具体的に、集中的に出会う時に、そこに普遍的な真理が見えてくる。現実が見えてくる。私たちはよく「現場、現場」と申します。山谷《さんや》、寿町《ことぶきちょう》など具体的な場所もありますが、現場というのは空間概念ではなくて、関係概念です。一人の命との関わり、それが、現場なのです。

実は、このセミナーに参加する前に私は大阪で一人の教え子と会ってきました。その教え子も私の読書会にずっと参加していたのですが、大学院に行き、教育実習に出る時に、心の病になり挫折し、中退しました。その後は、年賀状だけですけれど、関わりは続いていました。一人でこもっていた彼女が、見違えるように変わっているんです。宝塚近辺で、二〇〇人からのウォーキングサークルの指導者の資格を持っているというのです。体は小さい、かつてのままですけれども、魂の中に湧いているウォーキングに対する情熱、いろんな責任を負うことに耐えていく能力。こんなにまで変わったのかということを見せられ、感動をもってひと時を過ごしました。

私は力なく、何もできない人間だけれども、痛みや重荷を負い、苦しみを負っている一人の生徒に関わり続けました。関わりを続けることが、ある意味で言葉を超えた言葉になっていくのではないかと思っています。教師も人間として限界がある。しかし、関わり続ける中で神様が何事かをひき起こしてくださる。そこに教師の希望や生き甲斐があるのではないでしょうか。

2

本日の聖書箇所はよく読まれるとても大事なところですが、私は後半の「左側にいる人」の記事については、いつも戸惑いを感じます。なぜ前半だけ、右側だけで終わっていないのかと。

これは終末のたとえ話でありますけれども、マタイ福音書の著者は、ユダヤ人のための福音書を書いていますので、ユダヤ教の終末論的な二元論の影響を受けているとしか思えません。右と左を分け、右は救われ、左は裁かれ滅ぼされるという言葉の中に、やはり時代的な限界を見ざるを得ないのです。聖書にはこういう場面がよくあります。マタイ五・四五で「父なる神は悪人にも善人にも太陽を昇らせ、正しい人にも正しくない人にも雨を降らせてくださる」とイエス様が語っている実にすばらしい普遍的愛の言葉は、人間的な善悪の基準を超えて、父なる神はすべての者に太陽の恵み、雨の恵みを与えてくださることを表しています。普遍主義ですね。ところがその次に、自分たちだけが挨拶し合うとはどういうことだ、異邦人でさえしている、という話が続きます。「異邦人でさえ」という言い回しが出てくるわけです。つまり福音書にも、普遍主義と差別とが混在しているのです。やはり、イエス・キリストの福音から、聖書を批判的な目で読む。聖書を本当に神の御言葉として受け取るためにも、批判的に読んでいく視点が必要なのです。

聖書は神の言葉であり絶対間違いないんだ、という非常に極端な聖書主義があります。聖書を大事にすることは全く賛成でありますが、内容については、イエス・キリストの普遍の福音、尽きない慈しみの御教えを中心に読むべきだと思います。

「わたしの兄弟であるこの最も小さい者の一人にしたのは、わたしにしてくれたことなのである」「この最も小さい者の一人にしなかったのはわたしにしてくれなかったことなのである」という言葉が持つ意味はとても大きいですし、右のものは救われ、左のものは滅びるというような二元論ではなくて、主イエスにお仕えするためには、「具体的な一人」という視点が必要だという、この点についてしっかりと受け止めていくことが大切です。そのような聖書に対する批判的アプローチを、大事にしなければいけません。やはり、イエス・キリストの福音を基準として読み直していきたいものです。

今朝の聖書研究（勝村弘也氏「国家について旧約から学ぶ」）でも、大変意義深いことを語っていただきました。国家は、神の御前において相対化される。国家は絶対ではない。「国家そのものを相対化する」という聖書の大きなテーマがこの時代に受けとめられていかなければならない。教科書問題や憲法改定議論において、ある人びとは国家を強調し、国家のための市民という論調です。市民のための国家じゃなかったのか。こういう時代にあって、国家は相対的だということは、イエス・キリストの信仰から見て当然のことです。国家の相対性をもたらすものは、イエス・キリストの福音です。この世界を作り、歴史を導き、究極的な救いをもたらしたもう父なる神の愛、イエス・キリストによる救い、このイエス・キリストに聴き続けることの中で、すべてが相対化されていく。
荒井献氏は、神とは相対化の原理である、と言いました。イエス・キリストの父なる神を仰ぐ時に、すべては相対化される。そこにクリスチャンの自由があるのです。この自由を大事にすることによって、隣人愛が基礎づけられていく。日ごとに主イエスと共に祈り続ける。「主の祈り」を祈りながら、イエス様と私という一対一の関係になる。このことはすべての関わりの原点なのです。イエスと私、本当に一人になることが必要です。なぜそれが必要か。共に生きるためです。本当に共に生きるために、イエス様の前に一人になることが求められている。信仰において、一人になるということは、共に生きるためであります。

3

私は五十数年、川崎で伝道してまいりました。その中で、大きな賜物として、在日大韓基督教会の李仁夏《イインハ》牧師との出会いがあります。李仁夏牧師の生涯、これは福音に生きる者のモデルと言えるでしょう。イエス様ご自身がもちろんモデルなのですが、時代も場所も遠いですから、一所懸命、福音書を読んでもモデルとするには少しぼやけるわけです。イエス様の福音に生きている身近な人に出会いますと、よいモデルになる。イエス・キリストに生きているモデルを持ってください。この人のこの点については学んでいこうという、身近なところに福音のモデルを持ってください。そうすると慰めになり、力と励ましになります。李仁夏先生は四年ほど前に亡くなられましたが、退職されるまで川崎で、伝道の問題、在日韓国・朝鮮人など少数者の人権問題に関わられました。今回のヘイトスピーチ解消法も、李仁夏先生が遺された社会福祉法人青丘社の職員の方からの訴えを聞いて、みなで一緒に歩き続けた結果の一つです。そういう現場の動きの根底には、李仁夏牧師との出会いがあったわけです。

私の大好きなフーテンの寅さんの映画監督、山田洋次さんと、一五年前に『信徒の友』で対談をしました。戦争が終わり、「満州」から引き揚げてきた山田さん一家は無一文となってしまい、山田少年は竹輪の行商に出ました。なかなか売れずにいた時、駅前の一杯飲み屋の女将さんに「なんでこんなことしてるの?」と聞かれた。山田さんが、自分は引き揚げ者で、生活に困ってこの仕事をしていると言ったところ、女将さんは「そうかい、そうかい、今度から、売れ残ったらうちで引き取ってやるけん」と言った。この言葉に一四歳の山田少年は涙したそうです。また「満州」で出会ったクリスチャン医学生の小川武満さんの影響も山田監督は受けていらっしゃる。小川さんは日本に帰ってから牧師になり、八王子の近辺で医者をしながら、日本キリスト教会の牧師をしていました。山田監督の映画では、貧しい者、いと小さき者の一人に焦点が当てられています。素晴らしい人間愛があります。信じ合い、支え合い、失敗してばっかりだけれども繰り返し立ち上がって、悩んでいる人、傷ついている人のもとに駆けつけていく、フーテンの寅のスタイルの根底には、明らかに小川牧師や女将さんから影響を受けた山田監督の姿勢があるのだと思います。

私は牧師を六〇年近く続けていますけれども、いくつもの失敗があり、やり残したこともいっぱいあります。教師としても人間としても、さまざまな弱さを持っている者です。私たちはお互いに限界のある人間です。一所懸命関わりながら、結局は問題を解決できないまま行方が分からなくなった方々もいらっしゃるわけです。言うなれば、私のキリスト教の伝道は、売れ残りばかりです。「今度から、売れ残ったらうちで引き取ってやるけん」と言ってくれた一杯飲み屋の女将さんの言葉は、教師の皆さんにとっても、イエス様の言葉につながるのではないでしょうか。「限界があるだろう、手が届かなかったろう、目も届かなかったろう、でも売れ残ったら私が引き取ってやるけん」。最後の最後は、イエス様が引き取ってくださるから、限界を抱え、躓き、恥をかきながらも、教師を、牧師を続けられるのではないでしょうか。

イエス様がなされたように、どこまでも一人のいのちを求めていく。できないかもしれない、売れ残るばかりかもしれない、しかし最後の結末は神さまがつけてくださる。お任せできる方がいらっしゃる。そのことが私たちの慰めではないでしょうか。そのようにして教師の仕事を続けてまいりましょう。イエス様の足跡をたどりながら歩み続けてまいりましょう。また来年皆さんにお会いしたいと思います。

使命に生きるとは「命を使う」こと

第二六回セミナーの派遣礼拝（二〇一五年八月一九日／恵泉女学園）

いよいよ第二六回全国キリスト教学校人権教育セミナーの終わりのときが来ました。二泊三日ご苦労様でした。それぞれ学ぶところが多かったのではと思います。

今年は戦後七〇年の年です。そのことを特に重く認めたいと思います。私は一九二八年の生まれで敗戦の時は一七歳でしたので、太平洋戦争のプロセスを身近に心深く刻んでおります。あのような軍国主義が生まれたのはなぜだったのか。一九四五年までの世界とそれ以降の世界とどういう違いがあるのか。明治の近代化の始まり、幕府の時代から明治政府の時代に入ったその時、日本をどのような国にしていくのか、明治の元勲は欧米を視察して回りました。その時見たヨーロッパの国民統合の原理はキリスト教であるが、日本には何もない。だから天皇と国家神道とをもって近代日本の国民統合の原理にしていこうというのが出発点であったのです。そして禁教令が解除されました。

一八九〇年（明治二三年）には教育勅語が生まれ、その直前の一八八九年（明治二二年）に明治憲法が生まれました。冒頭に「天皇は神聖にして侵すべからず」とあります。問題はこの項目と日本の教会とはどうつながっていくのか、ということです。モーセの十戒の第一戒「汝、我以外を神とするべからず」と一致しないわけですから。近代日本の形成と共に日本の教会はこの問題に苦しんできたと思います。何とかやりくりしてやってきた。しかし満州事変から始まった一五年戦争の時に、物だけでなく日本人の精神を戦争に向けて動員しようとしました。

一九三九年にできた「宗教団体法」によって全宗教が再編成されました。戦争協力へと大同団結が求められて、西洋のミッションとの関係を絶たれて、一九四一年に日本基督教団が設立されたわけです。その時の議論の中で、荒木貞夫という陸軍大将が文部大臣だったのですが、神社参拝を行なわない宗教はその存在を認めないと発言しました。全宗教が国家神道、神社参拝を条件として再編成された、日本基督教団はその一つなのです。そして富田満教団統理が伊勢神宮を参拝して教団の成立を報告した記録が残っています。宗教団体法の中には神道、仏教、キリスト教の三つが言及されていました。キリスト教の名前が入っていることは政府による認知であり、慶賀すべきことであるというのがキリスト教会の認識でしたから、キリスト教は率先して戦争協力に励んだわけです。たとえば、日本基督教団号という名前のついた戦闘機が二機献納されています。全教会が献金をしているのです。南方に、数十名の英語ができる宣教師が派遣され、アジアの教会に向けた「大東亜戦争はアジアの解放戦争だ、協力せよ」と要請するメッセージを携えていたのです。

浜崎次郎という牧師さんが書いている記録が残っています。日本軍の部隊がフィリピンのある町に逗留したところ、カトリック教会の神父がやってきて自分たちの教会のマリア像がなくなったというのです。調べてみると、軍の慰安所の中にマリア像が持ち込まれていました。部隊長の命令でいわゆる「慰安婦」たちにその事情を聞くと、「マニラに日本軍が来た時、強引に町の平和のためにと言われて『慰安婦』にされたけれども、その仕事に就くと直ちに、家族からも友人からも教会の人からも白い目で見られるのが本当につらい。教会にも行けない。でもマリア様なら私たちの苦しみを分かってくれる」と、「慰安婦」たちが思い切ってマリア像を盗んで朝夕慰安所で礼拝をしていたというのです。通訳をしたその牧師は、慰安所のマリア像はそのままにして、神父の教会に新しくマリア像を寄進したらどうかと部隊長に進言し、それを部隊長は承認しました。牧師として最小限のことしかできなかったけれど、と浜崎牧師は書いています。この悲痛な慰安婦たちの叫びと祈りを私たちは決して忘れてはなりません。

そういう事実があるのに、慰安所を否定する意見がある。事実は軍隊と共に各所に慰安所が造られ、そういう中で教団の牧師が戦争協力しているのです。そういう過去を持っているのに、敗戦後何もなかったかのように伝道・牧会ができるか、ということなのです。しかも敗戦当時の教団統理は、やむなく戦争に負けたけれどもこれからますます天皇の聖旨にかなうように励もうといった内容の演説をしています。

鈴木正久牧師が教団議長になって、やっと一九六七年のイースターの日に戦争責任告白がされました。日本の教会が戦責告白を通して学ばなければならないこと、学びつつあることはなにか。この日本で教会があり続けるためには教会と国家の関係を神学的に考え続けなければいけない。それが日本の教会の神学的宿命であると私は思います。

今年戦後七〇年を迎え、これから現場に戻っていかれるにあたり、皆さんに、ヨハネ福音書の聖書箇所を見ていただきたい。復活のイエス様が、ユダヤ人をおそれて閉じこもっている弟子たちのところに現れました。そしてその真ん中に立たれて「平安あれ」と言われました。この言葉の中に弟子たちは何を聞いたか。イエス様に従うと言って伝道の旅を続けてきたのに、イエス様が逮捕された時、自分たちは恐くなって逃げた。イエス様は一人で十字架の道を歩まれ、そして裁かれて死なれた。そのことについて弟子たちには責任があるわけです。だから突然現れたイエス様にびっくりしたと思います。しかもイエス様は手とわき腹をおみせになった。復活のイエスは傷だらけだったのです。

復活の主イエスの命にあずかることは、きれいさっぱりした身体になることではありません。主イエスの命にあずかるということは、傷だらけの命を生きることなのです。私たちは自分の人生を振り返ってみると、多くの失敗があったじゃありませんか。罪を犯したじゃありませんか。多くのつまずきを経験し、絶望し、孤独で、人生に行き詰まったということがあったはずです。イエス様を失った弟子たちはそういうことを味わったと思います。しかも恩師を見捨てたという負い目の中にいた。ところが、その中に主が現れて「平安あれ」と言われました。その言葉の中にはイエス様の赦しと慰めがある。私たちも傷だらけの人生です。そこに現れるイエス様は、自ら傷を示しながら「平安あれ」と言ってくださいます。

人権のさまざまな問題に関わってそれぞれが重荷を負って歩き続ける中で、つまずかない人はいません。失望しない人はいません。けれどもそんな中にあって、イエス様が真ん中に立たれて手とわき腹を示される。ご自身が傷ついていらっしゃるのです。「弟子たちは主を見て喜んだ」とあるけれども、傷だらけの復活の主を見、涙を流しながら喜んだのではないだろうかと思います。

そしてイエスは重ねて言われます。「あなたがたに平和があるように。父がわたしをお遣わしになったようにわたしもあなた方を遣わす」。派遣の旅に出て行きなさい、と言われます。それは、つまずきと孤独と失望に満ちた旅です。にもかかわらずその旅には主の平安がある、私たちはその平安のなかを歩み続ける、そこに「希望」があるのです。キリスト教の「希望」とは、いつも「にもかかわらず」の希望です。先が明るく見えているから、というのは希望ではありません。お先真っ暗の中「にもかかわらず」希望があるというのが聖書の希望です。だから「にもかかわらず」の平安に生き、「にもかかわらず」の希望に生きよ、というのがイエス様の派遣のご命令です。

けっして楽観できない今の日本の状況です。ますますもって現政府の締め付けが厳しくなるでしょう。秘密保護法が通ってしまいましたし、集団的自衛権の行使、安保関連の法案も決まるでしょう。しかしそうした危機が迫ってくる中にあって、一人一人がこのような平安と希望に生きるのがこの派遣の道なのです。

そして最後に、イエス様は弟子たちに息を吹きこんでこう言われたのです。「聖霊を受けなさい」。私の考えでは、聖霊を受けるとは神の導きに基づいて生きる自立の生、自立の力を深く与えられることなのです。どんな困難があっても自立していく、主イエスの復活の命にあずかりながら自立する、なにものをも恐れず使命に生きるということです。使命に生きるということは「命を使う」と書きますが、使命に生きる時に死は相対化されます。死は絶対でなくなります。その意味で派遣の旅とは、死をも相対化するすばらしい道行きだと思います。

かつてある視覚障がいの方の文章を読んだ時にこんなのがありました。ある日電車の中で降りるドアに向かっていった時、自分の腕を差し出して「ご一緒にどうぞ」と支えてホームとの間のすき間を渡ってくれた男の人がいた。その時、男の人が連れていた小さな女の子が「おとうさん、あの人お父さんのお友達なの？」と聞いた。その男の人は「そうだよ、お友達だよ」と言いながら二人は行ってしまった。その盲人の方の心には、電車が去った後もその言葉が響き続けました。その女の子はそのようなお父さんを持って何と幸いなことか、と書いておられます。今回のセミナーの「小さな命に目を向け、小さな命のことばを聴き、ともに歩んでいく」というテーマの中で、私たちもこのような父親、母親になりたいものです。

お祈りをします。

神様。この二泊三日のセミナーがすべてあなたの導きによって行なわれたことを感謝します。準備の方々の尊い努力によりすべてが順調にここまで進んできましたことを感謝します。ここで得られたこと、分かち合ったことをしっかり抱え、担いながらあなたの派遣の道に歩ませてください。「平安あれ」というあなたのみ言葉を、ことあるごとに新しく聞き直しつつ、それぞれの旅路を歩むことができますように。聖霊の力を与えられて、いかなる時も神と共にある自立の道を歩ませてください。時につまずき、お先真っ暗になることも、空回りを経験することもありますが、歴史の結論を出されるのはあなたです。私たちが生きている間に目に見える成果は得られなくとも、あなたが結論を与えてくださることが希望です。そのことを信じつつ一人一人の旅路を、主よ、導いてくださいますよう心からお願いします。主イエス様の御名によってお祈りします。アーメン

あなたの体を献げなさい
――ローマ一二・一―二

第二五回セミナーの派遣礼拝（二〇一四年八月八日／福岡女学院）

1

今年は、私どもの人権教育セミナーの運動が始まって二五年目になります。二五周年にふさわしいプログラムであり、本当に感謝で満ちあふれております。

今回は、「見えなくされた人々の声を聞く」というテーマですが、『福音と世界』七月号に、いま精神障がい者のための施設を建設しておられるK・Y先生が書いています。その中に、衝撃を受けた言葉がありました。それは、「アボジ、お願いだからはやく死んでください」という言葉です。植民地支配の下で、朝鮮半島に居所を失ったアボジが日本にやってきて、さまざまな差別にあい、自分自身を見失うばかりの問題に触れ、それが爆発するのは家庭内暴力でした。激しいアボジの暴力の下で家族全体が苦しみ、「アボジ、お願いだからはやく死んでください」という言葉になったのではないかと思います。もちろん、家庭内暴力、暴力自体を認めることはできません。けれども、そうならざるをえなかった、爆発せざるをえなかったアボジの状況を思うと、この世界に居所を失ったことの不安、虚無、焦り、絶望、嘆きがあったと思います。

崔善愛《チェソンエ》先生のお話の中に、「人間にとって一番大事なことは、居住権だ」という言葉がございました。居所が失われると、人格の破壊につながっていき、その人格につながるところの家族、人間関係すべてが破壊されていくのです。私たちは、支配する側に立っていたわけですが、植民地支配の下にあった朝鮮民族がどんなに大きな苦しみを味わってきたか、この事実をはっきり見ることが歴史認識なのです。歴史認識を踏まえた上で、いかに生きるかという未来を模索することが私たちの責任だと思います。安倍総理が国会の議論の中で、歴史認識を聞かれた時に、「歴史のことは歴史家に任せましょう」と言い放っていました。それでいいのでしょうか。日本の行方を模索していく時に、これまでのことを踏まえた上で、未来に向かっての方向性を決めていくわけでしょう。「歴史は歴史家に任せよう」ということで終わってはならないのです。そのことから私は、本当に日本の危機を感じます。

K・Y先生は、神学生の時に、臨床牧会訓練というプログラムに参加したのです。神学生としての先生は、病院で病人と対面していく時に、自分が在日であるという自己同一性、アイデンティティの問題、自分が韓国人・朝鮮人であるということが相手に知られると、どういう反応が起こってくるのか考えていました。在日がいつも経験してきた問題ですけれども、それを踏まえて、朝の礼拝の時に、在日としてどうやったら日本人に理解されるのだろうか、ということを思って説教の中で語られました。説教のあと、話し合いの中で、そのチャプレンの方が「悩むことなんてないだろう。君だって日本人じゃないか」と言われたのです。その言葉は、必死に存在をかけて、在日韓国人としてのアイデンティティの確立のために死に物狂いで生きてきたK・Y神学生の存在を否定する言葉でした。K・Y神学生は、問題提起としてこのプログラム全体のストップを提案したのです。それ以来、この臨床牧会訓練は行なわれていません。彼は、神学校を卒業しまして、在日大韓川崎教会で李仁夏《イインハ》牧師のもとでの素晴らしい働きをされた上で、大阪に移られました。

今年の一月にたまたま大阪に用がありまして、K・Y先生がやっておられる精神障がい者のための福祉施設を訪ねたのです。川崎で別れて以来、もう何十年もたっています。そこへ突然私が現れたものですから、K・Y牧師はびっくり仰天して、言葉を失っていました。そこで聞いたことですが、社会福祉法人の申請を出していたのに半年も応答がなく、審査もされていませんでした。在日コリアンの施設申請についてきちっとした対応をしていなかったのです。ようやく今日、認められたとのことでした。彼は、居所を失った民族の一人が、そのように今でも一市民としての扱いを受けることなく耐えなければならないという在日コリアンの人権問題について、日本社会、私たち一人ひとりはどう考えたらよいのでしょうか、と言っていました。そして、二人で涙と共に祈りました。感謝でありますけれども、そこには大きな問題が残っているのであります。

2

昔のことになりますが、一九五七年に私は川崎の桜本に開拓伝道に入りました。九坪の礼拝堂、四畳半の牧師室、トイレと台所という小さな建物に住み込んで間もなく、真夜中に戸を叩く人がいるのです。出てみましたら、教会学校に来ている男の子二人、そしてその子たちのお母さんらしい人が立っているのです。「どうしましたか」と聞きましたら、「実はウチのアボジが……」と言うので、在日コリアンの家族だったのかと思いました。子どもたちは日本名で来ていたので分からなかったのです。中へ入ってもらいまして、話を聞いたら、夫は日本の会社に勤めていて、ささいなことから喧嘩になってしまった。会社の人間から、「朝鮮人は朝鮮へ帰れ」と言われた。自分が好き好んで日本に来たわけではない、一九四三年に川崎日本鋼管に、何百人と一緒に連れて来られた自分は、敗戦のあと帰ろうと思っていたけれども、朝鮮戦争が始まってしまって帰ることができず、やむなく日本の会社に勤めて生き延びてきた。しかし、今、そのことを言われて、どうしても腹の虫が収まらなかった。酔っ払って帰ってきて、包丁を振り回して家の柱という柱を切りつけている。危なくて子どもたちを寝かせられない、子どもがお世話になっている教会で今晩泊めてもらえませんかという話で、親子三人で泊まってもらいました。

そのオモニを通して私は、桜本という地域がどういう場所であるか、初めて知ったのです。それまで何も知らないで教会づくりに入った私にとって、在日コリアンとの出会いは初めてだったのです。そういう状況に遣わされてしまった、どうすればいいのだろうか。ここで教会づくりをするということは、単なるみ言葉の取り次ぎとしての礼拝ではなく、駆け込み寺のような役割もしなければならない、それがこの地での教会づくりなのだとしみじみ感じました。

そして、二年後に李仁夏牧師が川崎の大韓教会に赴任してこられました。「挨拶に来ました」とおっしゃって、初めて李仁夏牧師とお会いしました。その時に、「挨拶に来たのにさっそくですけれども、お願いがあります。長男を桜本小学校に入れたいと思って校長先生に相談に行ったら、朝鮮人の子どもについては日本人の保証人をつけろと言われました」と言うのです。私はびっくりしました。保証人という存在は、何か不安定な状況の人格に対して保証するということです。一人の外国人の子どもが、日本人の学校に当然の権利として教育を受ける場を求めて入ってくるのに、日本人の保証人をつけろということが、当時の桜本小学校の校長の認識のみならず、多くの場合の教師の認識ではなかったでしょうか。びっくり仰天しながら、とにかく書類に捺印しました。

あとでまた、李仁夏牧師の夫人に伺ったことなのですが、お嬢さんのほうも保育園に入れようとしたら、「うちの保育園には、あちらさんは誰もいませんの」と言われたそうです。粘って粘って交渉したら、「牧師さんの娘さんならまあいいでしょう」と、非常に屈辱的な形で入園を認められました。このことは、牧師夫妻にとって深い心の傷になっています。私は、李仁夏牧師と出会った時に、彼の悲しみと怒りにも出会っていたのです。

それから、李仁夏牧師が召されるまで、川崎での伝道の問題、在日コリアンの人権の問題について四九年間一緒にやってきました。そして、召されていかれる時に、「お別れの集いのときのメッセージは、関田に頼むように」とご家族に遺言されたようです。他にもたくさんのコリアンの牧師先生がいらっしゃるにもかかわらず、日本人の私に最後の言葉を述べよと遺言されました。そこに私は李仁夏牧師の本当に尊い友情を噛みしめました。そして、東京教会でお葬式が行なわれました。

3

歴史認識の問題と、もう一つに原発の問題があります。実は私は、日本基督教団神奈川教区の派遣で、東日本大震災で被災した教会四つを巡りました。特に、原町の朴貞蓮《パクチョンヨン》牧師が福島で迎えてくれまして、福島から原町まで二時間半車で走ったのですが、その時に飯舘村など、線量の高いところを走っていくと、どこも無人でした。商店街には全部シャッターが降りていました。一般家庭には全部雨戸が閉まっています。誰もいません。累々と並んでいるのは、汚染土を詰め込んだ袋です。海岸線を巡っていると、津波の力が強く、田んぼに海水とヘドロが入っているのです。何年経ったら田んぼが回復できるだろうかという状況です。海岸線のガードレールは全部ぐにゃぐにゃに曲がってしまっていました。そのような中をくぐり抜けながら、地震の恐ろしさもそうですが、原発の被害によって一三万人の人が故郷を失っている状況に、心が痛みました。しかし、安倍総理が原子力発電所のセールスのためにトルコまで行っているということは、どれだけ被災者の心を傷つけているでしょうか。せめて、「原発は終わります。新しい自然エネルギーに切り替えます」という一言が、どんなに原発被害者の方々の心の慰めになるでしょうか。こういった状況について私たちはしっかりと受け止めていかなければならないと思います。

どうしても疑問に思うことは、なぜ安倍総理は、経済的に繁栄し、富を確立することによって「世界に勝つ日本にしよう」というのでしょうか。どうして、世界で共に生きる日本という発想に切り替えていけないのでしょうか。そのようなことも踏まえて、私たちは時代の流れをしっかりと見据えていかなければならないと思います。

特に最近、電車の中で吊られている週刊誌の広告などを見ますと、かつて私たちが少年時代に新聞で、米国、英国への敵意を煽る論評をよく見たように、今、中国、韓国・朝鮮に対する読むに耐えないような誹謗の言葉が並んでいます。またあの時代が来てしまったのかと思わされます。そんなふうにして敵意を煽り立てるような動きについては、しっかり警戒しないといけません。それこそ、秘密保護法によってどんどん事態を見えなくさせていく力が働いているのです。それをはねのけながら、真実を見つめていく努力をしなければならないと思います。

戦争中に『朝日新聞』の「天声人語」では、ルーズベルトを批判していました。ルーズベルトの名前をもじって、「ルーズベルトというのはベルトがルーズな人間なのだ。日本で言うと、ふんどしが緩んだ人間なのだ。腰抜け人間なのだ」とルーズベルト批判の言葉がありました。そのようなことが、今また世のマスメディアに出てきています。みなさん、気をつけてもらいたいと思います。

4

今回のセミナーを終えるにあたって、どうしても言っておかなければいけないことがあります。それは、ローマ書一二章の使徒パウロの言葉です。「あなたの体を献げなさい」。使徒パウロがこのことを申します時に、「神の憐れみによって」という言葉が付加されています。この「神の憐れみ」という言葉は複数形なのです。パウロは、自分自身に与えられている数々の憐れみ、その都度その都度の神の憐れみを実感しながら、神の憐れみによってこそ働くことができるという思いで、この勧めの言葉を始めているわけです。ローマ書の一二章以下は、信仰の実践論です。身体を献げるということは、私たちの状況から申しますならば、この時代のどこに自分の身体を置くか、誰と関わりを持って生きるかということだと思います。

「現場」ということがよく言われます。現場というのは、寿町であったり、山谷であったり、そういう現場はもちろんありますけれども、同時に現場というのは、単なる「空間概念」ではなく、「関係概念」だと思います。つまり誰と関わるか、誰とどういう関係を作るかということも、我々の現場なのです。そこでもって、痛み、苦しみ、見えなくされている人たちと関わりを持つことの中で、新しい発見をしていき、命の分かちあいをすることができる、そのような人びととの関係に生きることの中に身体を献げる場があると思うのです。身体は本当に大事なのです。私たちは大きなことはできないかもしれませんが、痛んでいる一人の人間と関わりを持つことによって、お互いに命を分かちあうことができ、学ぶことができ、新しい命を作り出すことができます。そのような現場に生きていきたいと思います。

われわれの運動は、つまずきを経験し、敗北を経験することがあります。けれども、覚えておいてください。パウロは「為《せ》ん方《かた》尽くれども望みを失わず」（Ⅱコリント四・八）と言っています。もう駄目だということになったとしても、望みを失わないということ、イエス・キリストにある望みです。生きている間に結論が見えなくてもいいではないですか。信じることができれば、希望に生きることができるのです。希望を捨てないこと、課題との対話をやめないこと、そして最後は、課題の土俵を割らないこと。この三つを申し上げて、今回のセミナーの結論としたいと思います。

一人一人の出会いの中から
――マタイ一〇・一六

第二四回セミナーの派遣礼拝（二〇一三年八月二一日）

イエス様は弟子たちを派遣される時実に印象的な言葉を言われます。「蛇のように賢く、鳩のように素直になりなさい」。イエス様がどんなにか弟子たちのことを心遣いなさったか、そして最も適切な言葉を言われたのか。「蛇のように賢く」とは、私の解釈では慎重に、しかし鋭く、賢く状況判断をしなさい、時の移りゆく中で何をなすべきかを鋭く見抜きなさい、備えなさい、身構えなさい、ということだと思います。「鳩のように素直に」というのは時代におけるメッセージ、キリストの弟子として何を言うべきかという本質的なものに対しては、従順にしっかりと福音を受けとめてたじろがず続けなさい、ということだと思います。蛇のように状況性に敏感であること、鳩のように本質志向、鳩は帰巣志向があるので、かならず本質的なところに帰ってくる、そういう状況性と本質性というのがイエス様の言葉の意味だと思います。

ずいぶん前ですが、アメリカのフレッチャーという人が『状況倫理』という本を出しました。キリスト教がメッセージを語る時イエスの福音をドグマにしてしまうことがあります。歴史性を失って単に命題化されたものを反復することになっては福音の力が失われます。歴史の状況にかみ合うように語らなければなりません。状況との関わりにおいて福音を伝えるということ、愛を伝えるのに単なる言葉の反復では力がありません。一つ一つの状況の中で何が愛なのかを提言する時、状況倫理という発想は受け入れられていて、今日でもその主張の価値は失われていません。

教会の伝道の場でもイエス・キリストの福音が生き生きとした命のことばで語られず、ただ繰り返されて、教会用語としてそれを呑み込んでいればいい、というのでは命のある福音ではありません。ですから状況認識というのは大事です。たしかに状況が考慮されてそれに見合うように福音を語らなければならないのですが、しかし気をつけなければいけないのは、状況がこうなんだから、といつのまにか状況への妥協になってしまって、本当に大切なものがなし崩しになってしまうことがあることです。状況の方がいつの間にか原則になってしまう。状況の流れの中にとりこまれて、本質的な、変わらない真理がうやむやになってしまう危険性があります。本質的なものを大事に維持しながら、それを歴史的、状況的にどのように展開するのか。教会だけでなくキリスト教学校でも、状況に見合っていて、しかも大切な人間的な真理を展開しなければなりません。鳩性と蛇性を大事にするということが、イエスの宣教に弟子を派遣する目標でありました。

イエスの福音の本質的なものと言えば、それは「罪の赦し」です。罪とは交わりの拒否です。神との交わりの拒否、人間との交わりの拒否、これをイエスは償いたもうたのです。その償いの愛に応えるべき責任があるのです。

人生において罪の赦しとは、交わりの回復であり、和解の福音に生きることです。Ⅱコリントの五章に「和解の務め」という言葉があります。これが今日の教会・キリスト教学校で語られなければならない基本的なメッセージだと思います。和解の務めを担っていく教育であり、教師でありたいものです。

和解というのは、ただ仲良くなるということではありません。共通の課題を担い合うことが和解の完成です。共通の課題とは差別と格差をなくすことです。これを残したままの和解は欺瞞であります。共に生きようとするならば、力ある者も力のない者も　共に差別と格差をなくすという共通の課題の前にたちあがる、その時初めて和解が実りをむすぶのだと思います。

マーティン・ルーサー・キング牧師の「汝の敵を愛せよ」という説教の中に、こんな言葉があります。「黒人の兄弟たちよ。我々の闘いの目的は白人に勝つことではなく、白人の中にある誤った敵意をなくすことにある。そのためには愛するしかない。敵意をもってすれば報復の悪循環に入るばかりだ。白人と黒人の運命は結びついている。白人が救われなければ、我々も救われない。だから白人の兄弟姉妹を愛そうではないか」。我々の運動もそうです。何かに勝つことではなく、共に生きることです。そのためには格差と差別をなくすために共に闘うしかないのです。

きのうのフィールドワークでの被災地（宮城県南三陸町）の外国人支援の話の中で、一人のフィリピン女性と出会ったことから支援が始まったと聞きました。今日はまた内藤新吾先生のお話にも、ひとりの被曝労働者との出会いの中から、その悲しみを分かち合うということが運動のエネルギーになるとありました。どうかみなさん、学校でも痛んでいる一人、苦しんでいる一人に出会ってほしいと思います。そして出会った一人に耳を傾け、しっかり傾聴して、痛みを分かち合ってほしいと思います。そこからしっかりした解放への運動が生まれていくのです。

あのマザー・テレサも、道路にうちすてられている一人のハンセン病者との出会いから全世界にひろがる活動を起こしたのです。一人との出会いが変革の力の源です。少数者と出会い、課題を分かち合う、そのことによってエネルギーが生まれてきます。

聖書の話に戻ると、弟子たちはさまざまな迫害にあうかもしれないが、王や人びとの前で証しをするようにと言われます。そしてその時の言葉は、考えなくともその時その時に聖霊が語らせてくださると言うのです。一人の痛んだ魂との出会いによって課題を共有する時に、語られるべきものは湧いてくるのです。説得力、力のある言葉が湧いてくる。新聞も本も知識を蓄えるのにはいいが、それだけでは空回りします。大事なことはいかに一人との出会いの中で触発されていくかです。

モルトマンという神学者が言った言葉です。「永遠の命というのは使命に生きるということだ」と。永遠の命とは、死んでからもどこかで生き続ける命ではありません。どんなに困難なことが時間の世界にあっても　そういう渦巻きの中をなお使命に生きる力を与えてくださる、それが永遠の命です。時間で終わるべき命を突き抜けて生きる、時間を克服する永遠の命、それは使命に生きることです。使命に生きる者には死が相対化されます。死を超えて生きることができます。キング牧師の生涯もそうでした。イエス様の言葉に従って生きようとするかぎり、死のほうがどこかへ行ってしまうのです。「死は勝ちにのみ込まれた」（Ⅰコリント一五・五四）ということです。

キリスト教学校で勤める私たち、教会の現場で生きる私たちは、約束に満ちた使命を与えられているのですから、効果が見えなくても結果が見えなくても　姿勢を変えることなく共に歩んでいきましょう。イエス様の励ましによって健康と魂の健全さを守られながら確かな歩みを続けられますように、祈りましょう。

なぜキリスト教学校に人権教育が必要か

第二二回セミナーの講演（二〇一一年八月八日／横浜共立学園）

1

キリスト教学校は本来どうあるべきか。まず人権教育がキリスト教学校のために必要です。そのことに関しましては、自分の母校である青山学院のことを振り返ると、非常につらい思いがします。一九六八年の終わりから始まった学園紛争の時にいろいろなことがありましたが、文学部神学科が私どもの願いに反して、理事会によって一方的に廃科にされました。一九四九年から始まった神学教育の伝統も二八年を経て断ち切られてしまいました。学校の責任者の考え方に大きな問題があったと言わざるを得ません。視覚障がい者に対する門戸開放も許されず、車いすの学生については最初から受け入れませんでしたし、朝鮮学校出身者の入学も認められませんでした。その中で私どもは大学のあるべき姿を訴えていましたが、結局は特定の教員を排除するのが目的で神学科は廃科になったのです。それらを振り返ると、キリスト教学校にこそ人権意識が必要だと思うのです。多くのキリスト教学校で巨大化・世俗化が進行していき、建学の精神がイデオロギー化していき、イエス・キリストの福音から逸脱したような学校運営・人事が行なわれることがありました。

キリスト教学校にこそ人権教育が必要と考えるもう一つの理由は、今の教育の世界に対するミッション（使命）があるということです。本来教育とはいかなるものであるか、人間一人ひとりの尊厳性と自由がしっかり守られているかということを、日本の学校教育に問題提起していくミッションが、キリスト教学校には与えられていると思います。キリスト教学校にとって建学の精神からしても、キリスト教学校の目的から言っても、人権教育は必然的なものなのです。人権教育はキリスト教教育に付加されるべき教育の一部というようなものでは決してなく、人権教育はそもそもキリスト教教育の本質的要素です。聖書教育・教養教育・生涯教育の目的であったし、今日もそうあるべきです。個人の人格の尊厳性の理解と人間解放を意図しないキリスト教教育は原理的にありえません。したがって、今日の主題の意味するところは、現在の社会的状況に即して、以上のことの再確認を求めるものであると考えます。

2

ミッションスクールという言葉について振り返ってみると、キリスト教主義学校は、諸外国の宣教団体から派遣された宣教師たちの直接伝道による教会形成を目指す流れと併行して、学校という形態において、社会的に周辺化されていた女性の教育を中心とする文化的貢献を意図する流れがありました。女子には教育はいらないという伝統の色の濃かった時代に、多くのキリスト教学校が女子教育を重視して営み始めていることは注目すべきことです。認められていなかった女子の人権への配慮を条件として始めた教育であったと思います。封建制の克服・個的人格の尊重・家族制度の変革など、日本社会に向けられた新鮮なメッセージは、宣教師の人格による感化の故に成果が上げられたと思います。

初期のクリスチャンたちの入信の経過を見てみると、キリスト教の教理に感銘したとか、聖書の知識を求めたとかではなく、我が身を省みず遠く旅して来て異国の民に献身的な奉仕をする宣教師の姿、感化が入信の大きな原因となっています。教理や聖書の知識は後から実っていったのです。原点は宣教師が無私な姿勢で日本人を愛する姿、とりわけいと小さきもの、病めるもの、貧しいものへの具体的な実践にふれて魂を揺さぶられて福音にあずかったというのがその経緯なのです。理屈に合った教えであるとか、日本人のメンタリティに合った教えであるとかではなく、入信の原点は宣教師との人格的な出会いなのです。このことはキリスト教学校の教育において今でも変わりなく深められなくてはならないことだと思います。教師の背中を見て生徒はついてくる。教師の背中が何を語っているかを見て生徒は心を開いてくれる。そして教師の祈りがそこに実っていくのです。この点は大事に深めていきたいと思います。

3

さて、そのような初期の時代から移って、まもなく教育勅語による国民教育とキリスト教教育が多くの場面で衝突・緊張関係に入るようになり、ご存じのように内村鑑三の天皇の写真への拝礼の不徹底ということが全国から指弾されました。さらにまた、訓令第一二号という、教育の公共性という点から特定宗教の教育を許さないという文部省の訓令が出て、これに対してキリスト教学校は揺れに揺れました。中にはキリスト教教育を放棄した学校もありました。けれども、訓令にもかかわらず抵抗を続けて、学校としての特権を失っても礼拝を続けるという力強いミッションスクールもありました。やがてこの訓令は撤回されましたけれども、ナショナリズムの流れが厳しく支配的になっていきました。昭和を迎えてその対立はピークを迎え、抵抗は続かず、キリスト教教育は国家主義教育にもろくも屈服していくことになりました。私は中学は関西学院でしたけれども、軍事教練は徹底していました。「突け！」という将校の命令のもと、着剣した三八銃でわら人形を突く殺人の訓練、そして実弾射撃の訓練をさせられました。不熱心な学生は日常的に将校から暴行を受けました。そういう中でキリスト教教育の責任者はどうしていたのでしょうか。将校との緊張が激しくなって、尊敬していた田中貞中学部長は辞めさせられたのです。そういうキリスト教学校への軍国主義の支配は、キリスト教教育を妥協的なものにしていったと思わざるを得ません。しかし、そうしなければ学校そのものが立ちゆかないという状況があった、苦しく悲しくつらい歴史でした。

一五年戦争期におけるキリスト教学校の教育の特色的な経過については詳しくは述べませんが、敵性宗教としてのキリスト教は至難の道をたどり、戦争協力の道を歩んで行きました。キリスト教学校においてもご真影の安置所ができ、朝に夕に拝礼を強いられました。（これらの事情については『教会教育の歩み——日曜学校から始まるキリスト教教育史』ＮＣＣ教育部編、教文館、二〇〇七年がとても参考になります。）

4

やがて敗戦を迎え、戦後の一時のキリスト教ブームに乗った感のあるキリスト教学校は、日本社会が朝鮮戦争・ベトナム戦争の特需を獲得する中で、かつてのミッションスクールとしての特色に代えて公教育を補完する姿で日本社会の認知を受けていくような時代になったと思います。イエス・キリストの福音を述べつつ独自な主張を持つ教育を行なうのではなく、有名な公立校の後を追うような形態が戦後のキリスト教学校の姿ではなかったかと思います。英語とキリスト教を目玉商品にして行なってきたミッション時代のキリスト教学校教育のアクセントは弱体化してしまいました。これには日本の教会のアメリカのミッション主導からの自立志向も連動しています。だんだん日本が豊かになっていったので海外の教会側の支援から財的に自立するようにという要請もあり、キリスト教学校の宣教師の数は激減していきました。そしてかつてのミッショナリーへの敬愛は少なくなってしまったのです。

そのようにして日本人の手によるキリスト教学校が増えたのですが、かつての燃えるような福音に基づくキリスト教教育の熱い流れはどんどん薄れていきました。他方、戦後の日本社会の繁栄が続くと、平和主義・主権在民の平和憲法とは相容れないナショナリズムの復旧の流れが強くなりました。元号法の成立に始まり、靖国神社の国営化の動き、さらに、最近の国旗・国歌法の成立と、かつての総理大臣が「日本は天皇を中心とする神の国である」と言ったことに象徴されるように、日本はいまや見事に戦前復帰を果たしたのです。

日の丸・君が代をめぐって特に東京都の教職員がどんなに傷つき苦しみ悩んでいるか、中には佐藤美和子さんのように牧師の息女である方が入学・卒業式の式典における「君が代」の伴奏をすることができないと断ったことで、裁判となり、憲法ではなく一般通念による、まことに最高裁にふさわしくない判断で敗訴を経験しております。こういうことを私たちは真剣に考えなければならない。こういう中で今こそキリスト教学校はそのあり方を問われているのです。たとえば現天皇が園遊会で「日の丸・君が代」について「強制をしないように」と言い、文科省の大臣が「強制はいたしません」と国会で発言しているのにもかかわらず、国家主義的な不可解な流れが出来て東京都では条例化されましたし、大阪でもそれが始まっています。

5

しかし、昭和の終わりの天皇代替わりに際して行なわれたキリスト教四大学学長声明（フェリス女学院・ICU・明治学院・関西学院）は、日本近代史における天皇制の矛盾を明確に指摘した、日本社会に対する貴重な、おそらく初めての、キリスト教的貢献とも言うべきものであると思います。それは、大嘗祭において憲法にふさわしくない、「民」の時代になったのに、なぜ人間宣言までした天皇を神格化するような儀式が行なわれるのかという抗議の声明です。私は、日本のキリスト教学校の歴史の中でこれは瞠目すべき事件であったと思います。よくぞやったと言うべきもの、それこそキリスト教学校の立場を明確にしたものだと思います。現憲法における象徴天皇制を前提にしているところに問題を残してはおりますが、天皇神格化の動きがじわりじわりと進む時代において、教育の本質とはいったい何なのか、戦後の新しい出発は何だったのか、あの二〇〇〇万のアジアの民衆、三〇〇万の日本人の犠牲者を出して終わった戦争に対してどう責任的に教育を行なったらよいのか、という課題に、あの声明は実にさわやかでクリアな問題提起を日本社会にしたと思います。大事にしたい歴史です。

　キリスト教学校のミッションについて新しい視点から強調したのは高崎毅という人です。東京神学大学の教員でした。キリスト教学校の使命の新しい展開を指向した人です。いわゆるミッショナリー先導のミッションスクールではなくて、公教育の補完としてのキリスト教学校のあり方でもなく、日本社会において真の教育を目指し、まさに福音においてそれをやるのだと、日本社会で福音に基づく文化形成の証しをするためにキリスト教学校はあるのだと、言われました。残念なことに東京神学大学の紛争の中で高崎先生は若くして召されてしまいましたが、本当に貴重な発言をされたことを忘れてはなりません。キリスト教学校の使命の再確認と言うことが出来ます。これに触発されて、私なりにこれからのキリスト教学校のありかたについて述べてみたいと思います。

6

　私のキリスト教理解のもっとも大切な点の一つは受肉の福音であり福音の受肉であります。ヨハネ一・一四のこの言葉は教育のみならず日本宣教、日本伝道の基礎になると思います。つまり神の言葉は肉体を必要としたのです。神の言葉のリアリティーが実現するためにナザレのイエスという肉体を神は用いたのです。大事なことは今日イエス・キリストの福音がどのようにリアリティーを持つか、ということなのです。小さくても歴史に残る事実を残していくような福音の軌跡が必要なのです。イエス・キリストの言葉は受肉の言葉であって観念の言葉ではなく、行為に結合した言葉です。イエス様は言ったことをなさった方です。なさったことがものを言うわけです。観念でも知識でも教理でもなく、福音に基づいた事実、それがものを言い、そこに権威があるのです。肉体を通して事実となった福音、あるいはイエス様ご自身の働きを通して事実になった福音には誰も反対することが出来ないのです。

今日信仰を持って福音にあずかると言う時には、その人の人生なり生活に何か新しい事実が起こらなければならないと思います。何か新しい事実とは「せねばならない」というものではなく、「起こらざるを得ない」ものなのです。事実がものを言う。それはいかなる力も抑えられない言葉として響いていくのです。そういう言葉がキリスト教学校に、もちろん教会にも今求められているのです。新しい意味でのキリスト教学校の課題とは、受肉の福音、福音の受肉を軸として進んでいくというのが答えになります。言葉は肉体となった、という現実性の問題なのです。

7

一九六〇年代後半からミッシオ・デイ（missio Dei）という宣教論が喧伝され、教会の枠組みを超える普遍的宣教活動が七〇年代以降展開され続けています。わたしはこれに賛同し実践してきました。この宣教論の考え方では、宣教の主体は教会ではなく、神様ご自身であり、教会は器に過ぎない。かつて考えられていた宣教論、すなわち、神様の下に教会があってその下に世界があって、教会を通して世界に神の恵みが配られるというのは古い宣教観です。これに対し、神様は直接世界に働きかけていらっしゃる。キリスト教という名を用いないでも、教会の外に神様は生きて働いていらっしゃる。

本当に人間の生命・尊厳・人権ということについてクリスチャン以外の人びとが実に偉大な働きをしておられる。教会が伝道の主体であって、教会以外に神の働きを認めないという宣教観から一歩出て、キリスト教という名前を持たないが神の御業に参加している方々がいらっしゃるところに、教会が参加していく。他のさまざまな宗教の働き、人間解放の運動と協働する、共に働く場を持つわけですね。この考えは、主にボンヘッファーという神学者の思想を受けとめて第二次世界大戦後広まっていきました。そして彼の獄中書簡にあるように、「教会は隣人のために存在する時に初めて教会である」というモットーを土台にしています。キリスト教学校も、隣人のために存在して初めてキリスト教学校と言えるのではないでしょうか。

私はこれを肯定し実践してきましたし、具体的には川崎の在日朝鮮人の人権問題、公害闘争などに参加して、他の宗教の方、宗教者でない方と協働してきました。そういうところで李仁夏牧師に深く影響されながら「ミッシオ・デイ」の宣教の実践を担ってきました。しかし、特に最近考えさせられていることは、人間の苦難、今日における苦難についてです。特に東日本大震災に直面して、不条理な苦難の問題に集中せざるをえなくされています。そこで導かれた思考は「キリストの宣教」です。「ミッシオ・デイ」でなく「ミッシオ・クリスティ」(missio Christi)キリストが宣教する、しかも「苦難のキリストの宣教」に従っていく、ということです。歴史に受肉する宣教であり、教育者であるものは、苦難という問題に真正面から取り組んでいく。苦しんでいる人間の傍らに苦しむ十字架のイエス様はいらっしゃる、そのイエス・キリストに従っていく、これこそ今日の宣教と教育の課題であると思います。

8

教育とは第一義的には文化のいとなみであります。しかしキリスト教教育は現存の文化に単に適応するだけでなく、既存の文化に対抗しつつ、より人間化された文化の創造のいとなみに貢献することではなかろうか。そこには必然的に苦難の媒介があるのです。アメリカのウィリモン（W.Willimon）という神学者が最近出した『牧師論』という書物がありますが、そこで強調していることは、アメリカという国はもうキリスト教国ではなくなった、どんどん世俗化し、むしろ混乱している、というのです。そういう退廃したアメリカの文化に対抗する文化、カウンターカルチャーを作っていくのは教会だと言っているのです。私は非常に刺激されました。どんどん右傾化していく、天皇制中心主義が出てきている日本の文化に対抗して人間的文化を創っていく、対抗文化の創造、そこにキリスト教界、キリスト教学校の課題があると思います。そういうふうに考えてきますと日本社会におけるキリスト教教育のテーマは、まず歴史的に人権抑圧の源泉となってきた天皇制文化への対抗（単に抵抗でなく）文化の形成を目指すものです。

現在苦難を負いつつ「君が代・日の丸」の強制に対抗している教師たちこそ、明日の教育の担い手である。天皇制文化を利用しつつ人権抑圧体制を強化していく政府やその流れに対抗し、人権回復を目指すところにキリスト教教育のこれからがある、と思います。もちろんキリスト教教育には聖書科は不可欠です。そしてその場合、生きた聖書信仰の伝達は、聖書の知識の展開のみではなく、神による人間解放の物語としての展開であってほしい。私は渡辺善太先生にお世話になりましたが、先生は聖書六六巻全巻を通じて貫かれているテーマは神の救済の歴史であるとおっしゃっているんですね。言葉を換えて言えば聖書六六巻が人間解放の神の物語であるということであり、それをしっかり受けとめて、そのような物語として聖書の歴史を読んでいってほしい。それが力になるのです。必要なものは人権の視点です。基本的に人間解放の視点に立てば、一人の命の尊厳性が限りなく神の愛の対象である。神が大切に創った人間、最後の一匹の羊を守り給うイエス・キリスト、命に対する細やかな愛に満ちたイエスのまなざしがあったと思います。そういう視点で生徒を受けとめていくことが今最も求められているのではなかろうかと思います。それによってこそ、個の存在への神の慈しみ、そして共生への促しが使信《メッセージ》として語られるであろうと考えます。

9

さらにその視点において、古代の時代の枠組みに規定されている聖書の限界を認めつつ、単に否定するのではなくて、時代を貫いている神の恵みの計画としての「救いと解放」の意味を信仰的に深めるものと見てほしい。聖書に初めて触れる学生・生徒たちは、いろいろとまどいを持つと思うけれども、人権の視点できちんとそのとまどいを乗り越えるように手助けしてほしい。古い時代の思想的限界として聖書にも差別的なところがあるわけです。いわゆる「闇」の部分ですね。その「闇」の中に光り輝く永遠の部分があるわけです。たとえばIコリントの一一章などの中に女性に対する差別的な箇所があります。「男の頭はキリストであり女の頭は男である」という父権制社会的な思想の中で書かれた差別的な箇所です。しかし聖書はそれに続けて「されど主にありては男なくして女なく、女なくして男なし」と普遍化しています。時代を越えて輝くことばがあるわけです。聖書の「闇」の部分があるからこそ、「光」の部分が輝くのです。フェミニズム思想によって女性差別的な箇所を全部削除した「ウーマンズバイブル」というのが出来たそうですが、あまり評判が良くないのだそうです。「闇」の部分が削られてしまうと「光」も十分輝かないのです。聖書六六巻においては、「闇」の部分を前提として「光」の部分がそれを乗り越えていく。私どもは、聖書を批判的に読むことによってますます聖書の恵み深い尊い価値をあらわにしていかなくてはならないと思います。

10

教育はしょせん人格の営みです。キリスト教教育はまさに一層そうである。福音の受肉を証しする教師は自ら福音によって生かされているという事実が大切です。一人の生徒に愛を持って関わり続ける事実の中に神の言葉が生きているのです。その教師の背を見て生徒が育つのです。教師にとってはそれは終わりなき営みです。「汝ら、我に倣え」とイエスが言われたように、そしてかつて宣教師が人格的感化によって私たちを導いたように、キリスト教教育の中で人格的感化によって生徒を育てるのは、聖書科やチャプレンの教師だけでなくて、一般の教科の教師にも求められているのです。つまり教師が福音の輝きに生かされているという後ろ姿を見て、生徒は何事かを受けとめていく。肉体を媒介として福音が歴史化されるのです。そういう意味での教師の肉体が今こそ求められているのです。

一昨日、保土ヶ谷の外国人墓地に、戦争中、捕虜になって日本で死んだ連合軍の兵士たちのための追悼礼拝に行きました。一七回目を数えるその追悼礼拝の運営委員としてずっとやってくれているのが青山学院の卒業生でした。その卒業生は、追悼礼拝の発起人の一人である青学の雨宮剛先生のフィリピンに対する和解のフィールドワークに参加して自分はこうなった、と告白するんですね。こういうふうに生徒が育っていくわけです。平和のため、和解のため、異民族との共存を願って営みを続けている教師の後ろ姿を見て期せずして学生が育っていく。そこにキリスト教教育の今日的課題があるわけです。祈りだけではなく、単なる言葉だけではなく、福音に生きている人格の事実、これがものを言うのです。

私は七月の一三、一四、一五日と新生釜石教会に行ってきました。陸前高田、大船渡をずっと回りました。四カ月たっても惨憺たる状態が続いている。陸前高田では四階建ての病院が丸ごと津波に飲み込まれて廃墟になっている。そういうところへ行くと言葉を失うのですね。そこの牧師から電話をもらって、「ともかく来てみてください」というわけで行きました。現地を三日間動き回って話し合いました。被災者の方の話では、かつては明るく楽しくにぎにぎしく語り合う教会の雰囲気が、今はまぶしすぎて耐えられないと思うこともあるとのことです。その教会自体が被災し、牧師自身が避難所で寝泊まりしている状態、そして教会は床も全部汚れて骨組みもあらわになっていて、ベニヤ板を並べてかろうじて床にして集会をしています。傷だらけの教会が傷ついた人びとのよりどころになっている。誰もが遠慮なく入ってきて食事をしたり、支援物資がいっぱいあるのをもらいに来たり、寒い時期には夜通し焚き火をしていまして、どこの誰かも分からない、通り過ぎる人が暖を取って帰っていくのです。芋や肉を焼いたりして。傷ついた教会が傷ついた人の寄り場になっていたのです。それを知って、ここに本当の教会があるのではないかと思いました。最後の日は牧師と共に聖書を読んで祈って、そして召命さえも揺さぶられるような事態に直面してはいるが、聖書の中でペテロが三度主を否んだ後、復活の主から、「我を愛するか」と三度問われ、「我が羊を養え」と三度言われたこと、これが我らの原点ではないかと話して、涙を流しながらしっかり手を握って別れてきました。

そういう現場の中で、苦しんでいる人の傍らで苦しみ給うイエスに目を留めて、キリスト教主義学校のキリスト教教育の方向性がどこに向かうか。苦しみ給うキリストの宣教へとつながっていく。それが、これからの、どんどん体制化していく日本社会におけるキリスト教教育の課題であります。四大学学長声明につながっていきながら、新しく日本の教育の世界に問題提起をしていく、そしてカウンターカルチャーを造っていくために地味な営みを一日一日積み上げていくということが、これからのキリスト教教育ではなかろうか、と思います。終わります。

平和のために働く者としてください
――ヨハネ二〇・一九―二三

第二一回セミナーの朝の祈り（二〇一〇年八月一〇日／広島女学院）

1

今回のセミナーで、この広島女学院を会場にさせていただき、ありがとうございました。私にとっても、この広島の土地は大変意義深いと感じています。今日は広島につながる三人の方の話をさせていただきます。

一人目は、松本卓夫先生です。口語訳聖書の翻訳で新約を担当されるなど、素晴らしい業績を残された方です。戦争中、広島女学院の院長をしておられ、原爆が投下された八月六日は、勤労動員に出かける女学生数百人を激励して見送った後、院長室に入り、そこで被爆されました。松本先生のご夫人も被爆しました。二人で逃げる際、熱戦を浴びた夫人が、傍を流れる猿候川で身体を冷やしたいと、川岸に降りていかれました。松本先生は土手に残っていたのですが、同じように川に入る何百人という火傷を負った被爆者に夫人がまきこまれ、姿が見えなくなってしまいました。先生は夫人の名前を連呼しながら、土手をかけ降りましたが、助けることができず、奥様はとうとう川の流れの中に没してしまわれました。

松本先生は、のちに青山学院に移られ、私の卒業論文の指導をしてくださいました。大学院のゼミでご自宅に伺った時に、初めて被爆の話を聞かされました。ご自身が被爆されたこと、そしてご夫人を失ったこと、そして、その体験をアメリカにおいて英語で語られていることを知りました。

先生は晩年、静岡女学院に移られました。私たち同級生が、九〇歳を過ぎた先生をお招きした時がありました。先生は、九〇歳を過ぎてもまだ生かされているのはどういう理由だろうか、とおっしゃいました。妻や学校の同僚らが天に召されても、なお私がこんな高齢になっても生かされているのは、原爆の経験を通して核兵器の廃絶のために平和を語れ、という神様の思し召しではないだろうか と、涙を流しながら語られました。先生の左手に握られていたのは、大江健三郎の『ヒロシマ・ノート』の英訳本でした。先生は、このようにして最晩年に至るまで、広島女学院での被爆の経験とご夫人を亡くされた悲しみを、当時の東側・西側の国々を駆けめぐって、平和の証言者として働かれました。そして、静岡の小さな老人ホームでこの世の生涯を終えられました。

私は青山学院に四〇年間勤務しました。その間に、親しい学生を六人自死で失いました。その中の一人は、二部の教育学部の学生の岩村君で、視覚障がい者のための点訳のボランティアサークルの会長をしていました。一所懸命点訳の作業をする、熱心なクリスチャンでした。彼は、目が見えないとどれだけ大変なのかを自ら経験しようと、住んでいたアパートから最寄りの西武線の駅まで、目隠しをして歩いてみるような人でした。ある時、足に包帯を巻いて学校に現れたので、どうしたのか、と聞くと、商店街の歩道の点字ブロックに自転車があり、ぶつかって怪我をしてしまい、出血がひどかったので、病院で治療をしてもらったとのことでした。そういう優しい気持ちを持つ学生でした。

その彼が卒業後まもなく自死しました。新聞には、幼稚園の教諭を希望したが、応募者が沢山いて採用に漏れたという就職活動の失敗が理由、と書いてありましたが、事実は違いました。彼には、学内に将来結婚の約束をしていた女性がいました。彼の実家は広島で、ご両親が被爆者、彼は被爆二世でした。女性の両親がそのことを知り、結婚に大反対しました。彼女は、最初は一所懸命両親を説得しましたが、最後の最後の段階で彼女は両親の意見に従い、結婚を断念してしまいました。彼は、そのことにショックを受け将来に望みを失い、遂に自らの命を絶ってしまいました。私は、被爆者や被爆者二世に対する差別がこれほど強く続いていることを初めて知りました。葬儀で広島からやってきた両親に、私は語る言葉がありませんでした。この岩村君が、広島につながる二人目です。

昨日、青山学院の同級生であった沖縄の金城重明さんから電話がありました。NHKの番組で自分のインタビューが放映されるので、見てくれということでした。彼は、沖縄の集団強制死の犠牲者です。捕虜になったら残酷な殺し方をされるのだから、その前に「自決」せよという命令に従い、愛する肉親を殺したという経験を持っています。

その番組を見てから私はタクシーに乗り、原爆資料館に向かいました。私が原爆資料館へ、と言ったら、運転手は私に自分が聞いた被爆者の話をしてくれました。広島につながる三番目は、資料館に向かったタクシーの運転手と被爆者です。

タクシーの運転手が飲み屋に行ったら、たまたま隣にいた老人が、ぶつぶつと話しかけてきた。話を聞いてくれ聞いてくれ、と言うから聞いたところ、俺は卑怯者だ、卑怯者だと言いながら涙をこぼす。なぜかと言うと、俺はあの年の八月六日、学校をずる休みしてしまったが、学校に行った他の友達は皆死んでしまった。ずる休みをして生き残った俺は、卑怯な人間だ。その思い出で今も俺は苦しい。六十数年たっているのに、俺は情けない、卑怯な人間だと繰り返し言う。卑怯者、卑怯者と自分を責めている。名前も知らない一人の被爆者の話を、タクシーの運転手が話してくれました。

原爆の影響で、傷を負っている方がどんなに多くいるのでしょうか。しかし、こうした心の傷というのは、広島の被爆者だけではなく、社会生活の中で、あるいは家族生活の中で、傷を負って生きざるを得ない人、そして自分を責めながら生きている多くの人がいるのではないでしょうか。

さきほど紹介した金城さんは、沖縄の渡嘉敷島で、鬼畜英米に肉親が殺されるよりは、自分たちの手で「自決」せよ、という軍の命令に従い、家族を殺したという経験を持っています。テレビのインタビューの中で金城さんは、私は泣きながら母に手をかけた、泣きながら弟と妹に手をかけたと繰り返し話をしています。殺意は全くなく、泣きながら手をかけたのは、鬼畜米英の恐ろしさゆえに、肉親の手であの世に送ってやろうと、手をかけたからだと言っています。そうは言っても、彼は、戦後ずっと加害の罪の意識をひきずってきました。イエス・キリストの十字架の贖いの福音、罪の償いの福音に触れなければ、戦後生きることができなかった、と彼は告白していました。

2

以上のことを覚えながら今日の聖書を読みたいと思います。権力を恐れ、ユダヤ人の迫害を恐れて閉じこもっていた弟子たちに、復活のイエス・キリストは姿を現しました。イエス・キリストは「平和があるように」と言いながら、弟子たちに手とわき腹を見せました。手とわき腹には、槍で突かれた傷がありました。イエス・キリストの復活は、決してきれいな身体の復活ではなく、傷だらけの、満身創痍の復活でした。そして、そのことゆえに、傷ついている私たちに、「平安あれ」、すなわち「平和であるように」と言っています。松本先生にしても、岩村君にしても、そして、タクシーの運転手から聞いた、自らを卑怯者と言っている男の人にしても、皆それぞれ傷を負っています。私もそうですし、ここに集まっている皆さんも、それぞれに傷を負って生きています。しかしイザヤ書五三章、彼の傷によって我らは癒されたという言葉のように、イエス・キリストは、傷を示しながら「平安あれ」、すなわち「平和であるように」とおっしゃってくださいました。

弟子たちは、その言葉を聞き喜びました。そして、イエス・キリストは、重ねて「平和があるように」と言われました。この二回目の「平和があるように」というのはどういう意味でしょうか。続けて、イエス・キリストは「父がわたしをお遣わしになったように、わたしもあなたがたを遣わす」と言い、さらに「聖霊を受けなさい」と、彼らに息を吹きかけて言われました。この二回目の平和は、派遣における平和です。傷を負った者が、傷を負っておられるイエス・キリストによって派遣させられるのです。傷は残り続けます。主の復活は、傷だらけの復活であり、復活の傷は残り続けますから傷の痛みも消えません。しかし、痛む傷だからこそ、主の愛と慈しみと平和と、そして平和のために働く者として遣わされていく力を与えられるのです。自らの傷を省みつつ、神の慈しみの光を仰ぎ見つつ遣わされていくのではないでしょうか。主イエス・キリストは、私たちに、和解と赦しの平和を告げられました。そして、派遣するための平和をお告げになりました。傷だらけの主が、傷を負っている私たちを、それにもかかわらず遣わされるのです。平和のために働く者としてくださいます。

福音に生きる、福音を命としていただく

第二〇回セミナーの派遣礼拝（二〇〇九年八月八日／東京）

キリスト教学校人権教育セミナーが二〇周年を迎え、ここに多くの方にお集まりいただき、本当に感謝しております。

今年、特に心に覚えたいいくつかのことのうち、一つはオバマ大統領の就任ということです。特に、オバマ大統領がプラハで発言されました核兵器の廃絶ということに関して、アメリカが原子爆弾を最初に使った国としてその道義的責任を感じていることを強く語っておられました。そのことが、私に非常に深く印象づけられました。

私が青山学院大学神学科の学生時代に卒業論文のことで非常にお世話になった先生の一人が、松本卓夫先生であります。何年もかかって一九五四年に口語訳聖書の新約聖書を完成させた先生です。松本先生は、広島女学院の院長で、八月六日の原子爆弾の被害に遭いました。自らも傷つき、奥様も傷つき、その熱さのあまりに、川に身を沈めましたけれども、奥様は体力を失って、流れのままに流されて、その後奥様の名前を呼んでいたのだけれども、ついには川に沈んでしまったというお話を学生時代に聞きました。先生は、戦後は自分自身の被爆者としての経験を語り継いでいこうと世界中を歩かれました。松本先生は日本語と同じように英語が巧みでした。そして、原爆投下の時のアメリカの

大統領トルーマンに会ったというのです。そして、広島の原爆についてつぶさに話したのだけれども、ついにトルーマン大統領からは「ごめんなさい」という言葉を聞くことはなかったそうです。大変失望して帰ってきたとのことでした。その松本先生に、唯一の原爆使用国として道義的責任がある、と明言したオバマ大統領の言葉を聞いていただきたかった、という気持ちでおります。このオバマ大統領も、イラクへの派兵やアフガンへの派兵増強など問題がないわけではありませんけれども、それにしても、アメリカの歴史において黒人系の大統領が生まれるという背景には、一九六八年四月四日に銃弾に倒れたマーティン・ルーサー・キング牧師の十字架こそが、オバマ大統領を生み出す原動力となったのではないでしょうか。

今一度、キング牧師を思い起こしたいと思います。以前キング牧師について話したことがありますけれども、一九六一年四月、アラバマ州モンゴメリー市のバプテスト教会で公民権運動をやっているさなかに、爆弾が投げ込まれ四人の女生徒が爆死するという小さな記事が新聞に載りました。私は、「遠く離れていて何もできないけれども、キング牧師の闘いが勝利するよう祈っております」と手紙を書きまして、キング牧師に送りました。キング牧師は忙しい生活の中で、私に返事をくださいました。その中に書いてあったことは「あなたの支援の祈りに感謝している。私たちは、今一番困難な事態の中に生きている、しかし道徳的にはすでに勝利している」とありました。一九六一年ですから、公民権運動は五五年のバスボイコットから続いており、広がっておりますが、それに対しての白人による黒人への攻撃も激しいわけです。しかし、「道徳的にはすでに勝利している」ということの言葉の裏には何があるのか、それは非暴力という方法を貫いている、非暴力を徹底しているという、そこに勝利の確信があったのですね。その手紙の続きには、「私の生涯は、思いがけない形で終わるかもしれません。しかしこの運動は続きます。なぜならそれは正しいからです」。私はその言葉を受け、永遠の命とはこれなのだ、と思いました。永遠の命というのは、時間に規定されない命なのです。死ぬということを前提にしても、なお働くことをやめない、そういう命なのです。死に支配されているニヒルな精神、それを突き抜けて、たとえ肉体的な死が最後にあっても、それでも生きる命である。自分の生涯の終わり、死を前提にしながら、その死を突き抜けて、「この運動は続きます」。その言葉の中に、肉体的な暴力には何ら屈しないで、キング先生ご自身はこの運動を続けていこうとしているのです。

永遠の命というのは、死んでからもなお魂だけが残っている、というそういう命ではありません。死に否定されない、死を前提としても、なお働き続ける、それが永遠の命というもの、復活の命です。復活というのは、使命に生きる命です。使命に生きようと決意した時に、死が相対化されるのです。神の使命に生きることが永遠の命なのではないでしょうか。使命に生きる生涯は、その死を突き抜けてなお、歴史を担って、主なる神のご計画に参加していく。それこそが永遠の命である。限りある私たちの肉体にイエスの命が現れるというのは、そういうことではないでしょうか。

二〇年間、この集いを続けてまいりました。一人ひとりが、これから現場に戻っていきます。今朝の佐藤美和子さんのお話を聞きながら、父親から受け継いだ戦争責任を何としても守っていく、命をかけていく、幼い子どもたちに二度と戦争の圧力をかけてはいけない、幼い命を守っていかなければならないという、その心の中には死を突き抜けていく命がある、と感じました。私たち一人ひとりは、弱い自分の限界の中で肉体を持っています。病んでいる人もいます、さまざまな肉体的な困難の中にある人もいます。しかし、使命に生きるということは、使徒パウロのように、私たちの肉体を通してイエスの命が現れることです。先ほど読んだ聖書の箇所（Ⅱコリント四・七―一一）を、もう一度読んでみましょう。「ところで、わたしたちは、このような宝を土の器に納めています」。このような宝とは、イエスの永遠の命のことです。福音に生きる、福音を命としていただくということです。「この並外れて偉大な力が神のものであって、わたしたちから出たものではないことが明らかになるために。わたしたちは、四方から苦しめられても行き詰らず、途方に暮れても失望せず、虐げられても見捨てられず、打倒されても滅ぼされない」。パウロは、イエス＝キリストの十字架を今も変わらず身につけている、ということです。神の使命に生きる者には、イエスの命が現れるのです。私たちはいつも、イエスの死を身にまとっています。

佐藤美和子さんは、教育の現場に立って、日の丸・君が代という「踏み絵」の状況に立っています。そのようにして、またもや国家主義教育が広がっています。それに対して、私たちは真の権威に目を向けなければなりません。どんなに国家の権力が広がっていようとも、権力と権威は違います。権力とは、国を支える力です。権威とは、その人の実存を支える力です。ですから、この国の内閣がどうなっても、この国がどんなに苦しくなっても、神の権威が私たちの力となるのです。国も力も栄えも国家のものではない、神様のものです（「主の祈り」の頌栄の句）。私たち一人ひとりが小さな十字架を背負って、この主の祈りを祈りつつ、隣人を思い、いと小さきものに仕えていく、そういうことを大事にしていこうではありませんか。私も皆さんと集い、互いに重荷を分かち合い、希望を分かち合い、喜びを分かち合い、それをこれからも続けていきたい。

「人権教育」をすべての教育の原点に

『人権教育ニュース』五六号（二〇〇九年六月）

今回の第二〇回セミナーは女子学院と在日韓国東京ＹＭＣＡにおいて行なわれるが、この二つの会場にまつわる歴史の「断片」について述べておきたい。この二つの会場は共に、今年九〇周年を迎えた「朝鮮三・一独立運動」に密接に関わっている。

三・一独立運動の発端は一九一九年二月八日、東京神田の朝鮮ＹＭＣＡ会館において、「朝鮮青年独立団」の一一名の代表名で「独立宣言」が発表されたことに始まる。これを「二・八独立宣言」という。その集会は尹昌錫《ユンチャンソク》牧師の祈祷により始められ、結ばれた。この「宣言」は、今回のセミナー会場の一つである神田猿楽町の韓国東京ＹＭＣＡに碑として建てられている。

この直後五〇〇名からの留学生が帰国して、既に極秘裡に進められていた運動に合流し、運動は一気に盛り上がった。そしてこの帰国留学生の中に、後日、独立運動の大きな担い手となる金瑪利亜《キムマリア》なる女子学生がいたのである。彼女は一九一四年、東京の女子学院に留学し、一九一九年、「厳しい監視網をくぐって東京からの密使として帰国、独立運動に参加。一時逮捕されたが、のち〈大韓民国婦人会〉を組織、いわゆる〈婦人会事件〉で逮捕され、三年の刑を受ける」（『三・一独立運動と堤岩里事件』小笠原亮一著、日本基督教団出版局一九八九年刊行、参照）。後に米国に留学、帰国後、元山ウィルスン神学校で教鞭をとった。五二歳で召天している。女子学院をも会場として今回のセミナーが行なわれるに際し、彼女のことをも憶えたいものである（『キリスト教人名辞典』日本基督教団出版局一九八五年刊行、参照）。

話は変わるが、昨年六月三〇日、在日大韓川崎教会名誉牧師の李仁夏先生が、八三年の献身の生涯を終えて帰天された。間もなく、一周年を迎えるが、私の喪失感は今なお消えることがない。李牧師と初めて出会ったのは、彼が大韓川崎教会に赴任してこられた一九五九年春であった。長男を地元の小学校に転入させようとしたところ、校長から日本人の保証人を立てよと言われた。そこで師は私に赴任の挨拶かたがた、保証人になることを求められたのであった。ご自身の娘を保育園に入れようとしても初めは拒否されたが、「まあ、牧師さんの娘さんならいいでしょう」と言われて入園したという。こうした民族差別につながる屈辱は李牧師に川崎の地にこだわる決意を促したのであった。数年後に夫人と共に桜本保育園を設立し、日本人の保育園への入園を拒否される同胞児童のための保育を開始した。ところが、当時保育園不足を嘆いていた日本人の親たちが入園を希望して訪れてくるので、李師はこれを快く受け入れ、「自分を愛するように隣人を愛しなさい」というイエスの言葉を土台に、互いに民族名で呼び合うという原則のもとに、民族統合保育を始め、やがては障碍児をも含む統合保育へと発展させたのである。

以来、約半世紀に及ぶ彼との交わりと共働のプロセスの中で、いかに多くのことを彼から学んだことであろう。前述の桜本保育園および、その学童保育の実績は川崎市長の評価するところとなり、一九八八年川崎市設立、在日を主とする社会福祉法人青丘社運営という仕組みで、川崎市ふれあい館という多民族共生教育のセンターが発足したのである。その創立二〇周年記念式典の直前、李師は召されていった。地元の町内会長たちの、ふれあい館への評価と感謝の言葉を李師に聞いてほしかったと思うのは筆者ばかりではない。筆者自身がこの人権教育研究協議会の会長という立場にあること自体、李師の影響にほかならない。

これらのことを思いつつ、最近の日本社会の急速な、マスコミを挙げての朝鮮民主主義人民共和国へのバッシングは目に余るものではないかと考える。そもそも「北朝鮮」なる国家は存在しないのである。一つの主権国家として人工衛星の打ち上げは何ら他国を脅かすものではなく、日本自ら何度も打ち上げている。しかし「北朝鮮」敵視政策をとる日本政府はマスコミを総動員して疑心暗鬼の波を拡大し、「ミサイル」と決めつけ、その防衛態勢を陸海空に向けて強化した。このマスコミの動きは七〇年前、第二次大戦前夜の「鬼畜米英打倒」のかけ声にそっくりである。このような動きにより「日本国は天皇を中心とする神の国」と主張する元総理大臣や航空幕僚長の採る「皇国史観」が教育に反映され始めるであろう。我々は決してこのようなマスコミの論調にあおられてはならない。むしろこのような状況の中でこそ、経済的な危機に直面しながらも懸命に民族教育に励んでいる民族学校をあらゆる面で支援しなければならない。少数者の立場に立とうとすることによってこそ、多数者の側で見失われている貴重な教育の実質化、深化と再生を始めることができるであろう。「日の丸・君が代」をめぐる良心的教員の闘いに連帯し、いかにもして「人権教育」をすべての教育の原点に据える営みを今後も続けていきたいものである。

正義の目的は共に生きる世界をつくること
――アモス書に学ぶ

第一八回セミナーの聖書研究（二〇〇七年八月九日／同志社中学校）

1

まず、いまなぜアモスなのかということをお話しします。

戦争の悲惨な二〇世紀を送って、二一世紀には何とか平和な時代を迎えたいと思っておりましたが、私たちの願いに反して二〇〇一年に九・一一事件が起こりました。それ以降の世界は非常に深刻な状況に立ち至っています。アメリカの世界戦略と共に市場原理がどんどん広がって、その一環として、テロ事件に対する報復という、大義名分のない戦争がアフガンとイラクで進められていきました。

何度もお話しすることですが、なぜテロが発生するかと言うとき、力においてテロを押さえ込むという発想しかない大国の傲慢を思わざるを得ない。テロの運動の奥には必ず、追いつめられた人間の叫び、はっきりした思想があるわけです。それに耳を傾けるということが、テロに対しての最も大事な対応だろうと思うが、全くそういうことが問われない。

犬養道子の『人間の大地』に示されたように、富める四分の一の国々が地球上の四分の三の食料を独占している。貧しい四分の三の国々が四分の一の食料に甘んじなければならない。この不公正を正さなければ世界の平和は来ないと犬養さんは三〇年前におっしゃっている。それに対してG8とかG8とか言われている先進国は抜本的な解決のために何をしてきたのか、貧しさに苦しむ民衆の声に本当に耳を傾けたことがあるのだろうか、国連は二一世紀の冒頭に起こった事件に対して問題にしたことがあるのか。

日本という国もまた、小泉首相をはじめとして靖国参拝を続けざまにやる、アメリカに対する追従の姿勢を変えない。そのために、曲がりなりにも築いてきた日中・日韓・日朝の関係がずたずたに崩れてしまった。そのあとを受け継いだ安倍首相も、それに輪をかける形で教育基本法改悪に踏み切り、防衛庁を防衛省に昇格させ、国会で「A級戦犯は国内法的には無罪だ」と明言している。そういう政府の発想の中で、日本に遣わされているキリスト教会およびキリスト教学校としてどういうスタンスを取るべきなのか、いま問われています。

格差の問題もどんどん広がる一方であるこの時に、聖書の言葉に聴くべきことは何だろうか、それは正義の預言者アモスの声ではないだろうか、ということでアモス書を取り上げたわけです。とりわけ、五・二一以下を中心にお話をしたいと思います。

2

簡単に時代背景を申しますと、アモスは紀元前八世紀、ヤロブアム二世という王様の時代に活躍したわけですが、ある聖書学者によりますと、アマツヤという体制派の祭司に迫害されて預言活動は三カ月で終わったとか、長くても三年であったとか、いずれにせよ短い期間しか活動できませんでした。このヤロブアム二世時代の四〇年、紀元前七八六年から七四六年と言われていますが、書物によりますと、ソロモン時代に匹敵するような豊かな繁栄が与えられたし領土も拡大したということで、第二のイスラエル繁栄時代です。イスラエル当局はそれをヤハウェの神の恵みとして盛んな祭りを行なったわけですが、宗教行事の質たるや惨憺たる堕落の様相であったことは明らかです。

アモス書五・一〇以下は次のように記されています。「彼らは町の門で訴えを公平に扱う者を憎み、真実を語る者を嫌う」(「町の門」というのは裁判所を意味しますが、裁判が混乱してしまっているのです)。そして彼らは「弱い者を踏みつけ、彼から穀物の貢納を取り立てるゆえ、切石の家を建てても(切石の家というのは土の家ではなく朽ち果てない贅沢な家のことです)、そこに住むことはできない。見事なぶどう畑を作っても、その酒を飲むことはできない。お前たちの咎がどれだけ多いか、その罪がどれほど重いか、わたしは知っている。お前たちは正しい者に敵対し、賄賂を取り、町の門で貧しい者の訴えを退けている。それゆえ、知恵ある者はこの時代に沈黙する。まことに、これは悪い時代だ。善を求めよ。悪を求めるな。お前たちが生きることができるために。そうすれば、お前たちが言うように、万軍の神なる主は、お前たちと共にいてくださるであろう。悪を憎み、善を愛せよ。また、町の門で正義を貫け。あるいは、万軍の神なる主が、ヨセフの残りの者を憐れんでくださることもあろう」。

「ヨセフの残りの者」というのはイスラエル民族のことですが、原理の回復、善を求めよ、悪を求めるな、というのがヤロブアム政権に対してアモスの一番言いたかったことです。けれども王は聴いてくれない、それがアモスの時代背景です。

アモスは、イスラエルのこの豊かな状況はむしろ飢饉である、と言う。神の言葉を聞くことの飢饉、豊かさの中にあってそれがまさに飢饉だと断言する。「見よ、その日が来れば、と主なる神は言われる。私は大地に飢えを送る。それはパンに飢えることでもなく、水に乾くことでもなく、主の言葉を聞くことのできぬ飢えと渇きだ」（八・一一）。そういうアモスの洞察の深さ。

それに対して商人たち、経済的に豊かな指導者がおごり高ぶっているところが出てきます。「お前たちは言う。新月祭はいつ終わるのか。穀物を売りたいものだ、安息日はいつおわるのか。麦を売り尽くしたいものだ。エファ升は小さくし、分銅は重くして、偽りの天秤を使ってごまかそう。弱い者を金で、貧しい者を靴一足分の値段で買い取ろう。また、くず麦を売ろう」（八・四）。こういうおごり高ぶった商人たちによって、「祭りは早く終わらないか、いいかげんに商売にかからしてもらいたい、宗教なんてどうでもいい、とにかく儲けようじゃないか」、そういうことがあからさまに言われている、これがアモス書の時代背景です。

3

では、アモスはどういう人物か。どういう思想を持っていたか。かれはテコアの牧者の一人であって、イスラエル王国で預言活動をしている。テコアというのはユダ王国の村です。大事なこととして、冒頭にあるようにアモスは、自分を羊飼いの一人である、と位置づけております。羊飼いというのはイスラエル社会においては最低の被差別階級の職業であった。羊を追って草原を動くわけですから定住することができない。要するに渡り者、「イブリー」と申します（「イブリー」からヘブライ族が始まったと言われています）。そのイブリー、住所不定で安心できないと市民から差別された、その差別された彼が、神から選ばれてイスラエルの預言者として立てられたということに、アモス書の深い意味があると思います。アモスはずけずけと預言の言葉を王にぶつけるものですから、祭司のアマツヤが王に讒言して、我々は耐えることができない、何とか追放しようではないかと言う。「ベテルの祭司アマツヤはイスラエルの王ヤロブアムに人を遣わして言った。『イスラエルの家の真ん中で、アモスがあなたに背きました。この国は彼のすべての言葉に耐えられません』。（中略）アマツヤはアモスにこういった。『先見者よ、行け。ユダの国へ逃れ、そこで糧を得よ。そこで預言するがよい。だが、ベテルでは二度と預言するな。ここは王の聖所、王国の神殿だから』」（七・一〇）。

その最後は書かれていないけれども、追放されたと思われます。

それでは、彼はどういう思想を持っていたか。彼は諸国民の裁きをまず始めるわけです。一章には七つの国に対する裁きの言葉が書かれております。たとえば「ダマスコの三つの罪、四つの罪ゆえにわたしは決して赦さない」、こういう主の言葉が繰り返されます。そして最後に、二・六に「イスラエルの三つの罪、四つの罪ゆえにわたしは決して赦さない、彼らが正しいものを金で、貧しい者を靴一足の値で売ったからだ。彼らは弱い者の頭を地の塵に踏みつけ、悩む者の道を曲げている。父も子も同じ女のもとに通い、私の聖なる名を汚している。祭壇のあるところではどこでも、その傍らに質にとった衣を広げ、科料として取り立てたぶどう酒を神殿の中で飲んでいる」。政治も宗教も混乱し堕落しているというわけですから、諸国民に対する裁きの中で、自分の遣わされているイスラエルを最も厳しく裁く。もちろん生まれ故郷のユダ王国に対する裁きの言葉もあるのですが、「地上の全部族からわたしが選んだのはお前たちだけだ。それゆえ私はおまえたちをすべての罪により罰する」（三・二）とあるように、イスラエルを最も愛し選んだからこそ、最も厳しく罰する。ここに旧約聖書の中で唯一神の信仰が初めて現れたと思います。

モーセの十戒の「汝は私の他に何者をも神としてはならない」は、単なる唯一神教ではありません。他の神もあることを予想して、イスラエルはヤハウェを信じ続けなさい、と言っているわけです。しかしアモス書においては、諸国の政治と宗教を裁く、しかもイスラエルを選んだ神がイスラエルを一番裁かれるという、今までにない新しい唯一神の信仰が生まれてきていると思うのです。

多くの国で唯一神の信仰があり、日本でもそうです。台湾に対しても、朝鮮に対しても植民地として押さえると、すぐそこに神道を持ち込んで天皇の絶対性を強調します。台湾神宮、朝鮮神宮をつくって、神道を押しつけることによって唯一神、天照大神を強調する。支配者が唯一神信仰を押しつけることによって権力を強める。ところがアモスの言っていることは、神の選ばれた民を神が最も厳しく裁く――これは本当の意味での、それまでにない普遍性を持った唯一神の信仰である。しかもそれは徹頭徹尾、倫理的な唯一神信仰である。神が選んだ民をも含めて倫理的に裁くという唯一神信仰、これがアモスに表れた大事な思想であると思います。そして、実はそのことのゆえに、今日の世界のさまざまな対立――宗教間対立、文化的な対立、政治的な対立、そういったものを乗り越えていく新しい原理として、アモスの言っている唯一神信仰が新しく認められていいのではないかと思います。

実は「ヤハウェの神」は、実体的にはユダヤ教の神でもありますし、イスラムの神でもありますし、キリスト教の神でもあります。「ヤハウェ」という言葉の意味については、最近研究が進んでおりまして、優れた旧約学者である木田献一さんの見解によると、出エジプトの三章でモーセに対する自己顕現の時に、その意味を「ありてあるもの」とモーセに教えられる。しかし、さらにつっこんでみると、「ヤハウェ」とは「あるものをしてあらしめるもの」だと木田献一さんは言っています。ありとあらゆる存在をあらしめるために、「有」に対する「無」として、神はご自分を「無」にしている。「有」の対概念は「無」です。「有を有たらしめる」ために「無は無であり続ける」。

その説に基づいて、組織神学で業績を上げております小田垣雅也さんが、「ヤハウェ」とは「無」しかも「絶対無」と表現するのがふさわしいと言っている。神は「無」であり続けている。昨日の本田先生のお話に「アガペー」ということが出てきましたが、まさにこの「アガペー」は、他者を他者として生かしめるために自らは「無」になっていくということです。そこに「アガペー」の本質があるとすれば、「ヤハウェ」の本質とは「アガペー」であると同時に、別の表現をすれば「一切の有を有たらしめるために無であり続ける神」である。ここに新しい人類の統合のシンボルがあっていいんじゃないかとさえ思うのです。そのように考えると、イエス・キリストの十字架の事件は、まさに神の自己無化である、と言えます。神ご自身が十字架において自らを「無」とされた、そしてすべてのものに「生きよ」とおっしゃっている、そういう意味が十字架にあるのではないかと思います。

4

それぞれの文化・民族においてさまざまな宗教があるわけですが、一番の問題は自分の宗教をドグマティックに絶対化している。これが宗教の破綻であろうと思います。人類が新しい統合のシンボルを求めていくとすれば、まず原理主義から脱却しなければならない。キリスト教の原理主義も、イスラム教の原理主義も悪魔化しています。およそ宗教というものが成熟していくならば、自分自身の特殊な信仰対象に真実に従うということを一貫しながら、同時に他の宗教形態に対する寛容性を持つはずです。それは決して他の宗教に対する妥協ではありません。むしろ自分自身が信じている宗教の普遍性に目覚めればこそ、他の宗教に対して開かれていくという、そこにヤハウェという神の持つ非常に大きな意味があるのだと思います。私たちはイエス・キリストに対する信仰を毫もゆるがせにすることはできません。しかし同時に、本当にまじめに人権と、平和と、共に生きる社会を求めている諸宗教に対して、心を開き協力の手をさし伸ばすこと、そして自分自身の信じる信仰の一貫性を貫くと同時に、他の宗教に寛容であること、それが自分自身の信仰の徹底のゆえに生まれてくる普遍性だと思います。そういうものを持たせてくれるのが、実は「ヤハウェ」というシンボルで言われていることではないか。

宗教は成熟しなければなりません。成熟した信仰は、自分の信仰の真実を貫くと同時に、真実人間を愛し、平和を愛する他の宗教に対して心から協力を申し出る、そういうスタンスが持てるのです。

そういうことは既に行なわれています。たとえば下村寅太郎という東京教育大学の先生、西田哲学の門下で仏教学者でありますが、『アシジの聖フランチェスコ』という本を書いています。これが『カトリック新聞』で高く評価されました。プロテスタントの牧師の佐古純一郎が『親鸞――その宗教的実存』という本を書いて、それが『大法輪』という仏教系の雑誌で評価されました。つまり、自分の信仰が真実に深まるならば必ずや他の宗教の真理に理解が及ぶということなんです。そこに協力の場が開かれている。

その意味で、あるものをあらしめる、「ヤハウエ」というシンボルに生きる宗教は、人類の新しい統合の原理を明らかにしている。それに参与を求めている。お互いに成熟した宗教になろうじゃないか、ブッシュを代表とするキリスト教の原理主義者よ、イスラムの原理主義者よ、もっと成熟した信仰者になっていこうと呼びかけていくということが、今日の宗教者の課題ではなかろうかと思います。

アモス書五・六に、「主を（ヤハウェを）求めよ、そして生きよ」と言われています。四節にも、「わたしを（ヤハウェを）求めよ、そして生きよ」と。そこにこそ人類の生きる道が開かれているのではないだろうか。アモスから学ぶところの、「ヤハウェに従い、ヤハウェを信じ、ヤハウェによって生きる」ということが民族の神を超えていく道であり、それが本当に普遍的な人類統合の方向性を示してくれるのではないかと思います。

5

今一つアモスにとって大事なことは、宗教と倫理というものの不可分性です。これは聖書全体を貫くユダヤ・キリスト教の信仰の遺産だと思います。聖書において宗教は倫理と不可分であり、倫理は宗教からこそ演繹されてくるということです。

今回のパンフレットの朝の祈りのページを見ると、ヘンリ・ナウエンのこういう言葉がありました。

「真の革命家は誰でも、心底、神秘家であるよう挑まれ、神秘家の道を歩む人は人間社会の虚偽を暴露するよう呼ばれています。神秘主義と革命は決定的変革をもたらそうとする努力の二つの面なのです。神秘家は誰でも必然的に社会批判をするようになるのです。というのは観想の中で、病める社会の根っこを見出すからです。同じように革命家は、誰でも自分の人間的限界を直視しないではいられません。なぜなら、新しい世界を求める闘いのまっただ中で、人間の間違った野心や本能的恐れに直面して、それと闘っているのだということを発見します。神秘家も革命家も同じように安全で保護された環境を求める自己中心的な望みから解き放たれて、自分と自分のまわりの世界の惨めな状態に恐れず直面しなければなりません。私たち人間の一人となったイエスは、人間の心と人間の社会を変えるということは一つのことであり、十字架の二つの梁のように密接な関係があるということを明白にしたのです。イエスはこの核時代に生きる人にとっても依然、自由と解放への道なのです」

神秘主義・神秘家という表現は、神と人間とが一体となってしまうというのではなく、神と人間との契約関係、あくまでも契約において結ばれる「義」という状況ですが、神と人間とが美しい契約の緊張関係の中で活き活きと生きている、それがここで神秘家と呼ばれている。つまり神と交わるものは革命を志向せざるを得ない、ということなのです。革命というとすぐに暴力的なものと思われますが、私は今、この時代に革命が必要とされていると思います。革命というのは暴力で政権を奪取するのではなく、モラルの回復なのです。その意味で神秘家と革命家が一つになる。

私は昨年講演に行った広島女学院で、高校生に「良き変化のためのエージェント」になりなさいと申し上げたのです。広島女学院では「神と共に働くもの」というのが校是なんです。「神と共に働く」

とはどういうことか。「良き変化」のために一人ひとりが遣わされた場所で、モラルの回復を求めてエージェントとして働くことです。

アモス五・二一で述べている、宗教と倫理の一致、「わたしはお前たちの祭りを憎み、退ける。祭りの献げ物の香りも喜ばない。たとい、焼き尽くす献げ物をわたしにささげても、穀物の献げ物をささげても、わたしは受け入れず、肥えた動物の献げ物も顧みない。お前たちの騒がしい歌をわたしから遠ざけよ。竪琴の音もわたしは聞かない」。ここでは宗教の堕落を徹底的に批判しています。正義を洪水のように、恵みの業を大河のように尽きることなく流れさせること、これこそヤハウェに対する真の献げ物だということです。

詩篇五一編にダビデが歌っております。「汝は供え物を喜び給はず。汝の求めたもう供え物は砕けたる魂なり、汝は砕けたる悔いし心を軽しめ給うまじ」（文語訳）。ヤハウェの求める献げ物は悔いたる、砕けたる魂である。それは明らかにヤハウェとの契約によってモラルを回復していく生き方です。そう考えると、まさに今日、宗教と倫理の不可分性が確認されなければならない。

それぞれの属している教会の流れの中で、日本の国の政治の流れに沿うかのような右傾化が進んでいるように思います、きちんとした聖餐式を守らないと処分しますというような形式主義に、またもや陥っていく流れが生まれています。神の求めたもう供え物は何なのか、教憲教規に即した聖餐式をやっていればそれでよいのか。そうではなくて、いまこそ正義を洪水のように恵みの業を大河のように尽きることなく流れさせようということこそが、キリスト教会の神にささげるもっとも良き献げものではないのか。そういう意味でも宗教と倫理の不可分性が徹底されなければならない。アモスに深く教わるわけであります。

6

最後に、今一つ大事なことは、五・二四、「正義を洪水のように、恵みの業を大河のように、尽きることなく流れさせよ」。ここに「正義」と「恵みの業」が併記されています。このことの意味はとても大事なことだと思います。元の言葉では、正義とは「ミシュパート」、律法に即して正しい営みをすることで、もう一つの恵みの業とはもともとは「ツェダカー」という言葉なんです。これは「義」、つまり神と人間のしっかりと活き活きと結ばれている契約に基づいて人間間の交わりもきちんと活き活きと行なわれる、憎しみとか抑圧ではなく神との関係に基づいて活き活きと生命的に維持されている、それが「ツェダカー」の意味です。新共同訳では恵みの業と訳しているのは意味深いことだと思う。

正義というのは正義だけで突っ走ることがある。正義は突きつけられると反論できない。なにしろ正論ですから、すごい力でもって強調されると、今一つ腑に落ちないことが心に残るということがある。正義が正義として実るためには恵みの業が伴わなければならない。昨晩の本田先生の言葉を使うなら「お大切に」という言葉。正義を強調すると同時に、「お大切に」というモチーフが伴わないと、正義は正義を裏切ってしまう。正論なんだけれど誰にも受け入れられない、ということになってしまう。

川崎市内の学校でひどい民族差別が続発しているのにたまりかねて、李仁夏牧師が中心となって在日韓国朝鮮人のオモニたちが、川崎市の教育委員会と話し合いを持ちました。最初は教育委員会の先生たちは「いや、川崎市の学校には差別はありません。差別はしていません、日本人と同じようにしていますから」と言うけれども、オモニたちが「その日本人と同じようにやっているというのが、差別になるんです。そのことにお気づきになりませんか」と言っても、教育委員会の先生たちは分からない。「日本人と同じように」ということで、家族の中でハルモニ・ハラボジが伝えてきた家庭の文化的遺産が否定されてしまうわけなんです。だから民族的なちがい・文化的なちがいを認め合いながら一緒に助け合っていくところに、民主主義的な教育の業があるんではないかというわけです。そういう正論を突きつけられると教育委員会の先生たちは言葉がなくなって、だんだんうつむいてメモばかり取っている。青年たちの糾弾は鋭く、言葉も荒っぽくなる。すると先生たちはますます怖じ気づいて硬くなってしまう。

この話し合いのあとで李仁夏先生は、糾弾の目的は理解を求めることである、理解が得られない糾弾はマイナスだ、糾弾のあり方を考え直そう、と言われた。しかし、激しいやりとりの後、オモニたちは知恵があるんですね、冷や汗かいてぐったりしている先生の手を取って、「先生、焼肉屋でちょっと一杯飲んで」と言ってひっぱっていって、ビールをつぎながら「つらかったでしょう、ごめんなさい」と言いながら「うちの子どもはこんなことがあったのよ、ランドセルに給食のみそ汁をぶっこまれたのよ」という話をする。そんな中で教育委員会の先生たちの心が変えられていった。

正義が正義として実るためには、恵みの業が伴わなければならないんです。恵みの業によってこそ正義は目的を全うする。正義の内容は共に生きる社会をつくることにあって、正義は誰かが支配者になるということではありません。

そこに預言者アモスの知恵がある。これは学ばなければならないと思います。

アモスは聖書の中で初めて生まれた「記述預言者」です。それまではダビデにはナタン、アハズにはエリヤというように、王権の暴発をチェックする預言者がおり、王が耳を傾けてくれた。しかしその後、王権・国家権力がどんどん強くなって、預言者が語っても聞いてくれなくなる。そういう王に対してはどうすればいいのか。それは書いて残すということしかなかった。そこに記述預言者が誕生する。自分は殺されるかもしれない、しかしそれでもいいのだ、いつの日か王がそれを読んで、間違っていたと自覚してヤハウェの下にもどってくればいいのだ、と。その記述預言者の最初がアモスです。彼は抵抗の戦いの中で正義と平安と共に生きる世界を求めてどんなに努力をしたか。そういう彼の生き様、また普遍的な神、ヤハウェへの彼の理解、それをわたしたちが今日受け継ぐことによって、教会においても学校においても現場の中で勇気と確信を持って、「あるものをあらしめるもの」という人類統合の原理を訴えていきたいと思います。

希望を持って生きるために

――キリストの日に向かって（フィリピ一・三―一一）

第一七回セミナーの基調講演（二〇〇六年八月一〇日／名古屋学院）

1

みなさま、こんばんは。関田寛雄でございます。

私が「人権」という問題に関心を持つというか、それに巻き込まれてきて、そのことこそが私のキリスト教会の牧師として、また大学の教員としての内容のすべてだと思い始めたのは、川崎市の桜本における在日コリアンの方々との出会いがきっかけでした。

旧約聖書の学者であり、また砧《きぬた》教会の牧師でもあり、かつ青山学院大学神学科の学科主任でもあった浅野順一牧師に導かれて、一九五五年から私は川崎で開拓伝道に入ったわけです。それ以来、川崎にこだわり続けておりまして、今年（二〇〇六年）は五一年目になります。

私の父親も牧師で、関西学院の神学部を出ておりますが、私の父の後輩に、中森幾之進《いくのしん》という山谷《さんや》伝道で生涯を終えられた牧師さんがおられます。この方からいろいろと教えていただきました。「山谷の伝道は、山谷の人間がしなきゃいけないんだ。そのために、山谷むいか塾っていうのをつくった」と、電話をいただきました。「むいか」っていうのは「六日」じゃなくて、「無為と化す」という親鸞の言葉をもじった塾の名前であります。

「そういう塾をつくったので、手伝いに来てくれないか」「中森先生、そんなすばらしいお仕事をなさって、それをお手伝いすることは光栄でございます」と申しました。「そう言ってくれるならうれしいね。だけどね、交通費が出ないんだよ」「交通費なんて自弁でやりますので、喜んで行きます」「そうかい。それでね、実は謝礼も出ないんだよ」「それでけっこうです。すべて自費で行きますので」「そうか、いやぁ君だからそう言ってくれると思ってね。頼りにしとったんだよ。実は少々献金がいるのでね」。そういうことで、とうとう山谷の無為化塾をつくるということにはめられてしまいました。

その中森先生は、「伝道者というものは、遣わされた場所の土地を愛さなきゃいけない。惚れなきゃいけない。その土地が好きになったら伝道は必ず成功するんだ」とおっしゃっておられた。そんな影響もあったんでしょう、川崎で五〇年を超えました。日本鋼管を中心とする大気汚染がひどくて、それこそ日本鋼管の溶鉱炉を中心に半径五キロ、ここには一カ月九〇トンの粉塵が落ちるんです。半径五キロ、そこに私の教会も含む桜本全体がすっぽり入る。子どもたちは粘膜をやられ、目とか鼻とか喉とか、中には喘息、気管支炎、それから肺ガン。そういう公害病患者が続発した。「こんなところから早く逃げ出して、開拓伝道なんていい加減にキリをつけて、どこかもっと勉強しやすいところへ行きたい」と思い続けながら、年が過ぎていった。

当時、青山学院の神学科には佐竹明とか荒井献とかがドイツから帰ってきている。私も新約学の研究室に籍を残していたものですから、しのぎをけずるんです。佐竹明は、教団の補教師の資格はとっているけれども、「おれは牧会しない」と言う。また荒井献は「おれは牧師にならない」と言う。そうすると、私だけが牧師になって、しかも粉塵の舞うところで、「こんな損な役割はないなぁ」と思っていた。

「伝道と研究の二足のわらじを、どっちか一足にしたい」と思って、浅野順一先生のところに相談に行きました。すると先生は「あたしは三足履いていましたけれども」と言われ、二の句が継げなくなって帰ってきたのです。

2

それ以来、結局五〇年たっちゃったわけですが、その間に、二つ教会を設立いたしました。その一つが桜本教会。私の後任者は藤原繁子という牧師で、私の方向性をよく受けとめてくださった。日曜日と木曜日のお昼、一〇〇人からのホームレスの方々に食事を提供していらっしゃる。本当に小さな教会で、教会員は二〇人そこそこですけれども、もう死にものぐるいで一週間に二回、食事を提供していらっしゃる。

藤原先生はなかなかの人物でございまして、東京の木場に育った人でございますので、啖呵が切れる。ホームレスの方々もだんだん慣れてきますと甘えが出てくる。「今日のみそ汁、具が少ねぇなぁ」。そうしますと、藤原牧師が「気に入らないなら出て行きなさい！　私たちがどういう思いで食事をつくってるのが分からないの！」と啖呵を切るんです。そういう中で、先生の説教に打たれて洗礼を受けてくださる方があらわれる。

いつかの感謝祭の説教ではこう言われる。

「今日は教会の暦で感謝祭でございます。夏の実り、秋の収穫、感謝する日でありますけれども、みなさま方は『なにが感謝か』とおっしゃる方が多いでしょう。リストラされたり、友人の保証人になって裏切られたり、行政と関わってもさっぱり歯車がかみあわない。なにが感謝かと思っておられる方がおられるでしょう。だけれども、今日というこの日に仲間と一緒に巡りあって、食事を分かち合えるということをありがたいと思う心があるならば、人間としてその方は最高なんですよ」

礼拝堂が満杯ですから私は床に腰をおろして説教を聞いているんですけれども、後ろから見ていますと、何人かのホームレスの方が、そっと、涙をぬぐっていらっしゃる。「あぁ、藤原牧師の説教の言葉が届いているなぁ」。そういう中で、ホームレスのままで洗礼をお受けになる方が出てくる。そうすると彼らは、今度はホスト側になり、仲間のホームレスのお世話をする。だから、以前はダラダラと集まってきて、タバコはポンポン捨てる。ところが、「タバコはここに捨てろ！」「ホールでタバコを吸うな！」「おとなしく二列に並んで待ってろ！」と、彼らがホスト側になって仲間にピシッとルールを守らせるわけです。近所の方々も最初の頃は、ホームレスの方のことを批判ごうごうだったんだけれども、この頃は理解してくださって、「毛布があまったから」とか「お米が入ったから」と寄付してくれるようになりました。そうした地域に根ざした働きとして桜本教会があります。

もう一つの戸手教会、これも私の後任の孫裕久《ソンユウグ》さん、在日二世の牧師がやってくださいます。彼のおつれあいは韓国からの留学生でございました。ここは多摩川の河川敷で、水害があるんです。金万《キムマン》守《ス》という、巨済島《コジェド》から無理矢理つれてこられ、九州で陸軍の防空壕をつくるためにこき使われて、やっとの思いで敗戦を迎えて、人づてに九州から川崎までやってきた人がいる。そこで古タイヤの収集をする商売でやっと命をつないできたその人がつくった河川敷の家を、教会堂として買い取ったわけです。地域住民の八割はコリアンです。

実は今、土地開発が進んでまいりまして、ウォーターフロントがつくられるというんで、教会以外の家屋はほとんど全部除去されました。みんなが出て行かざるをえなかったわけです。ただ四、五軒、零細企業を営んでいる方がおられますので、その方々の納得できる権利を保障されての立ち退きを見届ける、それを最後に戸手教会は出て行きましょうということで、今なお残っているわけです。

立ち退いた方々も戸手教会との交わりをなつかしんで、毎週水曜日にコリアンの古老の方々、一人暮らしの古老の方々で「水曜サロン会」というのをやっていまして、そこで二〇〇円で朝鮮料理を分かち合うということをやっております。ここから立ち退いて、それこそバスで行かなきゃいけないような遠くからも、やはりなつかしくて一〇人、一五人と集まってきて、日本人のボランティアと一緒に食事を食べながら、時に歌ったり踊ったり、一番の人気は寅さんのビデオを見るということでございます。

そんなことで、私のあとを本当によくやってくださいます。私は後継者に恵まれたなぁと思って、感謝しておるわけでございます。

私は一九九七年に青山学院大学を定年退職いたしましたので、それと同時に戸手教会の方も退きまして、いまは日本基督教団神奈川教区の巡回教師ということで、あちらこちらの無牧の教会、あるいは休暇中の牧師さんのお留守番、あるいは教会的にさまざまな困難な問題を抱えている、そういったところをお手伝いしながらあっちへ飛びこっちへ飛び、それこそ寅さんらしく旅人《たびにん》を続けておるわけでございます。

3

これまで私は青山学院の教員でございましたので、いわば二足のわらじを履き続けてきました。私は「イヤだイヤだ」と思いながら、ここまで二足のわらじを履いてきて、しみじみ思いますのは、負け惜しみじゃありませんが、たくさん本を書いたわけでもないし、業績をあげたわけでもございませんけれども、ただ、神学という、キリストをどう理解するか、さらにこのキリスト教をどのように現代社会に伝えるか、特に痛みと貧しさの中にある人にイエス・キリストの福音が本当に力強く宣べ伝えられるための神学という学問は、どこから発想しなきゃいけないか、どこに立って神学というものを考えなきゃいけないか、そのことが、二足のわらじを履いてきたからこそ分かった気がするんです。

大学教員の世界では、この頃ますますそうですけれども、学生の面倒を見るなんていうのはわずらわしいことなんです。何よりもまず、業績を考える。年間に何本論文を書くかということが一番の目標であって、学生に対する教育的な配慮とか相談事の相手になるとか、そんなことは大学教員のすることじゃないというのが、いまの大学の風潮であります。ですから、キリスト教主義学校の中にもそういう風潮が入り込んできています。

私は青山学院大学での最後の二年間、経営学部のチャプレンをした中で、それを考えさせられました。青山には、戦後エッケルというドイツ人宣教師が始めたアドバイザーグループというシステムがあります。それは単位にはまったく関係なく、学生が個人的に先生について、その先生の持っているものを分かち合っていくのです。時には、旅行に趣味のある先生と一緒に旅行する、あるいは読書会を一緒にやる、そういうアドバイザーグループがあって、一時はずいぶん盛んでした。ある先生なんかは二〇〇人もの学生がアドバイザーグループに集まってくる。

ところが、私の最後の頃は、アドバイザーグループを持つ大学教員は一割に満たなかった。そういうことをする教員は変わり者だと思われている。若い優秀な先生が入ってきても、学生の勉強なんて見ない、わずらわしい委員なんかも引き受けない、ひたすら論文を書いている。そういうところでは、建学の精神もなにもあったもんじゃない。「キリスト教主義とはなんぞや」ということが、自分の教員生活の中の原則的な事柄として受けとめられるということは、まずないのです。

そんな状態ですけれども、私は最後までアドバイザーグループを続けまして、それは、私にとってとても大事な遺産となっています。先々週の土曜日に、アドバイザーグループのOB・OGたち二〇人が集まりました。『クイール』という映画がありましたが、あの盲導犬を育てたのが、多和田悟というOBです。彼は本当にすばらしい男で、大学を中退し、オーストラリアまで行って、盲導犬の訓練の国際的なライセンスを獲得して、いま日本では一番の盲導犬の育成者となっています。

彼の現場に二〇人のOB・OGが集まりまして、彼の苦労話を聞いたり、盲導犬の役割、特に視覚障碍者の方々がどのように盲導犬を必要としているかを聞きました。視覚障碍者と盲導犬の出会いをむすぶ、それが彼の仕事なのですが、必要の二〇分の一しかこたえられてないっていうのが、いまの現状なんですね。そういうところでいろんな出会いがあり、OB・OGが集まってくるというのは、私にとって本当に貴い遺産だと思います。

4

在日コリアンとの出会いの中で、大学と教会との二足のわらじを一足にすることができなくなっちゃったんです。見てしまったこと、聞いてしまったことについては、責任が生ずるわけです。

李仁夏牧師が牧会している在日大韓川崎教会と合同の聖餐式礼拝を始めたんですが、ある年の聖餐式を韓国教会でやり、そのあとのお茶会で、コーヒー・紅茶を飲みケーキを食べながら、お互いにいろいろと冗談を言ってなごやかな雰囲気の時に、一人の青年が立ち上がってこう言うのです。

「私の兄と母親はとても熱心に教会生活をしているけれども、私はめったに教会に来ない。今日教会に来たのは、日本人がたくさん来るというので来たんだ。日本人に聞きたいことがある。なんで日本人は、朝鮮人というと犯罪人扱いするんですか？」

この一言でもって、なごやかな会話の場所が、ピシャーっと凍りついたようになりました。

――実は、小学校の五年生の時に、僕のクラスで給食費がなくなったという事件があった。そしたら、受け持ちの先生が僕だけを残して、「お前がやったんだろう」と言う。しかし私は「とんでもない。僕はまったくしていません」と言うもんだから、とうとう職員室につれて行かれて立たされた。「だいたいこういうことをやるのは朝鮮人なんだよ」と担任の先生に言われた。そして夕方まで立たされた。涙ながらに薄暗くなった運動場を帰りながら、「もう金輪際、学校なんか来るもんか」と思った、と言う。実際彼は、それ以来小学校には行ってない。そして、ぐれました。――

「どうしても分からない。なぜ日本人は、朝鮮人と見ると犯罪人扱いするのか？」

すると、彼の兄が立ち上がって、「何を言うんだ！　日本人のお客が来ている時に。ぐれたお前がいけないいんだ！　お前が日本人に恥ずかしくないように勉強して、仕事をちゃんとしてればなんてことないいんだ！」と言って、弟をたしなめたんです。彼は苦笑いをしながら、「そうだよなぁ。兄貴はいつも優等生だったんだから」と言って座った。それを潮に、その会は解散しました。

しかし私としては、弟のその言葉が胸に突き刺さった。「なぜ日本人は、朝鮮人というと犯罪者扱いするんだ」。それは、私の小学校の時にも経験があるんです。小学校五年生の頃、朝鮮から子どもたちがクラスに入ってきた。七、八人から一〇人。そういう中で起こったんです。ある男の子が差別のために無実の罪で痛めつけられた。そういうことを思い出しながら、本当に胸が痛んだ。それは言うまでもなく植民地支配の中で培われた朝鮮に対する差別意識、植民地住民に対する差別意識からのことだったわけですが、それが今も払拭されていないわけです。

本当に胸痛む一年を経過して、次の年、やはり一〇月の第一日曜日に合同礼拝をいたしました。今度は私の教会で、聖餐式が終わったあと、二人のＩＣＵの学生が立ちあがって問題提起をしたんです。一人は韓国人の学生、一人は日本人の学生。

「李仁夏先生、関田先生、質問があります。いま一つのキリストの杯を分かち合ったけれども、この二つの教会は、桜本と大島、池上、この近辺で起こっている学校における差別、住宅入居差別、就職差別、結婚における差別、そうしたことについて、どういう意識を持ってこの聖餐式を行っているのですか?」

これまた、シーンと凍りついたようになった。

李仁夏先生は最近『歴史の狭間を生きる』というすばらしい自伝を出されましたけれども、この当時、いまのような意識はまだお持ちでなかったと思うんです。その学生たちは、仁夏先生の教会員でもあり、その親しい友人でもあった。激論が交わされまして、その最後の最後に、仁夏先生が「よく分かった。二つの教会は、今後この地域において、民族差別のことを教会の宣教の課題としてしっかり受けとめるから、今日はこれで終わりましょう」と言われて終わった。

そういう経過をたどる中で、私は教会で伝道するということと、民族差別、人権を守るために闘うということが一つだということを、自分の現場で知らされてきたわけです。そういうことが影響したかもしれませんけれども、いつの間にか、この人権教育セミナーの会長にさせられてしまいました。私にそういう資格があるとは思いませんけれども、このセミナーの中で、繰り返し確認しなきゃならないことは、「祈ること、民衆の間に正義を行うこと」。これはボンヘッファーの獄中書簡の一節でありますけれども、これこそが、今日のキリスト教の集約的なテーマであるということです。

5

このセミナーにかかわって、もう十数年になりますが、二〇〇一年、二一世紀になって、二〇世紀の悲惨な戦争の世紀が終わって、新しい世紀こそは本当に平和に、共に生きる世紀になってほしいという願いを持っていたんですけれども、九・一一事件が起こり、今度は報復戦争という形で戦火が広がっている状況になっている。報復戦争でもって問題の解決ができるわけがないのです。

マーティン・ルーサー・キング牧師の『汝の敵を愛せよ』という説教集の中で、忘れられない言葉があるんです。

「黒人の兄弟姉妹たちよ。私たちの目的は、白人に勝つことじゃない。白人の中にある、間違った、誤った敵意をなくすことにあるんだ。敵意に対して敵意をもってするならば、報復の悪循環が続くばかりだ。だから、敵意をなくすためには、愛しかないのだ。イエス様が『汝の敵を愛せよ』と言われた。私は、それは個人的な人間関係の中でだけ妥当するものだと思っていたけれども、実はそうではない。まさに、民族間の対立、国家の対立、階級の対立、文化の対立の中でこそ、『汝の敵を愛せよ』という、この言葉が、最も具体的に現実的に事柄を解決する道だ」

「黒人の兄弟姉妹、白人の兄弟姉妹を愛そうではないか。彼らが救われなければ、我々も救われない。彼らの運命と我々の運命は、固く結びついているんだ。だから、黒人たちよ、白人たちを愛そうではないか」

私がアメリカに最初に行きましたのは一九六一年でしたけれども、公民権運動が南部に広がっている頃でした。最初、シカゴのマコーミックという神学校に行った時に、学生食堂で黒人と白人の学生が激しい議論をやっている。白人の学生が「なんで君たちは、法廷でやるべきことを道路でやるんだ。道路でやるから警察犬にかみつかれたり、放水でぶっ飛ばされたりするんじゃないか」。すると黒人の学生が「君たちは知らないんだ。南部の法廷は全部白人で占められている。だから、法廷では黒人の正義の訴えが通らないんだ。だから道路でやるしかないんだ」「アメリカがアメリカになるためには、誰かが犠牲にならなきゃならないんだ。それが黒人のスピリットだ」。

その言葉を典型的に生きて死んだのが、マーティン・ルーサー・キングではなかったでしょうか。アメリカに、ウールワースというチェーンストアがあるんですが、当時その店は黒人を入れなかった。ストアの前に、三〇人ぐらいの黒人たちが列をなして道路に座り込んで、讃美歌を歌いながら祈っている。「ウールワースが我々に対しても門戸を開いてくれるように」と。そういうささやかなデモをやっていた。

そのあと三〇年たって、もういっぺんアメリカに行った。同じ店、ウールワースの店長が黒人なんです。それだけ大きな社会的な変革がなされている。しかもそれは、「非暴力」という原則で、「汝の敵を愛せよ」というスピリットでもって獲得された偉大な歴史的変革です。

6

私たちがイエス・キリストの教えに従って教育を行なうということは、どういうことなんだろうか。「力」でドンドン支配して、力は正義だと言われているようなこういう時代にあって、キリスト教学校で働くということは、どういうことなんだろうか。

青山学院の神学科は、浅野順一先生をはじめ、大先輩、恩師たちが一所懸命つくってくださった神学教育の機関でしたが、二八年の歴史を終わって、学園紛争のあおりの中で理事会によって廃科されていきました。私どもの願い、訴えを無視して、統一原理系の学生たちがあらぬことをいろいろ理事長に吹き込んだこともあって、理事会は神学科の廃科を決断したわけです。その時私は、神学科の学科主任代行でしたので、沈没船の船長です。廃科されたあと、教員たちはそれぞれバラバラに散っていきましたけれども、「私たちは四〇〇人からの神学科の卒業生に責任がある。沈没船の船長としてどんなに干されてもどんなにつらいことがあっても青山学院をやめない」という決断をしたんです。

それは、敗北の歴史でありました。一九七七年三月に廃科されたあと、九七年に私が退職するまでの二〇年間は、本当につらい、しかしそのことから「キリスト教主義学校とは何か」ということを教えられた期間でもありました。

理事会では、「神学科の教員については昇任人事は考えない」というので、私は助教授を二六年間やった。理事長が亡くなられて、初めてまわりが騒ぎ始めて、やっと教授になったのですが、五年経ったらもう定年です。でもその間、本当にいい勉強をしました。キリスト教主義学校の中にも権力が横行するんです。ですから、「キリスト教だからいい」というのではない。この時代にあって「どういうキリスト教か」ということが問題なんです。そういう中で、私が学びとってきたことは、「負けた者がいかに生きていくか」ということです。

昨年（二〇〇五年）から今年にかけて、本当に悔しいことが続きました。この協議会にも直接関係のある青柳行信先生[1]が、最高裁の判決で負けました。昨年参加してくださった東京都の看護師・鄭《チョン》香均《ヒャンギュン》さん[2]も最高裁で、敗訴しました。私の親しい友人であった神奈川教区の依田駿作牧師[3]のバンザイ訴訟が、これは大嘗祭の問題がからんでくる裁判だったんですけれども、それも最高裁で敗訴しました。負け続けていく。私は「敗者として生きる根拠は何なのだろうか」ということを考えざるをえない。

詩篇三七・七にこういう言葉がある。

「沈黙して主に向かい、主を待ち焦がれよ。繁栄の道を行く者や悪だくみをする者のことでいら立つな。怒りを解き、憤りを捨てよ。自分も悪事を謀ろうと、いら立ってはならない。悪事を謀る者は断たれ、主に望みをおく人は、地を継ぐ。しばらくすれば、主に逆らう者は消え去る。彼のいた所を調べてみよ、彼は消え去っている。貧しい人は地を継ぎ豊かな平和に自らをゆだねるであろう」

この詩人は、おそらくイスラエルのバビロニア捕囚というマイナスの歴史を生きておった人じゃないかと思います。同じ民族の中でも抗争が起こる、悪しき権力が支配を及ぼす、しかし神様のまことの裁判、神の法廷がある。「貧しい人は地を継ぎ豊かな平和に自らをゆだねるであろう」。

最高裁の判決が必ずしも真理ではない、ということです。最高裁の出した判決が、必ずしも人生の真理ではない、ということです。それは、歴史の一コマにすぎない。本当の裁きは、神の法廷においてなされる。私どもは、そのことを希望として「沈黙して主を待ち焦がれる」。さらに言うならば、私たちは、最高裁の判決を受けたからと言って、「何もかも終わりだ」と言うんじゃなくて、それは一つの歴史的な発言であって、本来的な発言は別にある、神の法廷が進められているということを信じるんです。

だから我々は、この人権を守るための、平和を求めるための闘いにおいて、その土俵を割らないようにしよう。どんなことがあっても土俵を割らない。それからもう一つは、対話をやめない。断られても無視されても、対話を続ける。聖書の中のイエス様のたとえ話にもあります、「聞きたくなくても、あんまりうるさいから、しかたなしにいうことを聞いてくれる」と。そして最後に、希望を捨てない。どんなことがあっても希望を捨てない。

敗北の歴史を生きている者にとって、大きななぐさめは、友人の連帯なんです。私の場合でも、青山の神学科がなくなったという、いわば敗北の歴史の中で支えられ、なぐさめられたのは、井上良雄先生、菊池吉弥先生、大島孝一先生、そういう方々のなぐさめの言葉、励ましの言葉が大きな力になりました。

ですから、みなさん、最高裁の判決で終了するんじゃなくて、神の法廷の結論を確認するべく私たちは連帯の中で支えあって真理を確認する。そのためには希望を持たなきゃいけない。来るべき者を待たなきゃならない。だからこそ、「希望を持って生きる」というこのテーマを、これからますます進めていかなくてはいけない、と私は思います。

キング牧師の「I have a dream」に対して、「夢見る者を殺してやろう」という迫害が来るかもしれません。小泉首相が「靖国参拝は、私の心の問題であります。適切に処理いたします」と言うけれども、戦争の最高責任者の天皇でさえもが「靖国神社の参拝はイヤだ」と言っていたことが明らかになったわけでしょう。それを小泉さんはどういう思いで靖国神社を参拝しているのか。

靖国神社というのは、日本の軍国主義イデオロギーの拠点だったんですから、美化するべきではない。「彼らもまた戦争犠牲者だ」とか「彼らの犠牲を尊ぶんだ」とか言うけど、その犠牲は「天皇を中心とする神の国」のためと言われているものであった。そうでなくて、人類の平和のための犠牲者が日本からも三〇〇万人出た。だからこそ、彼らの犠牲を無駄にしないために憲法九条を守り続け、彼らは世界の全人類の平和のための人柱だったんだ、と思ってこそ、彼らは納得できるんだろうと思うのです。

関西学院の中学校時代に私が尊敬していた先輩が、第二次世界大戦中の中国で戦病死したということを戦後聞いて、悲しい思いになりました。また、予科練から帰ってきて、戦後生きる目的を失って自殺した友人もいる。そういう親しい方々が死んでしまった、しかし私は生き残っている。そのことに私はいつも負い目を感じています。

私には子どもが五人いるんですが、小学校六年生になったら、必ず八月六日に、広島の平和記念式典につれて行ったんです。そして、公園をまわって、「見てごらん。朝鮮人の犠牲者の碑だよ。これは平和公園の外に建てられているんだ。死んでからでも差別はあるんだよ」と言ってきました（今は公園の中に移されています）。そういうふうにして歴史の伝承をしてきたわけです。

私たちは教員でございます。あらゆる機会を利用して、生徒たちに平和のシンボルを経験させていかなくてはならない。そして、心から心へとつながっていく平和の伝承をしっかりしたものにしていきたい。

時間がまいりました。せっかく聖書を読んでいただいたのに聖書の話をまだしていませんでした。このフィリピの信徒への手紙は、使徒パウロの最後の手紙で、遺言のようなものなんですが、この手紙の主題は「喜び」なんです。しかし、彼は獄中に閉じこめられている。まさに彼こそが敗北の歴史を生きている。自由に伝道できない敗北を、彼自身が生きているわけです。ところが、そのような獄中から、「喜びなさい。あなた方が始めたことは、『キリストの日』までに、必ず神様が成就してくださる。『キリストの日』までに。キリストに、キリストに向かっていこうじゃないか」という、希望にあふれる手紙が獄中から書かれている。そのことに注目していただきたい。

日本基督教団の戦争責任告白を初めて公にした鈴木正久という牧師が、亡くなる少し前に病床で残された遺言のテープがあるんです。そのテープの題名は「キリストの日に向かって」でした。これもフィリピ書のこの箇所からとられている。敗北の歴史を生きる時にこそ、希望の味わいが分かってくる。平穏無事の時には本当の希望というのは分からない。どん底に追いつめられてこそ、希望の味わいがありありと分かってくるんです。

聖書の希望とは、いつも「にもかかわらず望む」ではありませんでしたか？　だからこそ、敗北の歴史の中に生きる私たちの希望が語られなくてはならない。希望の歌が歌われなくてはならないのです。

（1）青柳先生は九州の某カトリック系学院の教師であったが、その社会活動が学院の建学の精神に背馳するとのことで免職になった。
（2）東京都の保健師であったが鄭さんは、日本国籍がないことを理由に管理職試験の受験を「当然の法理」として拒否された。
（3）依田牧師は安倍首相が大嘗祭に際し「天皇陛下万歳」と叫んだことは違憲だとして訴えた。

この最後の者にも
——マタイ二〇・一—一六

第八回セミナーの朝の礼拝（一九九七年八月八日／立教高校）

ただいま読んでいただきましたところは、イエス・キリストの神の国とはこのようなものであるという譬え話でありますが、これについて今朝学びたいと思います。

ぶどうの収穫期にあたりまして、ぶどう園の主人は日雇い労働者を迎えようとした。おそらく朝六時ごろに市場に行きまして、労働者を集めました。そして、一日一デナリオンの労賃の契約を結んで、ぶどう園に送りました。それでも人手が足らないものですから、九時ごろに行ってみますと、まだそこに残っている人たちがいた。この人たちも雇って、ぶどう園に送った。一二時ごろにも、三時ごろにも、同じようにした。

ユダヤ社会は午後六時で一日が終わり、六時以降は次の日になるわけで、五時と言えば一日の最後の一時間であります。ぶどう園の主人は、よもやこのような時刻には誰もいないだろうと寄せ場に行ってみると、そこになお何人かの人がいた。

「どうして一日中何もしないで、ここにいたのか」と聞くと、「何もしていないわけではありません。

雇い主を探してあちこちさすらい歩きましたが、だれも私たちを雇ってくれませんでした」

主人は、一時間でもいいからぶどう園で働きなさいと言って、彼らをぶどう園に送り出しました。

わたしは川崎に長年おりますので、日雇い労働者の状況はよく分かります。午前八時になりますと、仕事にあぶれた人たちはもう公園のベンチで上着をかぶって寝ております。最近は、きわめて仕事が少ない。たまりかねた労働者たちが、福祉事務所に駆け付けて、市の民生局の人たちと交渉をするという場面に同席したことがあります。ペットボトルを振り上げながら、「わたしはもう三日間何も食べてないけれども、水だけは欠かせないんだ。だから水を持って歩いている。一週間に三日でいいから仕事をくれ。三日働けば、みんなに迷惑もかけないですむのだから、三日だけ仕事をくれ」と言うのです。

交渉の結果、一日六六〇円のパン券支給と、定住所がなくても、本人確認の上で、生活保護が受けられるということを獲得した。

それは、川崎市にとって一つの進歩ではありました。しかし問題は、仕事が欲しいという人に仕事がない。一方あるところでは、三交替でコンピューターの前に座り込んで働いている会社もある。このような社会の矛盾の中で、おそらく「最後の者」になっていく人が、どんなにたくさんいるだろうか。

やがて支払いの時になりまして、ぶどう園の主人は不思議なことをいたします。ちょっと理解できない二つのことを、あえてするのです。

その一つは、最後に雇われた者から最初に賃金を払う、ということでした。なぜ、こんなことをしたのか。今日の聖句の最後には、「先なるものが後になり、後なるものが先になる」という言葉で結ばれております。一番後に雇われたものが、一番先に支払われる。そこには、どういうことが考えられていたのだろうか。そこには、主人の温かい思い、はからい、配慮があったと思います。

もちろん朝早くから働いた人は、一日中の労苦を負いましたし、日中の暑さを忍んで働いたわけですから、それなりに大変だったと思いますが、彼らはすでに、一デナリオンという契約のもとに保証された人生を送っているわけです。

しかし、一二時間の内の一一時間まで、生きるすべを求めてさすらい歩き、そしてすべての可能性が閉ざされて、悄然として寄せ場に帰ってきていたこの人たちの、焦りと不安と孤独と悲しみ、それを、このぶどう園の主人は理解したわけです。どんなにか淋しかったであろう、どんなにか悲しかったであろう、どんなにか不安だったたであろう。さあさあ、まずおまえたちから賃金を払ってやろうというわけで、見捨てられた終わりの者が一番先に賃金をもらう、という逆説が語られているのです。

もう一つ不可解なことは、一二時間働いた者も、一時間しか働かなかった者も、同一賃金の一デナリオンをもらったということであります。当時、日雇い労働者にとりまして、一デナリオンというのは、最低賃金であったと言われています。もし合理的に考えるならば、最初から一二時間働いた労働者と比較すれば、最後の人びとは、一二分の一デナリオンということになります。しかし最低賃金の一二分の一では、もはや生きることのできないお金でしかない。食物も買えないし、泊まることもできない。したがって、一デナリオンとは、この日を生きる命の値である。生きるためにはデナリオン一つが必要である、という命の値であります。

命の値に差別があるか。命の値に差別をつけることができるだろうか。このことがぶどう園の主人の考えでありました。もちろん、すぐれた能力と可能性を持った、朝早くから働いた人が文句を言いました。しかし、主人ははっきりと答えます。

「友よ、あなたに不当なことはしていない。あなたはわたしと一デナリオンの約束をしたではないか。自分の賃金を受け取って帰りなさい。わたしはこの最後の者にもあなたと同じように支払ってやりたいのだ」

そこには、断固としたぶどう園の主人の意志があらわれているように思います。一人一人に約束した通りに払ってあるはずだ。何の不正もしていない。自分の分を受け取って帰りなさい、と。断固とした、このぶどう園の主人の発言の裏には、どんなにあがいても仕事を得なかった最後の者に対する眼差しがあったと言えるのではないかと思います。

保証された人生。それはどんなに苦しくても保証された人生である。しかし、一二時間のうちの一時間を不安と焦りと孤独の中に過ごさざるを得なかった人の悲しみと苦しみ、それをこのぶどう園の主人はしっかりと受けとめてくれた、ということであります。

神の愛というものは、まことにあまねき愛でありますし、すべてのものに等しく普遍的に与えられる愛である、と聖書は言っています。しかし、同時に聖書が言うことは、あまねき愛であるがゆえに、時と場合によってはその愛は偏ってあらわれるということです。神の愛は普遍的である。ゆえにこそ、偏ってあらわれるということです。神の愛の、奥義とでも言いましょうか。

そのような偏った愛に気付いた者こそ、またそれをかたじけなく受けとめることのできる者こそが、この世の中で不当な差別を受けて傷つけられ、疎外され、周辺化され、その孤独の中でたたずむほかないような人たちと連帯する人である、と思います。

今年もまた、全国各地から人権教育セミナーにお集まりくださいました。私たちの職場の中で、神様の意志を祈り求めながら行なったがゆえに、不当にも職場を追われ、あるいは不当にも孤独にされ、同僚からの拒絶を受け、その中で焦りと不安を感ずることがあるかもしれません。しかし、その時にこそ、私たちは、このぶどう園の主人の温かい眼差しのもとにあるということをしっかり心得て、たゆまない、たじろがない歩みを、それぞれの学校の中で、職場の中で続けていきたいと思います。この聖書の言葉を励ましとして、そして来年、また喜びと希望を持ってここに集まってまいりましょう。

在日の子どもたちとの出会いから

第七回セミナーの総会記念講演（一九九六年八月七日／金城学院高校）

1

私が青山学院の神学科を卒業して、恩師の浅野順一先生からの委託がありまして、川崎・桜本の地に入りましたのが、一九五五年の春でした。桜本での開拓伝道を二一年やりまして、一つ教会ができました。

ところが事情がありまして、学園紛争のあおりで青山学院大学神学科の教師のクビを切られるということが確実になっていたものですから、どっちみちクビを切られるならば、もういっぺんゼロから始めようということで、戸手で第二回目の開拓伝道をしました。

これまたメンバーが五〇人くらいになりまして、今年（一九九六年）三月で責任をすべて後任に譲り、今は日本基督教団神奈川教区の巡回教師という立場を与えられています。

この四一年間、思いがけなく川崎にへばりついて、在日韓国・朝鮮人と出会い、交わり、共働するというプロセスを経てきたものですから、そのことを逐一お話しすると二日も三日もかかってしまいますので、今日は、私が出会った在日の子どものことにしぼって、話してみたいと思います。

人権という意識にまだ目覚めず、青山学院のアカデミックな象牙の塔にどっぷりとつかっていた時には、川崎の町に四一年もへばりつくなんて全く考えもしませんでした。川崎は公害のひどいところですから、最初は、どこか空気のきれいな条件の良い所へ移りたいなんてことを、正直考えていたんです。

桜本に小さな一三坪半の教会堂ができ、その四畳半に私が住み込んでおりました時に、夜中に戸を叩く人がありました。出てみたら、いつも教会に来ている男の子の二人兄弟、それにお母さんがついてきて、今晩教会に泊めてもらえませんか、と言うんです。わけを聞きますと、そのお母さんが「実はアボジが」と話し始めたものですから、在日韓国人なんだということが分かりました。それまで、その子どもたちは日本名で通ってきておりましたから、韓国人であるということが私には分かりませんでした。

話を聞きますと、アボジが日本人の会社に勤めていて、ちょっとしたトラブルになり、「朝鮮に帰れ」と屈辱的な発言を受けた。それで今、お酒をたくさん飲んで包丁を振り回して柱を傷つけている、とても危なくて子どもたちを置いておけないから、教会に泊めてくれないか、というのです。それで、夏場でしたので、教会の長椅子を二つ合わせて、そこに親子三人寝ていただいたんです。

翌朝、私が二階から下りていきましたら、もういませんでした。その長椅子のベッドを見ながら、ここで教会作りをするということは駆け込み寺のような役割もしなくてはいけないんだな、と思わされました。今まで自分が考えていたような感覚ではとてもダメだ。ここに本当に腰をすえるか、それとも、責任が取れないと感ずるなら腹を決めて出ていくか、どっちかにしなくてはいけない。

浅野順一先生にいろいろと相談していく中で、私としてはこの出来事をいったん見てしまった以上はそれに対して責任を取らなくてはいけない、ここを離れることはとてもできない、それは伝道者として、神学を学ぶ者として、根拠が失われることになる。そう思って、ついに腹を決めたのです。それが川崎にへばりつく最初のきっかけです。

そして、川崎の在日大韓基督教会の裵琪煥《ペキファン》牧師、李仁夏《イインハ》牧師との出会い、長老の方々との交わり、特に指紋押捺の問題をめぐって臨港警察署に掛け合いに行き、デモに出てシュプレヒコールを叫んだ、そういうプロセスの中で、私自身がものの見方、考え方、信仰の方向性を大きく変えられていった。そのことが、私にとっては何よりの恵みでした。

2

そのプロセスの中で、先ほどちょっとお話しした青山学院の学園紛争において、一二人の神学科の教員仲間たちが次々に他の大学に移っていき、学生募集停止の後、ついに神学科は廃科になりました。その最後の神学科の科長代行をしたのは私でありまして、理事会、理事長、院長との掛け合いを最後までやらなければならなかった。それは、本当につらいプロセスでした。

当時の院長が、ある教授の辞表を持って来い、そうしたら神学科の存続も考えてやらんではないと言った時に、これはもうダメだと思いました。同僚のクビを切って、それを理事会に提供することによって残されていく神学科というのは何なのか。その方の詰め腹を切らせて残る神学科、そこで何を教えるのか。それは私にとって、最後通告としか受け取れませんでした。かくなるうえは、正攻法でやる他ないと、裁判の準備をいたしました。

その間に卒業生の方々がよく運動してくださいまして、不思議にも四人の同僚が学院に残り、結局、いま大学に残っているのは私だけということになりました。

私は、最初から青山学院を離れるつもりはありませんでした。いろいろな所からお招きいただきましたが、全部お断わりして、どんなに冷飯を食わされても、私は卒業生四〇〇名のために母校にとどまり、自分が信じていること、自分がいま何のために生きているかということを学生たちに教えていきたい、伝えていきたい、というただ一つの思いで残りました。

こうして私はこの二六年間、助教授として勤めたんですけれども、その間、本当に信仰的に勉強させてもらいました。

神学科が廃科されたその年のクリスマスなどは、本当に辛かった。夜の六時からクリスマス礼拝が全学で行なわれるのですが、どうしてもそれに出る気持ちになれない。研究室に一人残って、これは本当のクリスマスじゃない、と泣いていたんです。けれども、その時にありありと、イエス・キリストがどんなに近くにいてくださるか、「これがお前のクリスマスだ」という言葉を身近に経験しました。

そういうことがありましたから、私は青山学院で冷飯を食わされましたけれど、ぜんぜん平気でしたし、そこで本当に自由というものを教えられました。

3

それはともかく、桜本で在日の子どもたちに出会って、教会とは何なのかを考えさせられました。ボンヘッファーが、「隣人のために存在する時に初めて教会は教会だ」と言いましたけれど、そんな教会が少しでも実現できるならばいいじゃないか。数の問題じゃない。パイプオルガンがなくても大理石の壁がなくても、そこですべての者がキリストの友として迎えられ、受け入れられる教会であるならば、それでいいじゃないか。特に在日大韓基督教会川崎教会との交わりの中で、数多くのことを教えられました。

そのうち、私の長男が川崎の大気汚染のために喘息になってしまった。公害病認定患者の方と一緒に川崎公害問題連絡会議という市民会議に参加したりしたのですが、やむなく桜本を離れざるを得なくなったんです。

移ってきた戸手という所には、堤防を越えた多摩川の河川敷に、約三〇〇〜四〇〇人の在日韓国・朝鮮人が集中的に住んでいた。ここでもまた、韓国人との出会いがきっとあるにちがいない、いつかその時を神様がくださるだろうと思っておりました。

私の妻が小さな自宅を開放いたしまして、二〇人足らずの、障がいを持ったお子さんといわゆる健常児との統合保育を、無認可ですけれども、始めました。そこにたまたま、河川敷の家から一人のお母さんがやってきた。「韓国人ですけれども、この保育園に入《はい》れますか」。その言い方から、いくつかの保育園に断られてきたことがうかがわれました。「順番さえ待っていただければ誰でも入れますから」と言うと、三月末に入園手続きに来られた。そのお母さんは、日本名で入れてくれと言われたんですが、私は桜本での経験がありましたので、「おうちで呼んでいらっしゃる名前で保育園でも呼びたい。大きくなって、自分が韓国人であるにもかかわらず日本名を名のるということの矛盾に、どんなにか苦しむかもしれない。いまはつらいかもしれないけれども、必ず協力するから、ぜひ本名を名のらしていただきたい」と言いました。それでも、お母さんは反対されるんです。

それで私は初めて、多摩川の土手を越えて河川敷のその家を訪ねたんです。そこで古タイヤの収集をしておられたお父さんに会いました。話をいろいろ聞きますと、家が貧しくて小学校も卒業できないまま仕事に出て、一七歳まで働き、一九四三年、韓国の巨済島《コジェド》から強制連行され、炭坑に連れていかれた。それから防空壕も掘らされたと話されたのです。きょう私たちは瀬戸市にある愛知飛行機株式会社の戦争中の壕を見学しましたが、その穴をのぞきながら私は、あのアボジもこういうものを造っていたんだろうな、と思いました。まさにそのようにしてこのアボジは日本の敗戦を迎え、そして転々と仕事をしながら川崎に来たわけです。

その彼がこう言ったんです。

「我々韓国人は、日本名を名のって仕事しなければ生きていけないんだ。本名で商売ができるはずがない。だから、やむなく日本名を使っている。この子も同じことをやっていく。だから日本名でやるんだ」

私は日本人ですから、その言葉を聞くと、もう言葉がない思いがするんです。それでも私はお父さんに、「これまではそうだったかもしれませんけれど、これからは違った歴史を作っていきたいんです。だから、日本にいる韓国人の方々に力を貸してもらいたい。このお子さんの教育のためには、後のち必ず関わっていきたいと思いますから」と言いました。

そうしたら、そんなことを言う日本人は初めて見たと言って、その子の本名を教えてくれました。その子が保育園に入ってくると、みんな、「カンちゃん、カンちゃん」と言って、すぐに友達になる。差別は大人が教えるんですね。子どもたちは何のわだかまりもなく、楽しく過ごせました。

この子が小学校に入る時、お母さんが学校に登録をしに行った。あと二、三人の順番で記帳しなければならないというその時に、先生たちが大きな声で「名前は正確に書いてくださいよ。中学卒業までその名前でいくんですからね」と言う。そう言われると、お母さんは、日本名にした方がいいのか、韓国名にした方がいいのか決心がつかなくて、また列の一番後ろまで戻ってきてしまう。そんなふうにして何回か行ったり来たりしながら、やっと本名で登録し、その子は本名で入学しました。

しかし、二年生から三年生に上がるとクラス替えがあるということが分かった時、その子は理由の分からない発熱を繰り返しました。夜中に目覚めて、「恐いよう、恐いよう」と言って部屋をぐるぐる回る。オモニが抱きしめて、「大丈夫。恐くない、恐くない」と言うんだけれども、「恐い、恐い」と言い続ける。

恐いというのは、自分は二年間クラスの中で受け入れられてきたけれど、クラス替えになったら、今度はどういう人間関係が待っているのか、今までのように生きていけるのか、そのことへの不安なんです。それが体に出てきてしまったわけです。

その子はオモニに抱かれながら、「オモニ、讃美歌を歌ってちょうだい」と言うのです。でもお母さんは、教会にごく最近行き始めたばかりで、讃美歌を知らない。電話がかかってきて、「先生の教会で歌っている子ども讃美歌は、何て言うんでしょうか」と聞いてこられた。「それはきっと『いつくしみ深きともなるイエスよ』ですよ。テープがありますから、どうぞ」と言って、テープを貸しました。「いつくしみ深きともなるイエスよ」という讃美歌を、その子がどんな思いで聞いただろうか、と思うんです。

そしてその子は、三年生になった。その時幸いなことに、日本基督教団六角橋教会の会員で久保先生という方が、そのクラスの担任となったのです。お母さんが学校に行って久保先生に話をしたら、「よく分かりました」と言って、クラスの中でこの子が韓国人であることの意味、喜びと希望が明確になるようなダイナミックスを考えてくれた。

ところで、在日大韓基督教会川崎教会がつくった社会福祉法人青丘社のボランティアの人たちとか、お母さんたちと一緒に、川崎市教育委員会と折衝をした時のことなんですが、教育委員会の方々は、桜本とかいろいろな所で実際には無残な差別が起こっているけれど、「日本人と同じにやっています。平等にやっているんですから、差別はありません」と言い張る。それで、オモニたちと教育委員会とで激しいやりとりがありました。そこではっきりしたことは、日本人と同じようにやっているということは、平等でも何でもない。そこに在日の子どもがいるけど、その子どもの独自性、その子どもの持っている背景のさまざまな問題、それを認めないわけです。「日本人と同じようにやる」ということは、民族性を剥奪することであり、それこそが差別であるということが分からない。違いを認めて、共に生きるということが民主主義の一番単純な原理なのに、それが教育委員会の先生方には分からないのです。

しかし、そのことを久保先生はよく分かっていた。ですから、みんなで韓国語のあいさつをする。

彼に、韓国の旗を描いてもらったり、運動会の時には韓国語の歌を歌ってもらったりして、自分たちのクラスの中には外国籍の子どもがいることによって、他のクラスとは違った得をしているんだ、という印象を与える。彼にとって本当に幸せな二年間を過ごしました。

彼は今、たくましい青年に育ちまして、民族性をはっきりと自覚し、日本社会に貢献すると言って、青山学院大学で経済学を勉強しています。

4

また、こういうこともありました。このオモニがクレジット契約で民族差別を受け、何度も何度も話し合いを続けていきながら、一緒に聖書の勉強をすることになったんです。その中で、「実はアボジが河川敷のあの家を売って、土手を出た所にある、土地の権利付きの家を買うことになりました。いま住んでいる家は同胞に売るつもりです」と言う。

河川敷というのは官有地、建設省管轄の土地なんです。そこに三〇〇有余の在日の人びとが住み着いたのは、これまた戦後処理の問題がからんでいる。つまり、戦争中に羽田空港建設のために強制連行されて働かされ、戦争が終わると、米軍機が入るというので空港を広げるため、今度は住んでいた所から強制退去させられた。戦争中は強制連行、戦後は強制退去、身の置き場がないわけです。やむなく官有地と承知の上で戸手の河川敷に住み込んだのが、この集落の起源なんです。そこに、それぞれ自力で家を作っていった。それこそ一晩のうちに一二、三軒のバラックができちゃったと言います。

一九七六年、私は自宅で開拓伝道をしていましたから、出席者がどんどん増えてきて、もう少し広い家が欲しいと思っていた時、ちょうどそのオモニの家が売りに出た。

それで教会員に相談しましたら、「とんでもない。官有地に不法建築をやっている家を買って、教会形成するというのか。法律を侵すつもりか」と、みんな反対なんです。しかし私は、今より倍の人数が入れるスペースが得られる。そこは人里離れた山の中じゃなくて、人間が住んでいる所、在日韓国・朝鮮人の住んでいる所である。そこに移って何がいけないかと思っていましたから、こう言ったのです。「我々クリスチャンというのは、日本の法律も大事だけれども、神の国の法律を考えるのが先じゃないか。日本の国の法律の前に、『隣人を愛せよ』という神の国の法律に従うべきなんだよ」

そうしたら、たった一人だけ神学生が「そうだそうだ」と言って賛成してくれた。それでも結論は、教会としてはやらない、やりたいなら関田個人でやれというわけです。

私は、どうしてもその家が欲しかった。この地域で教会作りをするならば、ここに場所が与えられているのに、それを無視して他に場所を求めることは神様の御心ではない、今の倍のスペースがそこにあるというのは神様のお招きだ、と思った。

結局、個人でやります、と開き直った。そして借金をして、とうとう買ったんです。

その家は二階に三間あって、神学生も含めて学生が一人ずつ住みたいというので、部屋代五〇〇〇円でいい、その代わり地域の子どもたちと仲良くなってもらいたい、とお願いしました。

この家に名前を付けようということになった。モーセはエジプトから脱出してヨルダン川の向こうに約束の土地を見ながら、ピスガの山でその生涯を終えるのですが（申命記三四章）、ヨルダン川と多摩川はつながる、在日コリアンの解放の約束の川として、ヨルダン川の名前をもらってヨルダン寮という名前にしよう、となった。そこで「ヨルダン寮」という看板を出しました。

これはちゃんと登記しなくてはいけない。土地は官有地だけれども、建物には固定資産税がかかるんです。

登記したのが六月中旬、それから二カ月たって多摩川が溢れ、河川敷の集落一帯がヘドロで四〇センチの床上浸水になった。

多摩川がちょうどこのあたりでぐっと湾曲して羽田のほうに流れていくわけですが、湾曲している所は急流にならず、ゆっくり渦をまいて漂うんです。ただ問題は、水洗便所なんてありませんから、洪水の時に限って、流したものがここに漂うわけです。その臭気が三カ月は消えなかった。それで水道の水でヘドロを押し流すんです。そのため川崎市は、戸手四丁目の地域は八月の水道料をタダにしてくれましたが。

河川敷の家々は浸水で畳も床も抜けちゃっていますから、教会学校に来ていた在日の子どもたちのハルモニが八人、私の保育園に泊まりに来ました。子どもたちに、おばあちゃんたちにおいでと言ってちょうだいと言っていたのです。

その時ハルモニたちに韓国の民謡のテープを聞いてもらいまして、一人一人、どんなふうに日本に来たのか、日本に来てからどんな生活をしたかを聞いたんです。みんな、本当に数奇な運命を辿ってきている。

その中の一人は、小さい頃に光州の教会に行っていた。その時三・一独立運動が起こった。デモ隊が「ウリナラマンセイ。ウリナラマンセイ（祖国万歳）」と言いながら行進していくところへ、日本の警察が抜刀して切り込んでいく。何人も血を流して倒れる。「アイゴー」と言って、みんなが散って逃げていく。ハルモニはそれを物陰からぶるぶる震えながら見ていた、というんです。また教会学校の若い女の先生が、家の白い壁に、指を切って血で「ウリナラマンセイ」と書いていたというのです。

そのハルモニの二人の孫が、いまヨルダン寮の教会学校に来ている。私はそのことに、神様の摂理を思いました。神様は日本人の教会を、戦争責任告白を軸にして和解と赦しを祈りながら教会形成をするように導いていらっしゃるのだと。

6

この姉弟のお姉ちゃんは、小学校に日本名で行っていたんですが、河川敷に住んでいるから朝鮮人だとすぐ分かるわけです。ランドセルの中に、給食の味噌汁をかけられたりしていた。

しかし、中学から高校に入る時に、教会学校の中で、「私、やっぱり本名で生きる」と言ったんです。「大丈夫か」「大丈夫だよ」と繰り返しながら、高校に入った。

その高校は人権問題に理解を示す学校で、彼女が本名で入るということで、入学式の時に、新入生の代表として彼女にそのことを作文にした文章を読ませてくれたんです。

「なぜ本名にする決心をしたかというと、夏期学校の時に、教会の副牧師であった大倉一郎さんが、こう話してくれたんです。イエス様のお弟子さんたちが七二人、伝道に成功して帰ってきた。その時にイエス様が『あなたがたの名前が天に記されていることを喜びなさい』と言って、成功したことを誇るなと言われた」

彼女は、自分が韓国人として生まれ、日本社会の中で差別されていても、名前は天に記されているんだと、その時心に響いたというんです。

そして、彼女は本名で高校に行き、クラブに入って楽しく活躍したのですが、ある時、友達と家出をしてしまった。クラブ活動の中で何かしくじりがあったらしく、学校の先生がオモニに、「あなたの娘は困る。クラブ活動をほっぽらかして」と言ったのです。それを聞いてオモニが、「なんてことをしたのか。無責任なことをして」と、がみがみ叱った。ところが彼女には、自分なりの理由があった。その説明を聞いてくれないで、オモニは学校の先生の話を真《ま》に受けて私を責める、どうしてお母さんは私のことを信頼してくれないんだ、ということで友達と二人で家出しちゃったわけなんです。

彼女の男友達から教会に電話があって、「たぶん川崎駅の改札口で、迎えにくることを期待して二人いるかもしれないけれども、俺としては迎えに行けない」と。これは大変だと、大倉牧師と二人で駆けつけました。そうしたら二人が大きな長いバッグに腰掛けて、男友達が来るのを待っている。夜の一一時半でした。まわりを見てみると、やくざみたいな者が彼女らを見ながら立っている。もうちょっと遅れていたら、どうなっていたか分からない。とにかく説得して、ヨルダン寮で話を聞いたわけです。

「私は先生が信頼できない」

「君が在日であることをよく受けとめて、これまでやってきてくれたじゃないか。在日の君をそこまで分かってくれる学校は他にないよ」

しかし、彼女はこう言うのです。

「私は、在日だけじゃないの。私を在日韓国人ということでもって先生は理解してくれる。けれども、その枠の中だけで私はいるんじゃない。お母さんと私との間で誤解があって、私は言いたいことがあるけれども、聞いてくれない。その間柄は在日問題じゃない。私は、人間なんだ。一人の女の子なんだ。自分なりの意見を持っている。それを、在日という枠で見てもらいたくない」

また、「人間として出会って、それがたまたま在日だったというのが順序じゃないの」と言う。

これにはまいったですね。我々は在日問題に関わりながら、あるいは障がい者の問題に関わりながら、いつとはなしに、わけ知り顔に障がい者、在日というレンズでしか見てない。それでは、大変な間違いを犯すことがある。そのことを彼女から教わりました。まず人間として出会う、そして彼女の条件を見出す、受けとめるということを。

それで、学校の先生と掛け合い、お母さんに掛け合って、復学はしましたが、なかなか彼女の傷は治りませんでした。あと二カ月で卒業するというのに、とうとうその高校を辞めてしまったんです。しかしその後、ある男性と結婚して、彼女もまたお母さんになって、彼女の子どももう四世で、いまヨルダン寮の教会学校に来ています。こういう在日の子どもたちとの出会いの中で、私自身がどんなに変えられ、新しい発見をしていったことか。

7

在日韓国人と結婚して、韓国から戸手に来たオモニがいます。そのお子さんが二人いてよく教会学校に来ています。上の男の子が、昨年の暮れ頃からいじめにあっている。本当につらい。お母さんは担任と話をし、教頭とも学年主任とも話をして、校長さんにも会った。私たちも行きました。しかし、いじめの状態がなかなか直らない。

このお母さんは祈祷会によく来て、いろいろ話をするんです。昨日は子どもが夜寝る前に手を握ってお祈りする時、「オモニ、俺まだ死にたくねえよ」と言う。それはもう心が痛むというか、言葉を失うことだった。一所懸命みんなで祈りました。

ところがついこの間、お母さんに会ったら明るい顔をしているんです。

「先生、問題がなくなりました。あの子は転校してきた親戚の子と一所懸命付き合って、事あるごとにくっついて回っていた。それが煩わしくなって、いいかげんにしろということで、それがいじめの始まりだったらしいのです。でも、問題がなくなりました」

それで「どんなふうになくなりましたか」と聞くと、「いじめるほうのグループに入った」というわけです。いじめられることはなくなったけれども、これは解決じゃない。どうしたらいいのだろうかというのが、今の問題です。

私は在日の子どもたちを通して、生命の尊さ、生きることのすばらしさを知りました。ですから、この神様から与えられた生命を痛めつけるものを許すことはできない。

旧約聖書で神様のことをヤーウェと言う。それは、「わたしはある」とか「わたしはありてあるもの」と解釈されていますが、最近は、「あるものをあらしめるものだ」といわれています。「あるものをあらしめるもの」つまり、神様が祝福をもって創ってくださった全世界の物事、特に神様の無条件の祝福の中であらしめられているのが生命です。これを傷つけ、妨げ、生きる生命を阻もうとする何事であれ、許すことはできない。

私たちの運動は、息の長い運動です。おそらく私たちが一生かけたところで解決を見ることができないかもしれません。

私たちの運動は、生きているあいだ未完で終わるかもしれません。しかし、これは必ず受け継がれる。マーティン・ルーサー・キングが一九六一年四月に私への手紙でこう書いてくれました。「我々の運動はいま一番困難なところに立ち至っている。けれども、道徳的にはすでに勝利している。私の生涯は思いがけなく終わることがあるかもしれないが、この運動は続く。なぜならば、それは正しいからだ」

未完を承知で続けること、そこに意味がある。いつか完成する、ということを幻想してはいけない、全うしてくださるのは神様ですから。神様の計画に仕えるのが我々の務めですから、未完を承知でやる。そこに、私たちの運動の意味があると思うんです。

カナの婚宴でぶどう酒がなくなった時に、イエス様は水を汲めとおっしゃった。水とぶどう酒、何の関わりがあるんだ。でも、黙々と水を汲み続けると、それがぶどう酒になった。イエス・キリストの業である。

ですから我々は、水を汲む、いつの日かそれが満ちる時に、あの時の奇跡がまた起こるだろう。我々は水を汲む、今日もひとさし、明日もひとさし、汲み続ける。それこそ徒労を承知で、徒労に賭ける。これがキリスト者の運動だと思います。だからこそ、神の国を待ち望むという祈りが生まれてくるのではありませんか。

今日も明日もそれぞれの現場で、手作りの教育を通して、生命の一つ一つを、大事にいとおしんで育てていきたい。

アブラハムの生涯に学ぶ
――すべての民の祝福の基

第三〇回全国キリスト教学校人権教育セミナー（二〇一九年八月七日／大阪女学院）

今、自国中心主義と言いましょうか、アメリカファーストというようなシンドロームが世界に広がりまして、いろいろなところに波紋を引き起こしております。オバマ大統領の時に始まった民族の和解や対話が逆転してしまい、アメリカや日本は中国と対立し、その他の国々も様々な問題がでてきています。中近東では戦争すら起きかねない危険な状態です。この流れを支えているのがキリスト教原理主義です。

原理主義は、宗教をつまずかせ本質を奪っていく間違った歩みであります。特にキリスト教原理主義の場合は、聖書の文言を絶対化し、キリスト教の支配権、覇権を世界に及ぼそうとします。本来のキリスト教とは全く異なった、一種の世界支配の原理になってしまっている。そういうキリスト教がトランプさんを通して広がっている事実に直面する時、あらためて聖書の神とは何であるのかと問わざるを得ません。特にユダヤ人、アラブ人、キリスト教徒、この三者がどういう関係にあるのか。

ユダヤ、イスラム、キリスト、三つの宗教においてアブラハムは共通に尊敬をもって受けとめられています。アブラハムが亡くなった時には、イスラエルの民とアラブの民が一緒になって葬っている（創世記二五・九）。しかしこの両者は、今は大変な状態になっています。どこに和解と共生の世界が開けるだろうか。そのことに関心を持ちましたので、今一度アブラハムに注目し、アブラハムの信じた神様、アブラハムの使命、その生涯を、キリスト教はどう理解し何を学ぶのかと考えつつ今日の話の準備をしました。

アブラハムの生涯を四つのポイントに絞ってお話ししていきたいと思います。

まずアブラハムの生涯のスタイルは旅でした。故郷のウルから出発した旅は、神により命じられたものです。「主はアブラム（後にアブラハムと改名）に言われた。『あなたは生まれ故郷の父の家を離れて、私が示す地に行きなさい』」（創世記一二・一）。はっきりと行先が明示されてはいない。とにかく出かけなさいとの命です。さらに「生まれ故郷を離れて」とあり、そこにアブラハムの生涯の大事なポイントがあります。血縁という、人間における直接性を乗り越えていくのです。家族の否定ではありませんけれども、血縁関係を絶対化しない。相対化する。なぜ絶対化しないか。神の目的に沿って人生を始めようとする時に、血縁が絶対化されると神の目的が失われていくからです。

聖書の信仰によれば、人生とは神との契約を生きることです。血縁はそれを妨げるものになる。人間にとって根源的な関係を問う時、救い主、神との関係が第一義的であると示されます。この一義的な神との関係があればこそ、血縁を超えてすべてが相対化され、同時に人間の自由が根拠づけられます。

自由とは、何でも好き勝手にできることではなく、本当に大切なものに集中する時に、それ以外のものから解放されるということです。そこに聖書の示す自由があります。『キリスト者の自由』というルターの著書に、最も大事なイエス・キリストに結びつくからこそ、それ以外の一切のものから解放されると書かれています。モーセの十戒の「我のほか何ものをも神とすべからず」という掟も、束縛ではなく、それ以外の一切のものから自由になることなのです。聖書の示す自由とはそういうものです。本当に大事なもの、従うべきものに従う時に、あらゆる権威、権力、暴力から解放される。そこに人間の実存の根拠があるのではないか。アブラハムの旅の出発点は、血縁の直接性を超え、契約に生きるということにありました。そこに人間の本当の自由が与えられるのではないでしょうか。

しかし、アブラハムの人生の歩みは決して楽なものではありませんでした。まずめぐり合うのは飢饉です（創世記一二・一〇）。アブラハムは飢饉を逃れ、エジプトに滞在します。旅は始まりましたが、寄留の民の人生です。エジプトという外国に滞在しなければならない。アブラハムの旅の生涯のスタイルの一つは寄留の民ということです。在エジプト・ユダヤ人です。在日コリアンとつながるものがありますね。

エジプトに入る時に、アブラハムは自分の妻サライ（後にサラと改名）を妹と偽ります。エジプト人は外国人女性を奪おうとするかもしれない、既婚女性の場合には夫を殺してでも奪うのではないか、妹と言えばその災厄をまぬがれるだろう。そんな知恵を働かせるのですが、それは妻にとっては不始末と言いましょうか、何とも情けない取り扱いになるわけですね。そのようにしてかろうじて生き延びていくのが寄留の民です。そのような生存をめぐる危機、生きることをめぐる困難、危険、そういうことが出発点で起こります。

ところがそういう旅を続けながらも、アブラハムは神との契約を重んじ、旅の中で礼拝を守るのです（一二・八―九）。ベテルの東に天幕を張り、主のための祭壇を築いた。旅の中での礼拝は天幕礼拝です。特定の空間に住み続ける所での礼拝とは違って、人生の旅行きを続けながらの礼拝です。聖書の礼拝の姿は、本来、旅の礼拝です。ある所に留まり、そこを聖地化して壮大な宮殿や神殿を作り、固定した礼拝を守るというのは、アブラハムの礼拝ではなかった。のちに彼の子孫はカナンの地に入り、やがてエルサレムに都ができ、そこに神殿が作られます。しかし、その神殿は、様々な権力闘争が生じ、堕落の巣になります。

そもそも神殿そのものが差別構造を持っていました。大祭司しか入れない場所、普通の祭司も入れる場所、イスラエルの男性の場所、その外にイスラエルの女性の場所、さらにその外に異邦人の場所。そういう構造を持つ神殿での礼拝が、聖書にふさわしい礼拝の場だったでしょうか。アブラハムは旅をしながら礼拝しています。礼拝の本質は、その都度その都度、生きていく場で神の契約を守ることにあります。それが本当の礼拝なのです。

キリスト教はヨーロッパに広がり、古代ローマ帝国という巨大なキリスト教国ができます。その時に起こったのは、キリスト教内における腐敗でした。権力と癒着する礼拝が行なわれました。やがてそれは裁かれていきます。聖書の礼拝は本来、質素な、旅をしながら、貧しくも、小さくも、そこに真実の神との関係が確認される礼拝であったのです。教会においても、礼拝の本質はそこにあることを覚えてほしいと思います。巨大な礼拝堂やパイプオルガン、見事な建築装飾その他に囲まれた礼拝ではなく、本当に、二人、三人が集まるところにキリストがいらっしゃる、そのような礼拝を持つことが、いわば礼拝の原点なのです。

さらに旅は進んでまいります。アブラハムには子どもがありませんでした。妻サラにはなかなか子どもが生まれない。とうとう、「あなたを大いなるものにする」（創世記一二・二）という神の約束を待ちきれず、アブラハムはサラの勧めによってハガルというエジプトの女性を迎え入れ、イシュマエルが生まれます。その時、もともとサラの側女であったハガルは、自分が妊娠したことにより、妊娠できないサラを軽んじます。サラは頭にくるわけです。しかし、やがてサラもイサクを身ごもります。家族間の対立が生まれる。イシュマエルはアラブ人の祖だと言われます。イサクはイスラエルの祖です。そこから対立が始まっている。アブラハムは家庭の崩壊を経験するのです。アブラハムの旅は決して円満で幸福な旅ではなく、家庭の崩壊という事態を迎えています。そういう中でアブラハムは生き続ける。アブラハムは非常に苦しんだと聖書に書いてあります（創世記二一・一一）。

ついにアブラハムは、神の言葉に従ってハガルとイシュマエルを去らせます。神の言葉を信じないで勝手に作ってしまった側女と息子を去らせる。家族崩壊という本当につらい事態が生まれてくる。しかし彼女らに対して神は、アブラハムの罪にもかかわらず、祝福に満ちた言葉を宣べるのです（創世記一六・四—一六）。アブラハムが神の約束を信じず、不信仰の中でハガルによって子どもをもうけた。いわばアブラハムの不信仰の実であった。にもかかわらず、生まれた子どもに神は、豊かさと将来における繁栄を約束された。そこにアラブ人とユダヤ人が共にアブラハムを尊重するよりどころがあるわけです。

さて、アブラハムは、これらのことの起こる以前に神から言葉をいただいていました（創世記一五・

一―六）。アブラハムには子どもが与えられ、たくさんの子孫に増えると。そんな不可能なことをアブラハムは信じた。信じたことを神は彼の義と認められたのです。

アブラハムは神の約束がありながら、長い間子どもができないという事態を迎えていました。サラも自分が子どもを産むなんてありえないと言っています（創世記二一・一―二）。やがて神の時がきて、サラはイサクを生むことになるのです。しかし最初その言葉を聞いた時には、サラは信じませんでした。神の約束を聞いた時にひそかに笑ったのです（創世記一八・一〇―一二）。これは冷笑です。そんなことあるもんか、何をおっしゃるのか、そんな可能性あるわけないだろう。そういう冷たい笑いです。

信仰生活の中で、神の約束に生きると言いながら冷たく笑う時があるんじゃないでしょうか。神の時を信じられない。そんなことあるはずないと冷たく笑う。これもアブラハムの生涯の一場面です。妻が冷たく笑っている。そういう夫婦生活の中で、しかし神の時が来て、サラは身ごもる。その時に初めて、冷たい笑いから喜びの笑いに変わった。「サラは言った、神は私に笑いをお与えになった」（二一・六）。イサクとは「笑い」の意味です。冷たい笑いを経験したサラは喜びの笑いを経験する。それはまた聖書の描く人生の一コマですね。このようにしてアブラハムの生涯は続いてゆきます。

次に大事なことは、割礼の問題です。アブラハムは不可能と思える神の約束を信じて義と認められ、神が契約のしるしとして割礼を与えました。割礼という儀式があって信仰が義と認められるのではなく、割礼のあるなしに関わらず、アブラハムの信仰が義と認められたことが先です。そのあとに割礼が生まれてくる。この順序を大事にしたい。割礼という条件が満たされたから救われ神の民になるのではなくて、すでに神の民であり信仰において義とされている、そのしるしとして後から割礼が生まれてきた。

これは、キリスト教会の洗礼と深く関係してきます。洗礼を受けたから救われたのか、それとも救われているから洗礼を受けるのか、本当に大事な問題です。イエス様は、安息日は人のためにある、安息日のために人があるのではないとおっしゃっています（マルコ二・二七）。割礼あるいは洗礼という制度が先にあるのではなく、信仰が先にあり、そのしるしとして割礼が与えられ洗礼が生まれたところが洗礼がキリスト教会の制度になりますと、ユダヤ教と同じようなことが起こってくる。洗礼を条件としていく。ここにキリスト教会の間違いがあり、ユダヤ教の間違いもあった。キリスト教会の中にも、割礼と同じように洗礼を条件としているところがあります。例えば洗礼を条件として聖餐式を受ける、それでいいんだろうかという問題です。制度か人間かという問題が、割礼をめぐって出てまいります。

次に考えたいことは、イサクを捧げよという神様の言葉です。たった一人の息子、しかもようやく与えられた、かけがえのない大事な子。サラから生まれたこの息子を神は捧げよという。アブラハムはそれに従うのです（創世記二二・一—一八）。

この箇所は、こんなことを要求する神とは何なのかと反感を買うところです。その通りだと思います。しかしそこに、血縁を絶対化するか、それとも神を第一とするかという問題があるのです。血縁を否定するわけではない。むしろ神に本当にすがることによってこそ、新しい家族関係が生まれてくる。家族関係を超えていくことができる。神に従う時に、家族関係が新しい関係に生まれ変わってくる。聖書の福音は、血縁という直接的な関係をいったん切ります。いったん切りますが、切るということは本当につなぐために切るのです。切られることによって血縁が相対化され、改めて互いが一人の人格として結ばれる関係が生まれてくる。そこに血縁を超えていく神の家族の姿があるのです。神の家族は血縁を克服するものなのです。イエス様は「神の御心を行う人こそわたしの兄弟・姉妹である」とおっしゃいました。

今日の家族関係の中で、血縁が絶対化され、どんなにむごたらしい悲劇が起こっていることでしょうか。血縁関係を相対化するとはどういうことか。夫婦、親子、兄弟同士であっても、隣人として受けとめることです。父も母も夫も妻も、根源的には隣人です。隣人という位置づけこそが、本当の関係になっていく。ボンヘッファーは、「適切なる距離こそがまことの接近である」(『説教と牧会』)と言いました。適切なる距離。この距離の中にイエス・キリストがいらっしゃる。血縁を絶対化する時、本当にむごたらしい事態が起こりますけれども、隣人として互いを受けとめ、距離を持つことの中に、解決がある。

家族関係だけではなく、すべての人間関係でもそうです。牧師と信徒、また信徒同士、ベッタリズムはだめなんです。教師と生徒の関係もベッタリズムではだめです。距離が大事です。「隣人」という距離がなければならない、そこにこそ真の接近がある。

人身御供という問題もあります。ある事柄について、怒りの神をなぐさめるために、人間を殺して犠牲にする人身御供という制度がありました。それに対決しているのがアブラハムの神です。人身御供、人身犠牲などの否定です。人間の尊厳性こそ、どこまでも守らなければいけない。それが人身御供に対する神の否定のアクションになります。

やがてアブラハムも死を迎えます（創世記二五・七―九）。イサクとイシュマエル、イスラエルとアラブが共にアブラハムを葬っている（創世記二五・九）。その墓にはアブラハムの妻サラがすでに葬られていました。

アブラハムの生涯の意味は何だったのか、改めてふり返りたいと思います。三つのことを申し上げます。

まずアブラハムの生涯は、信仰と不信仰が入り混じった生涯でありました。アブラハムは信じると言いながらも信じませんでした。しかし信じなかったことが成就した。そういう生涯です。私たちも同じではないでしょうか。

信仰生活は、信じ切ったら終わってしまう。どうしても信じられないものが残り続けるのです。信じられないものが残り続けるからこそ、信じることが生きてくる。信じることが前提になり、すべて了解し分かってしまったら、信仰生活の堕落です。信と不信は事柄の両面です。不信があるからこそ信仰が生きる。信が信であるためには、時に不信の事態が必要なこともある。信が、表面的なドグマ的な信になった時には、信を揺さぶる不信が湧いてくる。その不信の上に改めて信が新鮮に現われてくる。人間が生きている限り、信は揺れ動くのです。そこに新鮮な恵みの反復があるのです。

昨日のトークセッションの中にありましたけれども、教師の生活の中にも波がある。自信に満ちていた事態が崩れる場合もあります。当然のことです。崩れていく中で改めて新しいものが見えてくるし、力づけられていく。ですから私たちは、信仰の落ち込み自体をダメだというのではなく、それを耐え忍んでいくことを知りましょう。どん底を耐え忍んでいく。その時にローマ書五章「艱難は忍耐を生じ、忍耐は練達を生じ、練達は希望を生じる」という言葉が生きてくるのです。信仰生活は分かってしまったらおしまいだということです。

そのことで少し申し上げたいことがあります。完全になりたいものは、不完全を持つということです（フィリピ三・一二―一五）。不完全の中に、完全を求めるプロセスがある。プロセスを生きることができるのは、すでにイエス・キリストが捕らえてくださっているからです。捕らえられているからこそ、追い求め続けられる。すべてそれはプロセスです。信と不信のプロセス。それが生きた信仰だと思います。くれぐれも申し上げたいのは、信仰がドグマの知識にならないように。分かってしまったことにならないように。プロセスの中で繰り返し繰り返し、新たな生きた信仰が生まれてくるでしょう。

次に大事なことは、アブラハムのライフスタイルが旅であったということです。旅においては、すべてがいつも変わっていきます。プロセスです。プロセスの中を生きるとは、何もかも絶対とされないということです。固定化されない、慣例化されない。そういう旅の性質を暫定性と言います。とりあえず今はこうだという暫定性。信仰生活とは暫定性なのです。さきに申しましたように、時に信仰が不信仰に変わってくることもある。しかし、それが新しい信仰になってくることもある。そういったプロセスの中で、すべて暫定性であるということです。教育の場面でもそうだと思います。神の時があるのです。用意してくださる神の時がある。その時を待つ。

すべての営みは、教会も、家族も、信仰生活も、暫定性です。暫定性であるからこそ、完成を求めて待つのです。プロセスが生きるわけです。待つというのはじっとしているのではなくて、ひたすらに歩み続けるということです。信仰生活の暫定性を大事にしていきたいと思います。できあがってしまわない。さしあたってこうなんだ、ということです。

不完全なままで、しかし絶えず完全を目指して歩み続けていく。完全な人はそのように思うべきだとパウロは言っていますが、本当の意味の完全とは、不完全を受け入れることではないでしょうか。完全主義は律法主義であり、サタンの誘惑です。みんな誰もかれもが、ボチボチのちょぼちょぼの人間です。ちょぼちょぼが受け入れられている。そのちょぼちょぼのままで歩み続けていくことが、最もふさわしい人間のあり方ではないか。アブラハムの旅のスタイル、暫定性ということを大事にしたいのです。

暫定性を重んじるとは終末性を生きるということです。世界の終わりに大破滅がくると言われますけれども、むしろ大事なことは、私自身の終末です。自分自身の終末。それは今とここを大事に生きること。やがて終わりを迎えますけれども、終わりを先取りするのではなく、今とここを大事に生きていく。そこに本当の終末論的ないのちがあると思うのです。

信仰と希望と愛と申しますけれども、信仰とは、今救われているという状況。希望とは、まだまだ救われていない部分がある、だからこそ希望するという状況。信仰と希望は、今と将来を表している。今と将来をつなぐもの、それは共に生きる愛です。信仰と希望と愛は、終末論的なクリスチャンのあり方を示している。今生きている信仰。やがて全うされる希望、そしてその間をつなぐものが、共に生きる愛の次元です。

そのように見てきますと、暫定性は、今とここを謙虚に生きることに尽きるのです。大日本帝国は永遠の帝国と誇りましたけれども、暫定性として終わりました。今の安倍政権も暫定性です。いつまでも続くわけではない。大事なことは、すべての暫定性を信じて、今生かされていることを大事にし、神の時を待つ。必ず出てくる変化を待つ。その中で私たちは今日という日を生き生きと生きることができるのです。失敗を恐れず、不信仰に落ちることを恐れないで生き続けていく。

もう一つ大事なことは、アブラハムの信ずる神です。アブラハムの神はヤハウェと申しますけれども、ヤハウェという名の意味は「あるものをあらしめるもの」なんですね。出エジプト記三章に「私はあるというものである」と書かれています。「私はある」という言葉をさらに分析しますと、「私はあるものをあらしめるものである」となります。これは木田献一の見解ですが、ヤハウェという言葉の解釈として本当に素晴らしい。あるものをあらしめる。一切のものはあらしめられているわけですね。

あらしめるものにつながりますと、このあらしめられている事態を誰も否定できない。あらしめるものが、あらしめられているすべてを造られた。その時に、すべては相対化されます。根源的なものにつながる時、すべては相対化されていく。

極端な話かもしれませんが、有というものがあるためには、無が必要です。無があるから有がある。無が有を支えている。すべてのものをあらしめているのは、無だということもできるわけです。小田垣雅也という友人が、神は無と表現するのがふさわしいと言っております。ヤハウェの神は、あるものをあらしめている。その点では、有に対して無であり続けている。すべてのものを生かすために、自ら無であり続けている。それがアガペーという愛の本質です。イエス・キリストが示されたアガペーの愛。すべてのものを受け入れていく無条件の愛。それは一切のものを生かしながら、自らは無であり続けていく。イエス・キリストの十字架の死は、すべてのものを生かすために、自らを無化している。十字架における自己無化、それがイエス・キリストの生涯だった。それにより、一切のものがあらしめられていると言えるのではないでしょうか。

「あなたの名を大きくする。子孫が星の数ほど増える」と神はアブラハムに言われました。しかし我々はイエス・キリストを通して、アブラハムの神を再解釈します。そのイエス・キリストの神はどういう神であるか。

大きさを強調する神ではなく、高さを強調する神でもありません。そうではなく「いと小さきものになしたことは、私になしたこと」（マタイ二五・四〇）、「この小さき一人の幼子を受け入れることは、私を受け入れること」（マルコ九・三七）と言われている神です。大きいことではなく小さいこと、スモールな存在をイエスの神は大事にする。またイエスの神は、歴史の中にあって大急ぎで事を進めるのではなく「一日の苦労は一日で充分である」（マタイ六・三四口語訳）と、その日その日の生活を大事にするスローな生活を示している。さらにまた「野の花を見よ、空の鳥を見よ」（マタイ六・二六―三〇）というイエスの言葉のとおり、単純な生活、シンプルな生活を示している。スモールとスローとシンプル。三つのSをイエスの神は求めておられます。

今日の、スピードと複雑さと大きさを強調する文化、昨年の聖書研究でも申しましたけれども、これはバアル宗教ですね。エリヤは巨大さを誇るバアルと戦いました。スモール、スロー、シンプル、イエスの神はこの三つのSを強調して示されている。現在の文化に対して、逆の文化、カウンターカルチャーを示しておられる。アブラハムの神は巨大さ、高さを求めました。イエスの神は逆転して、むしろ小さきものに対する愛、一日一日をゆっくり生きる生活、単純で質素な生活を求めている。アブラハムの神と同じでありながら捉え方が全く違う。それがまた私たちの生活を謙虚なものにしてくださる。

そういうキリスト教の本質をたどってまいりますと、一切のものをあらしめるという神の名の内実は、共に生きる世界をもたらすということになります。すべてのものはあらしめられているのですから、あらしめられている同士が争ってはならないし、争うはずがない。そこに共生の世界が生まれてくるのです。

私は川崎で在日コリアンと出会うことによって大きく変化いたしました。在日大韓川崎教会の李仁《イイン》夏《ハ》牧師と五〇年近く、人権、伝道、その他の問題について一緒に歩んでまいりました。李仁夏牧師との出会いが、私にとっては人生における転換でした。出会いと変化のすばらしさ。出会いは画策するわけにはいかない。ハプニングであり賜物です。賜物としての出会いの中で、大きな変化が与えられる。それは双方に作用します。李仁夏牧師を通して、私は「共に生きる」ということの根源性を深く示されました。

ある時、曹洞宗のお坊さんから電話がありました。曹洞宗では、差別戒名という大変な問題が起こった。曹洞宗の作家の方（水上勉）が、信州のあるお寺で差別戒名のお墓を知った。畜男、畜女、似男、似女というような墓碑銘を見つけた。被差別部落出身者にはそういう戒名をつけろと教本に書いである。それを発見し問題提起した。大変な反響があり、曹洞宗は部落差別について厳しい糾弾を受けたのです。では民族差別についてはどうかということで、二〇人も三〇人も川崎においでになり学習する。その時に私の経験を話しました。何よりも差別問題を学び闘う出発点は、一人の人間に出会うこと、痛みに共感することです。共感する感性が出会いを満たすのです。出会いを深めていくのは、共感する感性です。

今日はアブラハムの生涯を見てきました。旅のスタイル、また三つのSのライフスタイルを学びました。最後に、お互いに現場を大事にしていきたいと思います。私はよく「土俵を割らない」「対話をやめない」「希望を捨てない」と申しますけれども、現場というのは教育に関係のある現場ですね、それを割らない、逃げない、避けない。対話を続ける。対話をやめない。いつ結果が生まれるか分からない。結果は見えない。けれども続けていくうちに、神の答えが対話の中から生まれてくるものです。答えは当事者が発見する。誰かが与えるわけではないですね。対話を続け、希望を捨てないでください。

お互いに、アブラハムの生涯から学んだライフスタイルを大事にしていきましょう。落ち込むこともあるかもしれませんけれども、それはプロセスです。人生の終わりに、何にもかもなくなった、何にもならなかったとしても、いいじゃありませんか。プロセスを生き抜いたなら、それによって天において喜び大いなり。歩み続けていきましょう。

第Ⅱ部　今日における宣教の課題

「和解の務め」に生きること

『青山学院大学神学科同窓会会報』四八号（二〇一九年三月二五日）

神はキリストを通してわたしたちを御自分と和解させ、また、和解のために奉仕する任務をわたしたちにお授けになりました。（Ⅱコリント五・一八）

二〇一五年頃より特に川崎市南部の在日コリアン集住地区に対して、いわゆる「ヘイトスピーチ」のデモが繰り返されました。筆者はこの地に立つ社会福祉法人「青丘社」の後援会の会長を務めていますが、この法人は三〇年前、在日大韓基督教会川崎教会の牧師、故李仁夏先生と、当時川崎市長であった伊藤三郎氏の協力によって生まれた、多文化共生をめざす公設民営の地域活動センターであります。そしてこの三〇年の間に保育園、障がい者支援、高齢者デイサービスその他の活動を通して、地域の日本人社会の理解と応援と共に豊かな実りを結んで来ています。

ところが最近の日朝、日韓の国際関係の緊張が高まる中、川崎市の在日外国人政策の寛容さへの批判も含めて、激烈な在日コリアンへの攻撃的なヘイトデモが始められました。この集団は文字にするのも忌まわしい表現で在日コリアンの排除と抹殺を訴える暴力的な発言を繰り返してきました。日の丸と旭日旗を掲げて大道を練り歩く彼らの動きはまさに在日コリアンの恐怖となり、特に少年少女の心を深く傷つける事態となっています。

このような動きに対して在日コリアンは多くの日本人支援者も含めて果敢に対応を始めました。青丘社ふれあい館副館長の崔江以子《チェカンイジャ》氏をはじめ多く在日コリアンの自主的運動が広げられつつあります。国会でもこの問題は取り上げられ、当事者である崔氏は参考人として国会に招かれ証言をしました。そして二〇一六年五月に「ヘイトスピーチ解消法」が成立することになり、在日コリアンやその他の外国人住民にとってその基本的人権擁護の点で大きな進歩となっています。

しかし同法は理念法としてあるため、具体的な罰則規定がないものですから、ヘイトデモは陰惨な形でなお広く深く浸透しつつあるのです。いわゆるホームページ、ツイッターのみならず公園ベンチへの落書きなど、その件は数多く挙げられます。発信者不明のこうした攻撃は特に記者会見等で氏名が公になった崔氏とその家族に集中しているという現状です。

昨年末、川崎市教育文化会館で、ヘイトデモの主体である在特会の集会が行なわれました（この公共施設を差別を主張する団体に使用させたことに既に問題があるのですが）。その集会後、デモ反対の有志グループが在特会に対して大声で「レイシスト（民族差別主義者）は、帰れ」と連呼しました。実は筆者自身も現場に居てその叫びに同調したのです。しかし後でふりかえり見て、大いに反省をいたしました。在特会の、在日コリアンへの排除の叫びに、「レイシスト、帰れ」は同じく排除の言葉ではなかったかと。

昨年九月二三日、青山学院大学同窓祭における神学科公開講座を担当された、崔江以子氏の講演、「誰もが力いっぱい生きられるために―ヘイトスピーチの根絶へ、ともに―」の結論は、ヘイトデモ者との話し合いを経ての「共生」でありました。相互に排除の言葉を投げつけ合うのではなくて、話し合いを通しての理解と和解と共生こそが、ヘイトデモ根絶の目標であることが示されたのです。思えばやはり昨年末出版された、ふれあい館のトラヂの会（高齢者グループ）による識字学級での成果、日本語文集、『わたしたちもじだいのいちぶです』に書かれた、あるハルモニ（おばあさん）の言葉は、「もう、そろそろそんなことやめにして、なかよくしましょうよ。とにかく一どトラヂの会にあそびにきてください。一しょにしょくじをしてうたったり、おどったりしましょう」でした（一四五頁）。

かつて米国のM・L・キング牧師の説教に次のような言葉がありました。「黒人たちよ、我々の運動（公民権運動）の目的は、白人に勝つことではない。白人の中にある、誤った敵意をなくすことにある。敵意をなくすために敵意を持ってしたのでは、報復の悪循環に陥るばかりである。敵意をなくすためには愛するしかないのだ。主イエスの言われた『汝の敵を愛せよ』とは対立と差別を克服する最も具体的で効果のある戒めである。だから黒人たちよ、白人の兄弟姉妹を愛そうではないか」と。そして筆者に対するキング師の手紙には「我々は今、最も困難な事態に立ち至っている。しかし道義的には既に勝利している」（一九六一年四月）とありました。排除の言葉を投げ合うのではなく、共に生きることを実践する所、即ち「和解の務」に生きることこそが、まことの勝利であり、主イエスの「神の国」への指標を立てることに他なりません。

まず行きて和解せよ
――マタイ五・二三―二四

『青山学院大学神学科同窓会会報』四七号（二〇一八年八月三〇日）

朝鮮戦争（一九五〇―五三年）の休戦以来、初めて画期的な南北両政府の対話が始まり、その友好ムードが深まりつつある今日、加えて米朝会談が実現し、米韓軍事演習の中止という、驚くべき、望ましい事態が展開しているように見えます。問題は日本政府の外交力が今試されつつあることであり、この日本に遣わされているキリスト教会の旧くも新しい課題が示されていることを覚えます。この時に当たり一九六七年復活節において明らかにされた「戦責告白」に注目すると共に、今回はその「前史」にまつわるエピソードについて報告しておきたいと思います。

一九六五年、いわゆる日韓基本条約が、問題を残しつつ、曲がりなりにも成立した時、韓国キリスト教長老教会の創立一〇〇周年記念式典に、日本基督教団総会議長、大村勇牧師（元青山学院神学部長、阿佐ヶ谷教会牧師）が招かれました。その時通訳として同伴したのは大韓キリスト教川崎教会の李仁夏牧師でした。記念式典に先立つ前日、長老教会総会において、日本教団議長を迎えることについて反対者が続出しました。その理由は言うまでもなく、朝鮮半島の強制合併、植民地化（一九一〇）

以来、特に一五年戦争期に行なわれた「皇民化政策」による朝鮮民族の「臣民化」の強圧から始まるあらゆる差別と搾取の数々、それに伴う日本基督教団からの神社参拝の強制は朝鮮教会を著しく傷つけました。そのため五〇数名の殉教者さえ生じた経過をふまえて、長老教会総会では日本基督教団議長の来会を固く拒否する動きが顕在化しました。そこで議長は討議にかけ、賛否を問う投票を行ったのです。結果は真二つに分かれ、最後に議長の賛成一票で日本基督教団議長来会を辛うじて決定したのでした。

その流れを知った李仁夏牧師と大村牧師はその夜、協議し、まず大村牧師がハングル（朝鮮語）であいさつをし、日本語で語ることの了解を求めつつ、日本基督教団の戦前・戦中の、朝鮮及び朝鮮教会への罪責について謝罪することが話し合われたのです。そして当日、冷たい視線の集中する中を大村牧師は登壇して、ハングルでのあいさつから始めて教団の間違った国策依存によっての、朝鮮及び朝鮮教会に対しての罪責の謝罪に言及した時、会場の牧師たちはほとんど日本語を理解する方々でしたから、どんどん空気が変わっていき、大村牧師の話が終わるや全員総立ちの拍手（スタンディング・オベーション――李牧師の表現）が沸き、中にはかけ寄って大村牧師にハグする方々も現れたのでした。

「これほど感動したことはなかった」とは李牧師の私への告白でした。

大村牧師は帰国後最初の主日礼拝において、「まず行きて和解せよ」との題で説教されました。その時の聖書箇所が表記にあるとおりでした。

「だから、あなたが祭壇に供え物を献げようとし、兄弟が自分に反感を持っているのをそこで思い出したなら、その供え物を祭壇の前に置き、まず行って兄弟と仲直りをし、それから帰って来て供え物を献げなさい」

サクラメントを含めて礼拝所為はどういう文脈でなされるべきかをこれほど明確に示されているイエスの言葉は他にありません。私たちがこのような意味で今日、平和と和解を祈り求める文脈に立ってこそ礼拝は守られるのではないでしょうか。

今、思うこと

――米寿を迎えて

『青山学院大学神学科同窓会会報』四五号（二〇一七年九月四日）

去る五月一日（月）には神学科同窓会として、私の「米寿」を憶えて「感謝の会」を開いてくださり、まことにありがとうございました。私の生涯における光栄と存じ心より感謝申し上げます。その際、所感を求められましたのでお話し申し上げたことを「会報」に収録させていただき、お目にかかれなかった方々へのご挨拶とさせていただきます。

一、「今、思うこと」の第一は言うまでもなく一九七七年をもって廃科となりました、私たちの神学科のことであります。青山学院大学文学部基督教学科（一九六〇年より神学科と改称）は、一九四九年、新制大学の出発と共に発足し、二八年の歴史を刻んで参りました。メソヂストの伝統に立ちながらも多様なキリスト教諸派を受容し、所属学生は、自由に自らの信仰・神学の学習・研究を許され、多彩な神学的特色を持つ有能な教師たちとの交わりは、独得な学風を形成し、多様な人材を教会に、学校に、福祉施設に、また一般企業にと、送り出して参りました。

しかしながら一九六八年末より始まった大学紛争の中で、私どもの意に反して学院理事会により廃科という結末を迎えたのでありました（一九七七年）。その経過について詳述することはこの場ではできませんが、『青学神学科訴訟――建学の精神とキリスト教』（新教出版社、一九七九年）に総括されております。

以来、今年は廃科後四〇周年を迎えました。教師もなく学生も続かず、唯、卒業生のみで営む「神学科同窓会キリスト教学会」は、独自な信仰・神学及び宣教理解に立った神学科の学風を継承しつつ、今日まで『基督教論集』を中心に、日本の教会と神学教育のために貢献を続けて参りました。この中心には亡き木田献一先生の情熱と見識が何よりの推進力としてありました。

この度『基督教論集』の第六〇号を出版するに当たり『基督教学会』としての活動を終止することにいたしました。別のものにも記しましたが、木田先生の御逝去に加えて同窓会会員の高齢化も進み、学究的営為の継続も困難を覚えるに至り、『論集』は第六〇号をもって終刊とし、学会活動を終結することになった次第であります。

しかしながら同窓会の活動は言うまでもなく従来通り継続するのみならず、「同窓会会報」の内容充実を図って参ります。特に毎年行なわれる大学同窓祭（九月二三日）において、神学科同窓会として「公開講座」を維持して参ります。その講座における諸学科の講座テーマは必ずしも青山学院の現在の気風に即したものとは言えないものがあります。その点、神学科同窓会としては、常に、イエス・キリストの福音の現実にふさわしく、平和、人権、環境をめぐる主題を選び、学院のため、日本の教会のために貢献して参りたく願っていますし、皆様の御協力を要請するものであります。今年は既に、田中良子氏（第九期卒、日本友和会前理事長）による「東北アジアにおける平和を求めて」との主題のもとでの講演を予定いたしております。

二、第二に「思うこと」は、私の伝道者としての「現場」の問題であります。私は恩師・浅野順一先生の導きにより、川崎市に開拓伝道に入り（一九五五年）、桜本教会及び川崎戸手教会を設立して参りました。その間、在日大韓川崎教会に赴任して来られた（一九五九年）李仁夏牧師との四九年に及ぶ交わりは、その宣教理解、民族差別の理解について、深く教えられると共に、力強い実践へと導かれ、私にとっての貴重な経験となりました。御自身の葬儀の説教を「関田に」と遺言を残された李先生の友情に応えて、私は今も先生の創設された社会福祉法人青丘社の後援会会長を務めております。

先生の意思を継承して続けている人権問題、平和と和解・共生の運動は、私自身の人生の第二の課題であります。

数年前より一二回に及ぶ川崎市でのヘイトスピーチのデモに対し、青丘社のスタッフたちが立ち上がり、三一五〇〇名に及ぶ署名を川崎市長に提出し、参議院での公聴会における当事者の証言を元にして、昨年二〇一六年六月三日に「ヘイトスピーチ解消法」を成立せしめたことは、在日外国人の人権状況にとって大きな前進でありました。

私個人としても東北アジアにおける和解と共生に向けて、日本国憲法を尊重しつつ、韓国・朝鮮・台湾へと、旧植民地の諸教会を訪問、謝罪の旅を続けておりますのも、日本キリスト教団の「戦責告白」に基づく信仰の証言であり、李牧師の友情への応答に他なりません。

三、そして、第三に「思うこと」は、日本基督教団常議員会による免職処分を受けている北村慈郎牧師のことに関連いたします。ここにその理由と経過について詳述はできませんが、沖縄教区との合同（一九六八年）の捉え直しの論議の廃案に抗議したことから、北村牧師排除の動きが生まれ、たまたま北村牧師の属する教会がオープン聖餐式の伝統を維持していることを取り上げて、「戒規」細則に規定されている当事者との対話をすることもなく、多数決で免職が決定されてしまいました。

私自身はオープン聖餐に賛成ではありませんが、一人の伝道者の死を宣告するような免職の仕方については、信仰的にも人権の視点からも認めることはできないのです。教団史における未曾有のこのような事件に対しては、教団を心から愛する者として、教団執行部は正しい決断をし直していただきたいのです。このことについて、神奈川教区からは三度も教団総会に提案しているのですが、未だに対話の兆しは全く見られません。私としてはこの議題を担い続けていくつもりです。

以上、三点にわたり「今、思うこと」を述べて参りましたが、そのような課題を負うということは、別言すれば、「老いこんではおられない」ということでしょう。モルトマンによれば「永遠の命」とは使命の言語だそうです。使命に生きる者にとって、「死」は相対化されるのです。

私は幸いにもこのような課題を与えられている故に、元気に、「命」を生かされていきたいと思いますし、そのことを心から感謝しております。

敵意という隔ての壁を取り壊す

『青山学院大学神学科同窓会会報』四二号（二〇一六年三月二〇日）

「在特会」（「在日コリアンの特権を許さない市民の会」の略称）という民族差別の集団活動が顕在化してきたのはいつからであろう。どうも安倍政権の「拉致」問題をめぐっての朝鮮共和国への敵視的態度と、韓国の「日本軍隊慰安婦」問題への嫌悪的姿勢と平行しているように思われてならない。最近の歴史修正主義による教科書への介入も影響しているかもしれない。私が永く関わっている川崎市南部では既に十数回に及ぶ在特会の、いわゆる「ヘイト・スピーチ」のデモが反復されている。京都、大阪、広島、福岡など大都市のコリアンの集住地区に広がっている、この敵意に基づく運動は、全くの誤解の前提に立っている。

一九一〇年日本政府は警察の「警備」の下に朝鮮国を一方的に併合し、植民地化した。日本敗戦後、日本人であった朝鮮人を、帰属国選択の自由を認めず、一方的に非日本人化し朝鮮人とした。二〇〇万人以上の強制連行された朝鮮人は朝鮮戦争（一九五〇―五三）により帰国できず、約六〇万の在日コリアンが生まれたのである。外国人登録法の改定により、戦前からの在日コリアンには特別永住「許可」がなされた。「許可」でなくてそれは「当然の権利」のはずである。それを在特会は在日の「特権」として、その否定どころか「殺害」を叫ぶまでにエスカレートしているのである。

かつての川崎市長伊藤三郎氏と韓国人教会の李仁夏牧師の協働による多文化共生センター「ふれあい館」が生まれて三〇年近くなるが、この桜本を中心とする川崎南部には、民族間共生共助の生活と思想が根を下ろしている。彼らを襲う在特会の「殺せ」の叫びに対して、反対する川崎南部の住民の叫びは「いつまでもこの街で共に」である。京都、大阪の裁判所を経て最高裁でも在特会の主張は否定された。それは「表現の自由」を逸脱するものとの結論であった。

我々の責任は、在特会の誤解を解く努力と共に、異文化、異民族共生の福音に立って、忍耐と希望をもって立ち向かい続けることにあろう。エフェソの信徒への手紙二・一四―一六は「敵意」を克服し和解と共生の世界を約束し促すかけがえのない御言葉である。成果を間近に見ることはできないにしても、この方向に生き続ける所にキリスト教会の立場がある。そのためには主イエスに従って、時には「十字架」を負わねばならないかもしれない。しかし「十字架を負う者こそが神の国を見ることができるのです」(池明観氏の言葉)と言われる通りであろう。「隔ての壁を取り壊す」ために主イエスは「御自分の肉」においてその業をなされたことを憶えておきたい。ある人がパソコンで私の事を調べてくれたが、誰が書いたのか、私の事が「反日・極左」と出てきた。それはこの時代に名誉なことではなかろうか。

戦後七〇周年の夏を迎えて
――敵意と隔ての壁を取り壊し

実に、キリストはわたしたちの平和であります。二つのものを一つにし、御自分の肉において敵意という隔ての壁を取り壊し、……（エフェソ二・一四）

『青山学院大学神学科同窓会会報』四一号（二〇一五年九月二日）

戦後七〇周年の夏を迎えて、一七歳で敗戦を経験したわたしとしては思うこと、語りたいことは多々あるが、ここでは三つのことに限定して述べたい。

1　情報隠蔽の罪

いわゆる一五年戦争の歴史の真実を知ったのはすべて戦後、「真相はこうだ」というラジオ番組によってであった。一九四一年一二月の緒戦における「勝利」に酔った（酔わされた）国民は、その半年後のミッドウェー海戦で帝国海軍は空母四隻を失うことを含め大敗北を喫したのだが、大本営もジャーナリズムもそのことには全くふれず、戦意昂揚を訴えていた。敗退を「転進」という用語を用いて尚も進撃しているかのように思わせる。「玉砕」という美名で全滅の「名誉」を訴えるという始末である。昨年、「特定秘密保護法」が一方的に強行採決された。わたしはまたもや情報隠蔽の時代が始まったと恐怖を覚えたのであった。国家体制維持のために国民に真実を知らせないだけでなく、国家に役立つように国民を操作し始める時代になったのである。

2　憲法第九条維持の責任

憲法学者をはじめ諸分野の識者の「違憲」の判断にもかかわらず、また切実な国民の声にもかかわらず、現政権はいわゆる「戦争法」なるものを強行採決しようとしている。これは憲法第九条の曲解ではなく否定なのである。それは第二次大戦におけるすべての戦争犠牲者の思いを否定し、その死を「犬死」化することにほかならない。それは断じて許してはならないことである。

あるキリスト者女性が、「第九条をノーベル賞に」という提案をし、その賛同者が大きく広がっていると言われる。それは喜ばしいことには違いないが、今の日本政府の姿勢に徴して恥ずかしくもあることではないか。第九条は単に日本の非戦平和を規定するのみならず、国際的に平和と共生を訴えているからこそ、「世界の宝」とさえ言われているのである。われわれはキリスト者として、日本国民のひとりとして、第九条を維持する責任がある。

3　敵意と隔ての壁を取り壊し

現日本政府の朝鮮への敵意と差別についていつも心を痛めていた私は、川崎での教会における在日朝鮮人の悲痛な差別の事実に気付かされ、促されて、朝鮮共和国の、少なくともキリスト教会との和解の道を模索していた。幸いにも戦後七〇周年のこの時、個人的にも何か残ることをしたいと念願した時、朝鮮共和国訪問の旅の情報に接した。早速に申し込み、旅は五月中旬に実現した。訪朝に当たって私は三つの渡航目的を明記した。その一は朝鮮キリスト教会との接触であり、その二は鎮南浦メソジスト教会を訪ねて父の牧会の軌跡を偲ぶこと、その三は板門店の境界線に立ち、日本の植民地化の罪責の告白と南北の自主統一のために祈ることであった。

残念ながら鎮南浦メソジスト教会は朝鮮戦争（一九五〇―五三）の時に潰滅し、存在しない事が分り行かなかったが、平壌のボンソ基督教会の宋副牧師とは一時間余、通訳を介して語り合うことができた。朝鮮には一万五千人のキリスト者がおり、五〇〇余の「家の教会」という形で礼拝を守っているとのことであった。私は「第二次大戦下における日本基督教団の責任についての告白」（一九六七）の朝鮮語訳を持参していたので、礼拝堂において日本語で告白し、彼は朝鮮語訳を読んだ。その後満面の笑みを浮かべた彼と固い握手を交わした。二人並んで各自の言葉で「主の祈り」を祈って別れたのである。

主イエスは御自分の「肉」において「敵意と隔ての壁を取り壊し」たもうた。私が自分の「体」を運んだことは主の福音にふさわしいことであったであろうか。

板門店まで平壌から三時間半の車での旅であったが、準備していた祈りを南の韓国の側に向けてベランダの上から大声で祈った。その後、通訳（朝鮮対外文化交流協会所属）からぜひその祈りのコピーを取らせてくれと言われた。朝鮮側での記録として保存しておきたいとのことであった。日朝の和解に向けての針の穴のような小さな穴でもあけられたであろうか。

アダムとエバへの贈物

『青山学院大学神学科同窓会会報』三八号（二〇一四年三月二〇日）

主なる神は、アダムと女に皮の衣を作って着せられた。（創世記三・二一）

創世記の一章から三章にかけての創造と堕罪の物語は私たちの人生を理解するに当たって本当に意義深い内容に満ちていると、最近改めて教えられている。

「それを食べると目が開け、神のように善悪を知るものとなることを神はご存知なのだ」という蛇の言葉に唆されて、禁断の木の実を食べたアダムとエバは、「神のように」知るどころか自分たちの裸の事実を知っただけでなく、それを恥じるものとなってしまった。二人は「いちじくの葉」で身を隠さなければならなかった。アダムはエバに対し、エバはアダムに対して身を隠さざるを得なくなったのである。主なる神との根源的関係が崩れると人間同士の関係も崩れていく。「いちじくの葉」は何はともあれ己が恥を隠す、いわば自己保存、自己義認のシンボルと言えよう。

「あなたはどこにいるのか」という主なる神の呼びかけは、単にアダムの所在についての問いかけではなく、彼の存在への問いかけであり、招きですらある。しかし神との交わりの断絶（罪）の中に堕した彼は、身を隠すのみならず、禁断の木から食べたことを、神によって共に生きるようにされたエバのせいにする。つまり主なる神のせいにさえするのである。

神の審きを受けて二人はエデンの園から追放されるのであるが、その時、神は二人に最後の贈物をされた。それが神が手づから作られた「皮の衣」である。神は隠さなければ生きていけなくなった人間を憐れみ、「隠しながらでも生きていきなさい。ただし隠すについては、お前たちの自家製のいちじくの葉などでなく、わたしの整えた皮の衣でしっかり身を掩って生きていきなさい」というのが、この「皮の衣」の意義であり、神の憐れみのシンボルである。そしてそれは遥かに新約聖書におけるキリスト・イエスによる罪の贖いにつながる事態である。パウロがしばしば語る「キリストを着る」（ガラテヤ三・二七）や「新しい人を着る」（エペソ四・二四、コロサイ三・一〇）という言葉にその事態は結びつくのかもしれない。神の憐れみとキリストの許しに上まわる罪はない。それはアダムとエバに起こっていることとして人間にとっての普遍的事態であり、存在論的事態である。神を知る者も知らぬ者もすべて人は許されて生きている。何者かに許されて生きている。それが人間にとっての存在論的事態である。

この数年間、ＹＷＣＡの関係者の方々と共にボンヘッファーの『現代キリスト教倫理』を学び続けている。その中で「真実を語るとは何を意味するか」という項に関連して、次のようなボンヘッファーの言葉に出会った。「神御自身は、人間に対して衣服を着せられた（創世記三・二一）。ということは、堕落した状態においては（instatucorruptionis）、人間における多くの事が、隠されたままでなければならないということであり、……われわれドイツ人は〈隠蔽〉の意味を、すなわち、基本的にこの世界の堕落した状態（statuscorruptionis）を、もはや正しくは理解しなくなっているのだと思う。……〈深い精神はすべて、仮面を必要とする〉とはニーチェの言葉である。……隠蔽されたことは、ただ告解（罪の告白）の場面において、すなわち神の御前においてのみ、あらわにされることを許されるのである」（四二七頁）。

人間がすべて原罪を負うこと（アウグスチヌスはこれを遺伝罪と表現した）は、それに気付くにしても気付かぬにしても普遍的事実である。しかしまた人間はすべて「皮衣」に覆われて、つまり許されて生きていることも、それに気付くにしても気付かぬにしても、また普遍的事実である。従って「皮衣」はキリストの恵みと憐れみを指し示す予表とされるのである。許されずして生きている何びともいないし、そしてこの原事実が改めて倫理の根拠となるのである。

今に始まったことではないが、八〇歳代半ばを過ぎる自らを省みて、人間としても牧師としても叩けば埃の出るわが身をしみじみ思わざるを得ない。「真実を語る者は希望をも語らなければならない」とはボンヘッファーの言葉であるが、隠しながらも生きることを許される、神の「皮衣」を希望とし、密室の祈りを慰めとして、尚、生き続けるしかないと思う。そしてそのことの故にアダムとエバから始まるエゴイズムの社会的・構造的な支配と闘うことが依然として迫られるのである。

傷だらけの主の復活

――ヨハネ二〇・一九―二三

『青山学院大学神学科同窓会会報』三四号（二〇一二年三月二〇日）

東日本大震災の悲劇の一周年を迎えました。そして間もなく主の復活の日を迎えます。主イエスの復活は自力での復活ではなく、復活させられた受身の復活であったことを憶えておきたいと思います。「わが神、わが神、なぜわたしをお見捨てになったのですか」（マルコ一五・三四）と、究極の絶望の叫びを挙げて絶命された主イエス。神学生時代、この言葉は詩篇第二二篇の冒頭の句であって、最後的には神への深い信頼を内容とするものであり、主イエスは十字架に掛けられつつも、神への信頼を貫いておられたのだ、との説明を聞いたものです。しかしその頃から何か納得できないままに来てしまったように思います。昨年の東日本大震災の被災地をめぐり被災者との出会いの中で改めて思わされたことは、従来、キリスト教会は「罪の贖い、罪からの解放」について福音の基本として語ってきたし、それに全く間違いはないのですが、不条理と苦難からの救いについてどのように「福音」との関連で語ってきたかということであります。

神義論というような一般的論議でなく、愛する家族を奪われ家屋を失い働き場が無くなった方々にとって、福音とは何ぞやと思いつつ示されたのは、十字架の主イエスの「なぜ」「どうして」という神への問いかけです。不条理の場面に直面している私たちのために、私たちに代わって、私たちに先立って主イエスご自身が神に向かって、「なぜ」「どうして」との叫びを叫んでくださっている、呻いてくださっていると考えることは、不敬虔なことなのでしょうか。沈黙の神に向かって、絶望の渕に落ち込んでいる私たちの側から主ご自身が叫んでくださっていると受け取ることは、間違いなのでしょうか。「事実、試練を受けて苦しまれたからこそ、試練を受けている人たちを助けることがおできになるのです」（ヘブル二・一八）。「あらゆる点において、わたしたちと同様の試練に遭われたのです。だから憐れみを受け、恵みにあずかって、時宜にかなった助けを頂くために、大胆に恵みの座に近づこうではありませんか」（ヘブル四・一五―一六）。イザヤ書五三章を、罪の贖いという視点と共に不条理と苦難における慰めの視点からも解釈することが求められるのではないでしょうか。

沈黙の神は一つの事件をもって答えられました。それが主イエスの復活事件です。この世の人々が否定し去った主イエスを神は肯定された、これが復活事件の意味でありましょう。徹底した不条理と弱さの中で権力に葬り去られた主イエスを神は復活させたもうたのです。別言すれば主イエスこそが神による復活の恵みにまず与られたのです。その意味で主イエスは私たちの復活の「初穂」（Ｉコリント一五・二〇）となられたのではありませんか。

さて復活の主はユダヤ人を恐れて閉じこもっていた弟子たちに現われました。そして「平安なんぢらにあれ」（文語訳）と言われ、続いて「手とわき腹とをお見せになった」のです。「平安あれ」とは日常的なあいさつ（「シャーローム」）と見る方もありますが、ユダヤ人への恐れと共に主の傷を示された弟子たちの思い、即ち自分たちが主を見捨てて逃げ去った、それ故に主が痛みと傷を負われたという、申し訳なさの思いに対する赦しと慰めの言葉として、「平安あれ」と言われたと受け止めたいものです。それこそが弟子たちの「喜んだ」理由でしょう。しかもその主は「重ねて言われた」、「平安あれ」と。そしてこの「平安」は派遣の旅を支える「平安」でもありました。父なる神の派遣によって主イエスが来られたように、今度は主イエスが弟子たちを派遣し、その旅における「平安」を約束されるのです。そのすべてを導かれる「聖霊を受けなさい」とは主の結論に他なりません。赦しを与える「平安」が直ちに派遣を導く「平安」につながっていることに注目したいと思います。赦しは派遣のためにこそあるのです。

復活の主イエスのお体は奇麗な美しい肉体ではなく「傷だらけ」の体でした。私にとっても復活は過去の「傷」をすっかり無くして奇麗になることではなく、「傷」を残したままの復活なのではないでしょうか。むしろその「傷」を見る毎に赦しと癒しの恵みを想起することができるのではないでしょうか。「傷」を消してはならないのです。「罪」を忘れてはならないのです。その過去に対する主の憐れみこそが祝福であり復活の喜びを新しくするものでありましょう。

三陸の海に深く沈められた方々、命を失った方々を含めて私たちは主の復活の約束の下にあります。アダムによってこの世に死が到来したように、「凡《すべ》ての人、キリストに由りて生くべし」（文語訳Iコリント一五・二二）であります。この約束の下に生き残された者としては、互いの「傷」を絆にして、新しい歩みに共に入っていきたいと思います。新生釜石教会、泥と汚れの跡を残した教会の門扉に大きく掲げられてありました。「今は祈りの時」と。胸打たれつつ「本当にそうだ」と思わせられました。「傷」を負ったキリストの体なる教会の、この祈りこそ新しい日本の宣教の働きを促し続けることでしょう。

東日本大震災に直面して

『青山学院大学神学科同窓会会報』三三号（二〇一一年八月三〇日）

先日機会が与えられて、釜石、大船渡、三陸高田の被災地を訪問いたしました。特に釜石には二泊三日滞在し、被災した新生釜石教会のＹ牧師とは有意義な語り合いができました。この旅において示されたことを述べます。

東日本大震災後四ヵ月が経過したとはいえ、被災地の復興はほとんど進んでいません。写真で見たかつての原爆や東京大空襲の跡とそっくりで、あの大津波の傷跡は道路以外は荒野そのものでした。三陸高田の四階建ての病院を丸ごと呑み込んだ津波の跡に立って言葉を失いました。死者・行方不明者が三万にも及び、被災者が三〇万余と言われる悲惨事に直面して出てくる言葉は「なぜですか、どうしてですか」ということでしかありません。東京都知事は「天罰だ」と口走りましたが、どうしてそのような言葉が出るのでしょうか。瓦礫の中に裸足で座して涙にくれている若い女性の映像が眼に焼き付いて離れません。

今、私はこう思います。人類史的な苦悩を一身に負って十字架上で「なぜですか」と叫ばれて絶命された方は、私どものために、私どもに代わって、私どもに先立って、神に向かって究極の問いを投げかけられたのだと。主イエスのその問いに対して神は沈黙されたままでした。今、被災地で苦しむ方々にも神は沈黙されているのでしょうか。

沈黙の神はしかしある事件をもって答えられました。主イエスの復活です。主イエスが自ら復活したのではなく、神によって復活せしめられたのです。人間が否定した主イエスを神は肯定されたのです。これが復活の意味でしょう。そして使徒パウロは言います。「主にありてすべての者、生くべし」と。この約束の中に、津波と共に亡くなった方々、絶望の淵に佇んでいる方々、そして私たちもまた包まれていると信じたいのです。

地震と津波の災害のみならず、福島第一原発の事故の影響は今やますます拡大し、全国的に不安と恐怖を深めています。これは明らかに人災と言うべきでしょう。この事故を通して示されたことは文明の罪でした。人間の傲慢と貪《むさぼ》りの罪です。「これは何者か。知識もないのに、神の経綸を暗くするとは」（ヨブ三八・一）。ある人は「科学は人間にとって〈業《ごう》〉だ」と言いました。飽くなき探求の営みは人類のやめられない行為です。しかしその行為に人間性と倫理が伴わないならば、やがてそれは人類を滅亡に導くことは明らかです。「主を畏れることは知恵の初め」（箴言一・七）です。創造者を仰ぎ隣人との共生を目指す科学に転換しなければなりません。ドイツが脱原発を決定しましたが、それは国会の倫理委員会の主導によることと聞きました。かつて大本営の「勝利情報」に欺《あざむ》かれてきた私たちは、「安全神話」を吹聴してやまない政治家と企業が結びついた権力に欺かれないようにいたしましょう。キリスト教会の発言と行動が求められているのです。

二人の教区総会議長

『青山学院大学神学科同窓会会報』三一号（二〇一〇年八月三〇日）

青山学院大学の基督教学科・神学科が廃科されてから今年で三三年が経過しました。学科は第二次大戦後に設立されてから二八年の歴史を刻んで終わりましたから、廃科されてからの歴史の方が長くなりました。学院創設の目的の一つであった神学教育の伝統の復活は私たちの切なる祈りでありますが、現在の青山学院の教育方針の中にはその兆しは全く見られません。しかしこのように短く終わった神学科の歴史ではありますが、同窓の中から二人の日本基督教団の教区総会議長が生まれていること、しかも歴史的に極めて重要な節目に当たって選ばれていることを、神の摂理と受け止めてよいのではないかと、私は思っています。

その二人の中の一人は松田定雄牧師（第三期）です。松田牧師は沖縄キリスト教団総会議長として一九六九年、日本基督教団総会議長・鈴木正久牧師（青山学院神学部卒）と共に、両教団合同議定書に署名された方です。敗戦四〇年を憶えて私は妻と共に沖縄の戦跡巡りと祈りの旅をしましたが、松田牧師宅を訪れ夕食をいただきながら、彼のご夫人が「ひめゆり部隊」の生き残りの方であることを知り、また彼自身は陸軍兵としての立場から住民に対さねばならなかった苦衷を聞かされました。日基教団との合同は、教団の「戦責告白」において和解を決意したからとの趣旨の話に、私は深く心打たれた次第でした。松田牧師は三年前に召天されました。

もう一人は竹花和成牧師（第二三期）です。松田牧師に対しては二〇年の後輩に当たりますが、今年五月、沖縄教区総会議長に選ばれました。ヤマトンチュ（日本人）としては二代目の議長です。ご承知のように、沖縄には日本の米軍基地の七五％が集中し、そのことをめぐっての住民の苦悩は筆舌に尽くしがたいものがあります。このような沖縄の状況を教団として受け止め、合同の見直し・深化がなされることを願った沖縄教区からの訴えは、数年前の教団総会において、「時間切れ・廃案」という形で退けられてしまいました。「教団に対しては距離を置く」という判断で今、沖縄教区は独自な教区の体制づくりを始めています。このような重大な事態の時に、わが同窓の竹花牧師が総会議長に選ばれたのです。竹花牧師の兄上、基成牧師（第二〇期）も共に救世軍司官の子息たちですから、大戦中の特高や憲兵による迫害、国家権力による暴力を父上から詳しく聞いて育った方々だと思います。その経験から沖縄教会のあり方、その宣教、牧会、教団との関係など重い課題に立ち向かっていかれることでしょう。竹花牧師のために祈りましょう。

今、日本の教会がその戦争責任を深く憶えて今後の働きを考えるならば、まず何よりも沖縄の住民と教会の痛みに呼応し、そこから日本の教会のあり方を考えるべきではないでしょうか。沖縄の住民は普天間の移設を望んではいません。移設した所の住民がまた苦しむだけですから、基地の苦しみは沖縄を最後にしてほしい、望む所は基地の即時返還のみである、とある牧師から聞きました。日本政府は沖縄に向かってものを言うのでなく、アメリカに向かって言ってほしいものです。日基教団も、かつてベトナム戦争の早期終結をワシントンに向かって訴えた大村勇教団議長（青山学院神学部卒）

のように、オバマ大統領に普天間基地廃止を訴えていただきたいものです。

付記

今一人、同窓生で奥羽教区総会議長を務められた中条和哉牧師（第八期）を忘れることができません。彼は神学生として奥羽教区秋田大曲教会に実習に派遣され、荒井源三郎牧師との出会いを契機として大船渡教会をはじめとして盛岡内丸教会に至るまで一貫して奥羽教区に仕え、議長も三期にかけて務められました。晩年は在タイ日本人教会に仕えて終わられました。

わが記念としてこれを行え

『青山学院大学神学科同窓会会報』二七号（二〇〇八年八月一九日）
〔『福音と世界』〇七年九月号より転載〕

わたしがあなたがたに伝えたことは、わたし自身、主から受けたものです。すなわち、主イエスは、引き渡される夜、パンを取り、感謝の祈りをささげてそれを裂き、「これは、あなたがたのためのわたしの体である。わたしの記念としてこのように行いなさい」と言われました。また、食事の後で、杯も同じようにして、「この杯は、私の血によって立てられる新しい契約である。飲む度に、わたしの記念としてこのように行いなさい」と言われました。だから、あなたがたは、このパンを食べこの杯を飲むごとに、主が来られるときまで、主の死を告げ知らせるのです。（Iコリント一一・二三―二六）

1　「主の晩餐」にあずかるには

主イエスが直接残された私たちの「信仰のための遺産」は二つあるとされています。その一つは「主の祈り」であり、他は「最後の晩餐」であります。今回はこの「主の晩餐」について学びましょう。

Iコリント一一・一七―三四には初代教会の「主の晩餐についての指示」が詳しく述べられており、

「主の晩餐」をめぐる教会の混乱した状況も反映されています。それは教会における「仲間割れ」の問題との関係で語られています。つまり「当時の教会では、主の晩餐は普通の食事（愛餐＝アガペー）の後で行なわれていたようである。彼らは各自、自分の食事を分け合うことはなく我先に食べていたため、主の晩餐に共に与ることはできなかった。……パウロは彼らに、〈神の教会を見くびり、貧しい人々に恥をかかせる〉のかと痛烈に問うことによって彼らの反省を促している」（新共同訳新約聖書略解）という状況を前提にして「主の晩餐の制定」のことが述べられています。従って、「ふさわしくないままで」「主の晩餐」に与るのは「主の体と血に対して罪を犯すことになります」（二七）というパウロの戒めの内容は、教会における「仲間割れ」を克服し、和解と一致をもって与えることこそ、「晩餐」にふさわしいのだということに他なりません。「主の体」なる教会の共同性を「わきまえずに飲み食いする者は、自分自身に対する裁きを飲み食いしているのです」（二九）とまでパウロは警告し、「食事のために集まる時には、互いに待ち合わせなさい」（三三）と勧めています。

従って「主の晩餐」における共同性を維持するために、「愛餐」（アガペー）と「聖餐」は分離されるに至ったのでありましょう。ここで「聖餐」における共同性に注目しておきましょう。

2　主の晩餐の制定

ところでここでパウロの語る「主の晩餐」についての伝承は、新約聖書における最古の証言であることは言うまでもありません。マルコ、マタイ、ルカの各福音書著者たちは、パウロの受け継いだ伝承にさかのぼってそれぞれの思いで脚色しつつ「最後の晩餐」の物語を描くに至ったのです。中でもルカが、「苦しみを受ける前に、あなたがたと共にこの過越の食事をしたいと、わたしは切に願っていた」（ルカ二二・一五）との主イエスの言葉を伝えているのは、「晩餐」の意義を一層深めているのではないでしょうか。パウロがコリント教会に伝えた「主の晩餐」の伝承は、「わたし自身、主から受けたものです」と彼は述べています。この「主から」直接、パウロへの主の啓示があったとする見方もありますが、恐らくエルサレム教会に発する「伝承」に立っていると思われます。しかしそれは「伝承」とはいえパウロにとっては「主から受けた」としか言い得ない程に重要なものであったに違いありません。後世に教会が編み出した「伝統」なるものは繰り返し「伝承」によって批判、吟味されるべきものであります。「伝統」の生まれる必然性を認めないわけではありませんが、「伝統」が自己完結的に機能し始めるや、必ずそこに権威主義と形式主義が伴い、「伝統」自体の生命を失わせる傾向があります。それ故、繰り返し「伝承」に聞くべく開かれてある「伝統」こそが意味あるものと言うべきでありましょう。「聖餐」の場合も全く同様に考えるべきであります。

「あなたがたのためのわたしの体」。「あなたがたのための」と記すのはルカで、マルコもマタイも単に「これはわたしの体である」とだけ言われています。いずれにしてもこのパンを「裂き」弟子たちに与えられたことは、主イエスとの「一体」化を主が意図されたことは明らかです。そこには主イエスとの共同性に基づく弟子たちの共同性が意図されていたことも当然でしょう。それこそ「あなたがたのための」に他なりません。やがて苦しみと共に失われるであろう主イエスの「体」。それを今、弟子たちに分有させることにより、彼らの中に生き続ける「主の体」。その「主の体」によって一体化される弟子の群。その群は主の死を自らに引き受け、主の命を新しく生きる群となるのです。

「この杯は、わたしの血によって立てられる新しい契約である」。契約が命そのものである血に裏付けられて結ばれるということは旧約以来の伝統であります。最初の過越（出エジプト一二・七）や十戒授与（出エジプト二四・六―八）などをはじめ、動物供犠による契約締結は旧約の随所に見られることですが、それらはひとえに主なる神とイスラエルの民との契約でありました。それに対しイスラエル亡国の運命を眼前にしつつ預言者エレミヤは「新しい契約」について預言いたしました（三一・三一）。この契約が主イエスによって実現したというのが、この「晩餐」以来のキリスト教会の信仰であります。その場合、動物供犠に替わって「御自身の血によって、ただ一度聖所に入って永遠の贖いを成し遂げられた」と証言するのがヘブライ人への手紙（九・一二）です。「見よ、世の罪を取り除く神の小羊」（ヨハネ一・二九）。この杯にそそがれたぶどう酒はこの契約のための「血」を表わすものに他なりません。

そもそも契約とは神が人間にまで自らを低めて、人間を自らとの交わりに入らしめたもうという、恵の行為であります。「新しい契約」は神との交わりを拒み罪に陥ったイスラエルを神との交わりへと回復する（贖い＝取りもどし）ことに他なりません。その契約はモーセによらずイエス・キリストを介して全人類を包摂する内容のものでありました。ここにもパンの分与の場合と同様、契約という形でも、主イエスとの、そしてそれに基づく弟子の群の切っても切れない交わり、共同性の確立が宣言されているのです。

3　「わたしの記念としてこのように行いなさい」

この句はパンの場合にも杯の場合にも反復して述べられています。「私の記念」としての「私」が強調されています。この「私」には主イエスの全存在、虚妄の権力に抗し、貧しき者、病める者、いと小さき者と交わり続けられたその全生涯のみならず、十字架の苦難と死を突き抜けて復活される主イエスの存在そのものが含まれています。

「記念する」とは単に過去の出来事を回想することではありません。むしろ過去の出来事の意味を現在において受けとめ、それを将来に生かすという行為です。主イエスの過去を想起するのみならず、主イエスとの交わりに生き続け、今、活きたもう主と共に、神の国の到来を祈りつつ前進することこそが「わたしの記念として」「晩餐」を行う意味であります。「主が来られるときまで、主の死（その復活と勝利）を告げ知らせるのです」（二六）とあるように「主の晩餐」を守ることは将来への課題を負うことと不可分であります。主イエスを拠り所として生き、主の戒めを目標として、教会においては無論のこと、この社会においてあの「共同性」を確立するために、平和と共生を求めて働くことこそ、「主の晩餐」に与る者の使命でありましょう。

近年、聖餐式に関してオープン方式かクローズド方式かが争われています。私はある年、説教と聖餐式を毎月担当するように、ある無牧の教会から招かれました。その教会はオープン方式で聖餐式を行うことを教会総会で決議したということを知らずにいた私は、その場でその教会の伝統に従って聖餐式を行いました。分餐の直前、私は発言しました。「このパンと杯にすべての方が与っていただきますが、『新しい契約』への主の招きに応えて、まだ信仰の告白に至っていない方は求道の道を励んでくださり、バプテスマの恵みに与っていただきたい。教会として心からそのことをお待ちしています」、と。一年間、こうして続けた翌年、新任の教師の下へ三名の受洗志願者が現れました。洗礼から聖餐への道があると同様に、聖餐から洗礼への道のあることを、聖霊によって教えられた経験でした。いずれにしても洗礼を「第二の割礼」にだけはしたくないものです。大事なことは主イエスとの生きた共同性、そして教会と礼拝の生きた共同性ではないでしょうか。

和解の務めに立つ

『青山学院大学神学科同窓会会報』二七号（二〇〇八年八月一九日）
［日本YWCA『YWCA』七月号（二〇〇八年七月）を一部加筆］

1　南京での出会い

一九二八年生まれの私は、一九三七年一二月、九歳の時、南京陥落祝賀のちょうちん行列に参加し「南京陥落、日本万歳」と練り歩いた記憶がある。戦後、南京大虐殺の事実を知り、心が痛み、牧師として平和のために生きてきた。南京大虐殺七〇周年に再度中国を訪れたいと、二〇〇七年一二月に行なわれた日本YWCA主催「南京を考える旅」に参加した。

旅の二日目、南京大虐殺記念館見学後、日本企業の工場を見学した。現地日本人責任者は、テレビ技術の先進性を誇り、中国人労働者によるコストの切り下げを企業家として得々と説明されるのであるが、南京という、あの事件の都市に住む日本人として、中国民衆への謝罪と償いの思いはどうなっているのかとの思いが押さえ難く胸の内に噴出してきた。私は、格差に苦しむ貧しい中国民衆のために、特に大気汚染を減らす技術を持って奉仕できないかを訴え、かなりきつい表現を伴なった要望をした。この発言は私の思いを越えた展開を招くことになった。

その夜、日中の参加者によるグループディスカッションの際、北京YWCAのユ・シャオランさんが次のように語った。「四歳の時に南京事件を経験し、命からがら両親につれられて南京を離れたが、後日帰郷した時、家は焼かれ、親しかった友人もその家族もすべて殺されていた。以来今日まで日本人に対する敵意を克服できずにいた。しかし今日、日本人の企業エリートに対し、中国人民への謝罪と福利の貢献を要求した日本人の発言を聞き、私の心は開かれてきた」と。彼女の発言に、私は感謝で胸がいっぱいになり、「このことのために南京に導かれた」と感じた。神の深い摂理を実感し、日本のキリスト者として、YWCAとして、なすべきことは和解の務めであると改めて認識した。

2　和解の務め

Ⅱコリント五・一八に「神はキリストによって世をご自分と和解させ、人々の罪の責任を問うことなく、和解の言葉を私たちにゆだねられた」とあるが、聖書において「言葉」は、いつも関わりとアクションを伴うものである。誰とどのような関わりを結ぶか、その務めが私たちに委ねられており、「平和の器」としての自らの責任を強く思わざるをえない。

和解とは戦争のない状態をもたらすだけでなく、正義と愛において共に生かし合うことである。イエスは「平和を実現する人々は幸いである」と言われたが、「平和を実現する人々」は"peacefulperson"ではなく"peacemaker"であり、関わりとアクションを持ち続けて和解をつくっていくためにこそ、私たちはこの世に遣わされている。アジア・太平洋戦争の未だ終わらない惨禍の謝罪と償いなくして、人や民族や国家の和解はない。草の根の具体的連帯の広がりをYWCAは求められ、その務めへと招かれている。草の根の具体的な一対一の出会いから生まれてくる和解こそ力があり、私も南京での出会いの中で、祝福に満ちた和解が与えられた。

和解について考える際に忘れられないのが、M・L・キング牧師である。キング牧師の説教集『汝の敵を愛せよ』には「『汝の敵を愛せよ』とのイエスの教えは個人間のことと捉えていたが、民族間・国家間の対立を乗り越えていくために最も具体的なイエスの教え」であり、「黒人の兄弟姉妹たちよ、相手（白人）の誤った敵意をなくすためには相手を愛することしかない。彼らが救われなければ我々も救われない」とある。和解の務めとはまさにこのことにほかならず、力で打ち勝って新たな支配を生み出すことではない。

3　抵抗の原点として、改めて信仰告白を

戦後、天皇の人間宣言・平和憲法の制定に、「君が代」でなく「民が代」になったとしみじみ実感した。しかし今や市民のための国家が変貌し、国家のための国民づくりに狂奔し始めた。こうした状況でイエス・キリストの主権にのみ従うキリスト教会は、時代の反動化に対して実存的な抵抗の主体として立つことが求められている。受肉の言なるキリストは、教会に「和解のために奉仕する任務」（Ⅱコリント五・一八）を委ねられた。「力」を信奉するこの世の動きに対して常に抵抗しつつ、和解をもたらす使命に立つ者でありたい。

汝の敵を愛せよ

『青山学院大学同窓会基督教学会会報』一八号（二〇〇四年三月一五日）

かつてM・L・キング牧師はマタイ福音書五・四四のイエスの言葉に基づいて、表記の題で説教集を刊行した。その中で彼は語っている。「黒人たちよ、我々の目的は白人に勝つことではない。そうではなくて白人の中にある誤った敵意をなくすことである。そして敵意をなくすためには敵意をもってしては駄目なのだ。それは無限の報復の悪循環に陥るだけだから。そのためには敵を愛する以外に方法はないのだ。彼らが救われなければ、我々は救われない。我々の運命は彼らの運命と深く結びついているからだ。だからこそ黒人たちよ、白人の兄弟姉妹を愛そうではないか」と。キング牧師はかつて「汝の敵を愛せよ」というイエスの戒めは、個人の人間関係の中で有効なものだと考えていた。しかしアメリカの黒人差別の実態の中で、これは民族的・社会的な問題解決にとってこそ有効なものだと確信するに至った。ガンヂーとの出会いもあって、彼は非暴力抵抗を一貫させた運動を展開した。

私が一九六〇年代初期に米国に留学した時、「ウールワース」というスーパーマーケットの全国チェーン店があったが、その門前に数十人の黒人たちが道路に座り込んで讃美歌を唱いながら、「ウールワース」の黒人への門戸開放を訴えていた。そして三〇年後、再度米国に行った時、「ウールワース」の店長は黒人であった。この驚くべき社会変革は、キング牧師の「汝の敵を愛せよ」の理念と非暴力闘争の方法によって勝ち取られたものである。このような輝かしい歴史遺産を自国に持ちながら、何故米国大統領はそれに学ぼうとしないのであろうか。

九・一一事件以降のアメリカは「報復戦争」という形で、アフガンとイラクに兵を進めた。大義名分のない戦争は大統領の「終結宣言」にもかかわらず一向に秩序を回復せず、ますます混迷の度を深めている。後始末に困ったアメリカとイギリスは諸外国の助けを求め始める有様である。日本の首相は日米同盟を根拠に事の理非を問うこともなく、米国に追随するのみならず、「拉致問題」解決についても「対話と圧力」路線の米国に従い、朝鮮共和国への敵視政策をいよいよ強めている。「圧力」付きの対話は「対話」ではなく「脅迫」である。経済制裁法や万景峰《マンギョンボン》号閉め出し工作などによって在日朝鮮人たちがどんなに苦しんでいることか。

そもそも「拉致被害者家族」の支援団体は「新しい教科書を作る会」と密接なつながりを持ち、『週間金曜日』の指摘する所によれば、Sなる人物の主張は「拉致問題」を金正日体制崩壊のテコにする意図を持っており、朝鮮共和国敵視策を国内与論にする計画であるという。五人の拉致被害者は今や日本国により「逆拉致」されていることになる。彼らが第二次大戦中に日本が行なった数十万人の朝鮮民族強制連行（拉致）に一言も触れないのも共通したスタンスである。このような方向では「拉致被害者家族」の悲しみと痛みは決して癒されることはないであろう。

今、キリスト教会の進むべき所は、何はともあれ、平和と共生の道である。敵意克服のための愛の業を地道に進みつつ、「敵を愛せよ」との主イエスの戒めを具体化することである。日基教団神奈川教区社会委員会では、在日朝鮮人学校への問安を始めている。この動きはやがて朝鮮キリスト教会の問安へと進めていくべきであろう。日本のキリスト教会の戦争責任の自覚からは、世論がどう動こうとも、和解と平和の主キリストの言葉に生きることしか進むべき道は他にあろうはずはないのである。

見張りの務め

『青山学院大学同窓会基督教学会会報』七号（一九九八年九月一二日）

一九九三年、「青山学院大学同窓会基督教学会」としての新たな歩みを始めるに当たり、それまでの神学科廃科後の、いわば苦難と流浪の歩み（青山セミネックス）[1]を支えてくださった木田献一先生に代り、私が新会長に選ばれ、二期が経過いたしました。今年の春の総会において再び任期の更新を受けたことを機に、最近の所感を述べさせていただきます。

その一つは母校における神学教育の機関の再建についてであります。すでにこれまでの「会報」誌上で繰り返し要望を述べて参りましたが、青山学院は一九四三年（昭一八）に、国策による神学教育の統合のために固有の神学教育の場を失い、戦後一九四九年、文学部キリスト教学科としてその場を回復しました。その間六年の空白がありました。しかし一九七七年、大学紛争の流れの中で、神学科（旧キリスト教学科）が廃科されるに至りました。「それは青山学院みずからの手によるいわば内側からの選択であった。……しかしたとえいかなる理由があろうとも、それは所詮『人の理由』だったのであって、青山学院が神学科を失ったことを神は決して許し給わない」（気賀健生「青山学院が青山学院であるために―歴史と展望―」、『青山学院と平和へのメッセージ』、青山学院大学プロジェクト95編、三三頁）。そして廃科後、すでに二一年の空白が続いているのです。神学教育と女子教育は青山学院史の草創の二本の柱であり、その伝統の中で失ってはならないものであり、「東京神学大学に移管したことによってその伝統はその大学に生きている」（大木金次郎理事長の発言）というようなことであってはならないはずであります。

今日の歴史的・社会的な現実を省みますと、経済優先の国家政策の行き詰まり、教育の荒廃、アジア諸国に対する戦争責任問題等、青山学院が建学の精神に基づく教育によって果たすべき使命は益々緊急度を増しています。二一世紀に向かう青山学院としては、新しい教育事業の統合点として、新しい視点に立った今日の必要に応えるキリスト教教育・研究の機関が求められているのではないでしょうか。私たちは「同窓会基督教学会」の歩みを担うものとして、能う限り学院の将来のために協力を続けていきたいと思うのです。

第二はここ数年来のいわゆる「自由主義史観」の動きについてであります。二一世紀におけるグローバリゼーションの文明を予想する時、特定の民族・国家にこだわる時代ではなくなるであろうと思いつつも、日本にとっては第二次大戦の負の遺産を適切に処理することなく進むことはできないとすれば、やはり日本の過去と将来にこだわらざるを得ません。「東京裁判史観」に反対し、日本国としての誇りを回復せよという最近の風潮は、誇りを回復する筋道を全く倒錯させているとしか思えません。侵略と暴虐の事実を認めず誇りを回復するということは、またもやあの戦前の、独善的な皇国史観の焼き直しになるだけであります。誠意ある謝罪と補償の事実こそが国家の道徳性の回復の唯一の道であります。道徳性の回復をせずしては誇りも何もありません。映画『プライド』はこのような風潮の中から生まれたものですが、ただ一つ真実を告げていたことがあります。それはA級戦犯の弁護人清瀬一郎氏が東條英機に迫り、法廷での前言（天皇の意思に反して何事も決められないという）をひるがえして、天皇は開戦に反対であったがシブシブ認めたという方向に、証言のやり直しを求めました。その時、東條は絶句し、やがて絶叫します、「そこまで俺に言わせるのか」と。かくて天皇の責任は明確であるにもかかわらず、免責されてしまいました。自由主義史観の人々が、国の誇りの回復を言うならば、この天皇の戦争責任をこそ明確にすべきでありましょう。戦後文化の決定的欠陥はそこにこそ胚胎したからです。

この時に当たり、先輩、故鈴木正久牧師が日本基督教団議長として公にされた「第二次大戦下における日本基督教団の責任についての告白」（一九六七）を改めて受けとめ、歴史的使命に生きるキリスト者として、将来への「見張りの務め」に生きて参りたいと思います。学会としての歩みにも諸兄姉の御協力を切に念願いたします。

（1）米国ルーテル教会の神学校から二名の教師がその進歩的な思想の故に追放された。その二人が抵抗の意志と共に Seminary in Exile（流浪する神学校）を立ち上げた。これが米国で話題になったことを知ったT・キッチン先生の示唆で、青山の廃科後の神学科の営みを「セミネックス」と名づけた。

軍隊慰安所のマリヤ像

『神学科通信』三五号（青山学院大学「神学科」連絡事務所、一九九三年二月六日）

一九四三年一一月、日本帝国議会において大東亜会議なるものが開催され、「大東亜共同宣言」が発表された。その中にはアジア人のアジア、西欧植民地主義からの解放という、日本政府のプロパガンダに躍らされたアジアの占領地域からの代表者も参加していた。この「宣言」の日本基督教団版と言えるものが、「日本基督教団より大東亜共栄圏に在る基督教徒に送る書簡」①（一九四四年復活節公布）である。それより前、教団はアジアの各占領地域、特にキリスト教の影響の著しい地域、フィリピン、インドネシア、シンガポールなどに特別宣教師を軍の要請により派遣していた。「大東亜戦争」の「聖戦」なる所以を現地のキリスト教徒に吹聴し、侵略戦争の正当化に努めたのである。派遣された日本人牧師たちは佐官待遇で高給を得ていたと言われる。この活動の実態について本格的な研究が早急になされるべきであろう。

ここで述べたいことはフィリピンのマニラ郊外に居住したH牧師の証言についてである。彼は関西学院神学部出身で、筆者の父の友人であり米国に留学して英語を能くすることから指名されたらしい。その町にはいわゆる軍隊慰安所があった。数十名のフィリピン女性たちが働かされていた。接客を仕事としない女性たちもいたようである。接客婦にしても、もちろん軍の脅迫によって連行されたのは言うまでもない。

しばらくしてその町のカトリック教会の神父が軍の代表に会いたいと申し込んできた。H牧師は当然通訳として立ち合った。その神父はある要求のために来たのだが、その要求の内容は、次のようなことであった。自分の教会堂に安置してあったマリヤ像が突然なくなった。探した結果それは日本軍の慰安所の中に置かれていることが分かった。自分たちの教会の財産であり礼拝にも差し支えるから、とりもどしてもらいたい、ということであった。もちろん神父は慰安婦たちに何度も返却するようにかけ合ったが、埒《らち》があかなくて、直接軍の本部に善処方を要求しに来たというのである。そこで協議に入った時、H牧師は提案した、慰安所内のマリヤ像はそのままにして、教会に別に新規にマリヤ像を寄進せよと。そのような提案をした理由はH牧師によると、軍隊慰安婦とされた女性たちはそれが日本軍の強制であり不可抗力であったとはいえ、家族、友人たちからうとまれ、社会的に葬られてしまうような扱いを受けるに至る。もちろん教会にさえも行けなくなったであろう。しかし彼女たちこそ教会から慰めを受けるべき者たちではなかったか、彼女たちは呻きと嗚咽の中で決意したに違いない。自分たちは教会に行けなくても、マリヤ様なら私たちの所へ来てくださると。そして彼女たちは教会堂からマリヤ像を盗み出し慰安所に運び込んだわけである。彼女たちは朝に夕に自分たちの嘆きの祈りをマリヤに向けて捧げていたに違いない。

筆者はこの話を聞いた時、モーパッサンの「脂肪の塊」を思い起こした。戦火を逃れて国境の町にさしかかった馬車の一行がドイツ兵につかまった。乗客の中にいた男相手の商売の女がドイツ兵の要求を、同乗の乗客の懇願によって引き受け、体をまかせた。やがて女が帰って来て馬車は出発したが、命を助けてもらった乗客の誰ひとり（修道女も含めて）彼女に挨拶する者もなく、冷たい空気の中で彼女は涙をこらえていた、という作品である。

H牧師の提案はこの状況の中で牧師ができる最大限のことだったかもしれない。慰安婦とされた女たちにとってマリヤ像の存在は大きな慰めであり、教会の要求に逆らってしがみついてでも守りたい像であったであろう。しかし我々はこれらのことを一種の信仰美談として捉えて終わることはできない。彼女たちの涙の祈りを聞いた神の母マリヤは、そのまなざしをしっかりと日本に向けているからである。毎年のクリスマスに歌われるマリヤの讃歌は彼女たちの歌であり、アジア全域にある軍隊慰安婦にされた女たちの歌ではなかろうか。「わたしの魂は主をあがめ、……神をたたえます。……主はみ腕をもって力をふるい、心の思いのおごり高ぶる者を追い散らし……その僕イスラエル（フィリッピン）をお助け下さいました……」。

次代天皇の婚約者決定に、マスコミが力を尽くして天皇制への新たな組み込みキャンペーンを進めているこの時、我々はどこに立ち誰と手を組んでマリヤの讃歌を歌うのであろうか。

ガリラヤとエルサレム
――場所の神学の可能性

『神学科通信』三三号（青山学院大学「神学科」連絡事務所、一九九二年二月二七日）

「イエスはあなたがたより先にガリラヤに行かれる。そこでお会いできるであろう」
（マルコ一六・七）

「エルサレムから離れないで、かねてわたしから聞いていた父の約束を待っているがよい」
（使徒一・四）

「ガリラヤとエルサレム」というテーマは一九三六年、E・ローマイヤーによって提起された、福音書の伝承形成の「座」をめぐる仮説であって、原始キリスト教史研究に新しい光を投じたことはよく知られている。ガリラヤ伝承はマルコに、エルサレム伝承はルカに大きく影響を及ぼしていることは冒頭の聖句からも明らかである。

しかしここではむしろそのような伝承の牧会神学的意義について考えてみたいと思うのである。右の二つの伝承は歴史的に相矛盾する内容を伝えている。即ちマルコは復活のイエスとの弟子たちの出会いをガリラヤにおいて見る。しかしルカはそれをエルサレムにおいて起こったことだと前提しているからである。前者は復活の主との出会いを約束し、後者は聖霊降臨を約束している。両者が時間的位相を異にしながらも、共に約束を示していることは興味深いことであろう。

ところで、マルコにとってガリラヤとはイエスの宣教の出発点であり、弟子たちにとってはイエスへの服従の出発点であるが、しかしそこはまた「異邦人のガリラヤ」（マタイ四・一五）と称され、「ガリラヤから予言者が出るものではない」（ヨハネ七・五二）とされていた、いわば地理的にも精神的にも「辺境」であった「場所」である。そのような見方はルカにも影響を与えていたかもしれない（使徒一・一一や二・七参照）。「ユダヤで土地を失った農民たちがガリラヤで漁夫等の職を求めたことも考えられ」、そのような事情から「ガリラヤから『盗賊』あるいは『ゼーロータイ』の先駆者が排出した」かもしれない（荒井献「イエスとその時代」四四頁）とすれば、マルコの言う、ガリラヤで復活の主が弟子たちを待っているということは、意義深い逆説を提示していることになる。復活の主に会うことを望むならば、「辺境」ガリラヤに行け、というメッセージなのである。復活の主との出会いは、「盗賊」とか「ゼーロータイ」と言われた人々を含む民衆の地、「ガリラヤ」なる「場所」を条件とする、というのである。今日の教会は復活の主をどこに求めているのであろうか。

他方ルカによれば聖霊降臨は「エルサレムから離れない」ことが前提されている。しかしエルサレムに留まることはイエスに関わりのあった者にとってどんなに危険なことであったか。「ユダヤ人をおそれて……戸をしめている」（ヨハネ二〇・一九）状況にあったともいわれる。エルサレムはユダヤの中心ではあるが、弟子やイエスの家族にとってそこに留まることは恐怖と不安の唯中にあることである。しかもなお注目すべきは彼らが「心を合わせて、ひたすら祈りをしていた」（使徒一・一四）ことである。イエスの家族にとっては愛するイエスを見捨てて逃げた弟子たちである。弟子にとってはどの面《つら》下げてイエスの家族の前に出られたのか。そこには深い赦しと悔い改めがあったはずである。そのようにいわば「何もない者たち」として彼らは、ただ約束を信頼してここに留まった。そこは彼らにとって決して居心地のよい所ではない。だからこそそこに留まることによって聖霊の力を受ける外なかったのである。別の見方をすれば彼らはこの都市エルサレムにあって、差別と偏見の標的とされていたということではないか。しかも約束に与るためにはこの「場所」に留まるしかなかったのである。今日の教会にとって聖霊を待つ「場所」はどこであろうか。

今日の福音理解、宣教理解にとって改めて「場所」が問題になる。「場所」を欠くなら福音も宣教も現実性を持たない。最近の注目すべき神学的労作、『荊冠の神学』（栗林輝夫著）によって示唆されたのは、神学における「場所」（トポス）のモティーフである。この神学が構造主義への関心を示すのも理由のある所である。「ガリラヤ」にしても「エルサレム」にしても、教会が教会としてその「場所」に実存する時にこそ、福音の歴史における「受肉」も徹底させられるのではなかろうか。

無用の用

パウロはこのテモテを連れて行きたかったので、その地方にいるユダヤ人の手前、まず彼に割礼を受けさせた。（使徒行伝一六・三）

『神学科通信』三二号（青山学院大学「神学科」連絡事務所、一九九一年三月一日）

どんな事情があったにしても、「ユダヤ人の手前」（原語は dia という前置詞、ある英訳聖書は because of と訳出している）、テモテに割礼を受けさせた、ということはパウロの「信仰義認」の原則から見れば、大きな後退と見るべきではないか。「その地方」のルステラ、デルベ、イコニオム、アンテオケではパウロはユダヤ人の妨害、反抗に出合っている（一四章）。テモテはギリシャ人を父とする半ユダヤ人であるから、割礼を受けさせユダヤ人化した方が抵抗が少ないだろうという実際的な配慮からであろうか。ある注解者はこれはパウロの「信仰義認」の立場からは認められないことだから事実ではなかったとまで言う。しかし私はこの記事をあるがままに受けとりたい。その上で、パウロの行為は後退でも妥協でもなく、それは彼のユーモアの行為であったと見たい。パウロは第二伝道旅行を始める時、マルコの処遇をめぐってバルナバと激しく対立した（一五・三九）。第一伝道旅行の時、途中から「働きを共にしなかった」マルコを同伴することにパウロは大反対であった。しかし未熟なマルコの成長を期待するバルナバ（「慰めの子」）はマルコをかばった。パウロにとってそれはいとこの甘やかしにすぎなかった。こうしてパウロは自分の恩人（一一・二五―六）バルナバと激突し、大切な同僚を失なってしまった。

このように原則に固執するパウロがテモテに割礼を受けさせるというのは、何とも矛盾する行為である。そこには何があったのか。この辺りを「信仰の類比」によって想像・潤色するのは説教者の特権である。パウロはバルナバとマルコを失なったことで、深い反省に導かれたのではなかったか。原則論の形式的主張は律法となって人を斬ってしまうことになる。人間のための原則であって、原則のための人間ではないはずである（マルコ二・二七）。パウロはバルナバとの分離という痛ましい経験を通して福音の深みを反って学んだのではなかったか。信仰義認の原則からすれば、割礼は全く「無用」である。テモテが半ユダヤ人であれ、ユダヤ人であれ、割礼は「無用」である。しかし敢えて割礼を受けさせたのは「無用の用」の故である。それはもはやユーモアという他ない。これを「原則違反」とか「妥協」と決めつけるには及ばない。テモテを失いたくないパウロは原則を超えることで原則を生かそうとしたのである。

原則の形式的完全実行は原則の意味を裏切ることになる。完全主義というものはサタンの言葉ではあるまいか。小田垣雅也氏の「二重性の神学」の言葉を借りれば、完全は不完全との緊張の間にある。「わたしたちの現実はいつも完全、不完全の入り混じった曖昧さである。それが人生の真実だ」（『神学散歩』一一一頁）。パウロも「すでに完全な者になっているとか言うのではなく、ただ捕えようとして追い求めているのである。……だから全き人たちはそのように考えるべきである」（ピリピ三・一二―一五）と言い得た。不完全の自覚から完全へと向かう志向性そのものが、完全（キリスト）によって捉えられているしるしである。

ある仏寺の僧は修行者に庭の清掃を命じた。修行者は白砂にちり一つないまでに清掃したが僧はそれも不満とした。修行者は考えて傍らの木の枝を打ち紅葉の二、三枚を散らした所、僧の満足を得たという話も、完全主義の無意味さを象徴しているようである。かつてテレビでたまたま歌手の水前寺清子の後援会の人々が彼女を応援する歌を歌っていたのを見たことがある。ほとんど忘れてしまったが、「チータは二番手、夢がある」という句が心に残った。たしかに彼女は美空ひばりとか島倉千代子に比すれば「二番手」である。しかしそこに「夢がある」という認識は貴重なものではなかろうか。

この原稿を書いている最中に、中東が戦火に包まれてしまった。正義を主張する二つの力が激突している。片や「世界の保安官」を自認する国が自らを道徳的指導者と規定し、他方はイスラムの聖戦遂行を呼びかける。日本政府は「保安官」の要請のままに九〇億ドルの提供と自衛隊機の派遣を約束して、それを平和への「貢献」であると説明する。我々はこの戦争当事者が自らを絶対化する限り彼らに真理はないことを知る。平和への責任ある関わりを我々がとるとするなら（それは現実に外交的に要請されているはずである）、両者の非絶対化に貢献する道であろう。人間とはおよそ絶対とか完全とかを口にするや否や堕落が始まる者なのである。「秋。本当のことをいった後の、さびしき」（大橋弘詩集『独り』より）という感性を大事にしたいものである。パウロがテモテに行なったユーモアとしての割礼の行為の中に、人間らしい息づかいの世界があるのではなかろうか。

石が叫ぶ

『神学科通信』三一号（青山学院大学「神学科」連絡事務所、一九九〇年三月一日）

「あなたがたに言うが、もしこの人たちが黙れば、石が叫ぶであろう。」（ルカ一九・四〇）

二十一世紀に向けての最後の一九九〇年代が始まった。昨年に起こったポーランド民主化に端を発した東欧の流動化は、東西ベルリンの「壁」を崩し、マルタ島における米ソ首脳会談は、第二次大戦後の東西冷戦の終結を告げるに至った。これら一連の出来事を通して知らされたことは、世界はもはやいかなるイデオロギーによっても支配することはできないということではなかろうか。大事なことは人間の、人間としての存在が保証されるということに尽きる。南北問題も含めて今や改めて「人間と自然」が人類のテーマとなったと言ってよいであろう。すべての人間が自然と共に平和共生できるということが一切の基準なのである。これを社会主義の敗北と資本主義の勝利というようなレベルで見ることは誤りであろう。資本主義社会で、果たしてどれだけ自然と人間が認められているというのか。

主イエスは「平和をもたらす道」（一九・四二）を示すため、「馬」（戦争の象徴）ではなく「ろば」（平和の象徴）を選んで、その上に乗ってエルサレムに入った。これは福音書記者たちによってゼカリヤ書九・九のメシヤ予言の成就とされた出来事であった。またルカだけが言及する「オリーブ山」

（一九・三七）も「主の日」にメシヤの立つべき所としてゼカリヤ書一四・四に予言されている。このメシヤ・イエスを喜び迎え、「大ぜいの弟子たち」がさんびした「すべての力あるみわざ」とは、ルカ四・一八―二一に始まるイエスの宣教の業のすべてを指す。それは「貧しい人々」「囚人」「盲人」「打ちひしがれている者」たちに「主のめぐみの年」（ヨベル――レビ二五・一〇）を告げ知らせる、解放の御業であった。今、この解放の主がエルサレムに入ろうとする時、パリサイ人たちが「先生、あなたの弟子たちをおしかり下さい」とイエスにその鎮静を迫った。その理由は言うまでもなく、イエスの運動への反感とローマ帝国を刺戟することへの恐れからである。しかしイエスはハバクク書二・一一に由来することわざを用いて答えた、「もしこの人たちが黙れば、石が叫ぶであろう」と。この言葉はイエスが解放を求めている人々の側に立っていること、そして彼らの叫びの必然性を認めていることを示す。

「神のおとずれの時」（一九・四四）は人間を救い解放するために、罪と悪の権力が打ち砕かれる時である。その「時」はメシヤと共に、しかも苦しむ民衆の叫びを叫ばしめるメシヤと共におとずれる。この叫びを押えつけることは誰もできない。それは神の必然だからである。それは「石」をも叫ばしめずには置かない。

ＮＨＫ市民大学で「田中正造」が取り上げられている（一月～三月）。田中は日本における環境破壊問題に対する「石の叫び」の第一号である。早稲田大学由井正臣教授によって多くを教えられた。田中は足尾銅山の操業停止、鉱毒被害救済を叫び続け、谷中村農民と運命を共にし、すべてを失ない、七三歳で没した。彼の戦いの標語は「天理の貫徹、人道の貫徹」であり、神の必然に基づく戦いであった。そこに彼の強みがあった。洗礼を渇望する絶筆を残して死んだ田中の遺品は一つの頭陀袋のみであった。その中には日記三冊、水利関係報告書一冊、帝国憲法とマタイ伝の合冊一つ、そして新約全書一冊であり、それに石ころ数個であった。

なぜ「石ころ」が遺品の中に加えられたのか、が初めて分かった。彼は日記に書いている。「思うに、予正造が道路に小石を拾うは、美なる小石の人に蹴られ、車に砕かるるを忍びざればなり。海岸に小石の美なるを拾うは、まさに自然の成功をたのしみてなり。……只人は見て拾わず、我は拾うのみ、衆人の中には見もせず踏蹴りて行く者多し。今の眼中人民も同胞も兄弟もなきもの、いかで泥土まみれたる小石を顧みるなきは不善者の常とす。汝の身心玉にあらずして玉を愛すべからず。況んや磈々たる石塊のうちに玉ありと思はざればなり。ばく然天下を見る、砂土泥土を以てするのみ」。由井教授によれば「人に蹴られ、車に砕かるる」小石に、銅山の毒土に生活を奪われ、広く「文明」の犠牲にされる人民の姿を田中は洞察したのである。筆者はこの事実から思わされる、田中正造はあの「石叫ぶべし」との主イエスの言葉を胸中深く抱いていたのではないか、と。そして田中正造自身、遂に叫ぶ「石ころ」となったのではないか、と。

本島等長崎市長銃撃に象徴される日本社会の中で、「ほむべきかな、主の名によって来る王」と我々はどこまで叫び続けることができるであろうか。

小さいひとりから始める
――今日における宣教の課題

『神学科通信』三〇号（青山学院大学「神学科」連絡事務所、一九八九年三月一日）

「これらの小さな者を一人でも軽んじないように気をつけなさい。言っておくが、彼らの天使たちは天でいつもわたしの天の父の御顔を仰いでいるのである。」（マタイ一八・一〇、新共同訳）

Ｅ・シュヴァイツアーによれば、「天にいる個人的な守護天使は、比較的おそい時期のユダヤ教文書（ギリシャ語バルク黙示録一二―一三、パウロの黙示録）で始めて出る。つまり、この考えが決して自明のものではなかった。まさにそれゆえに、マタイが、すでに上なる天にあって神の顔を見るという、ほかのところでは最高位の天使たちにしか帰属していない特権を現に与えられている天使たちを、人々によって軽蔑され、見過ごされやすい小さい人たちのための天使としている点は、二重に意義深い。……小さい人々は、神の世界統治全体が彼らに照準を合わせるほど、彼らの困窮が見られ、彼らの願いが聞かれるほど、それほどにまで重要なのである」（ＮＴＤ、五〇一頁）。

戦後民主主義の空洞化が語られ始めてからすでにかなりの時が経った。天皇の病気を契機に噴出したムードや税制改革の経過を見ても、一体戦後は何であったのかと改めて問わざるを得ない状況である。「特級戦犯」たる大日本帝国陸海軍の大元師を「免責」してしまった我々のツケが今廻って来ている。いよいよ日本の教会の戦後責任が問われる時が来た。この大きな無気味な流れの唯中にあってキリスト教会は今何を足がかりに「今日の使信」を語ることができるのであろうか。そもそも宣べ伝えるべき御言とは今何であるのか。まるで「目標のはっきりしないような走り方」や「空を打つような拳闘」（Iコリント九―二六）をしていると思うのは筆者のみではないであろう。

この圧倒的な多数の力の支配に対して抗し得る足場は、冒頭の聖句ではなかろうか。日本社会において今「軽蔑され、見過ごされやすい小さい人たち」と共に生きることを決断する時、教会は語るべき御言を与えられ、立ち上る足場を回復するのではなかろうか。この主イエスの御言に従う時、次のようなことが示されるであろう。まず第一にこの「小さい人たち」のひとりとの出会いの中で、牧会者自身の自己変革が遂げられるということである。筆者自身、ひとりの在日韓国人婦人の差別の悲しみに伴なったという小さな経験の中で聞いた御言が、どんなに確かさを与え、視野を広げ、自由にしてくれたことか。第二に、周辺化された、具体的個人の中に日本社会の現実と真実が顕現しているということである。人々の注目を浴びる社会の中央部は、今は人間的には空洞化してしまっている。「見過ごされやすい」このひとりとの出会いの中で、豊かな生活の中心部にいては分からない事実がはっきり分かってくる。福音的に考えれば、今は「周辺」こそが「中心」であるということである。見方を変えて言えば、このひとりという「特殊」にこだわることの中からこそ、日本社会についての「普遍」的認識が与えられるということである。第三に、神の愛はまことにかたより見たもうことなき、「遍愛」であるからこそ、構造的には「小さい人たち」への「偏愛」となって現われるということである。これをしばしば「逆差別である」として封じようとする人々があるが、その人々は、今誰と共にあるのかを自己吟味する必要があるであろう。この支配・被支配が構造化された社会の中で、いわゆる「中立的愛」や満遍なき無時間的「遍愛」なるものは存在しない。「ヤスクニの鬼」と言われる戸村政博牧師が提唱しておられる「政治的牧会」（『この囲いの外の羊をも』八一頁）なるものは、別言すればこの神の「偏愛」に従う「構造的牧会」でもあろう。ひとりの「小さい人」の負わされている重荷を分かち合う営みを続けるならば、この政治的・社会的構造悪につき当たらざるを得ないからである。第四に、このように見るならば、これら「小さい人たち」こそが、日本の文化の質を明らかにし、かつその革新に向けての課題を果たす人たちであるということである。「彼らの天使たち」は彼らへの愛と祝福を求めて「父の御顔を仰いでいる」だけではない。彼らに対する特別な選びと委託を取り次ぐためにも「父の御顔を仰いでいる」のではなかろうか。韓国教会の「民衆神学」をめぐって、日本には民衆が存在するのかどうかという議論を聞かされるが、的外れな議論であるように思われる。いわゆる「民主化」された韓国社会の中で、「民衆神学者」のとまどいを耳にするが、他山の石としつつ、我々の視点の確立を急ぐ必要がある。階層的あるいは階級的集団の視点だけでははっきり限界がある。

この「小さい人たち」のひとりこそ、歴史形成の主体である。彼らと共に歩む中で、多数の側、「大きい人たち」の側の体質が新しく変えられていく。それ故、冒頭の句に続く「九十九匹と一匹」の羊のたとえ（一八・一二―一四）の中で、羊飼いは「一匹」を優先するのである。それは九十九匹はどうでもいいというのではなく、真の意味で、九十九匹もまたその一匹を喜ぶようになるためである。

ルターは一五二一年四月一七日未明、ヴォルムスで瀕死の状態のひとりの騎士の病床の傍らに立ち、彼の告白を聞き聖礼典を執行した後、あの歴史的な国会審問に臨んだのである。ヨーロッパ中世の全体制に抵抗する証言の後、彼は再びこのひとりの病人を訪問してこの町を去っている。福音の真理に基づく歴史的な闘いが、ひとりの人間の牧会の文脈においてなされたことの意義は大きい（J・T・マクニール『キリスト教牧会の歴史』一九一頁）。真に根づいた信仰に基づく抵抗はこのようにひとりののっぴきならぬ痛みに参与する所に始まるのではなかろうか。それ故宣教とはまた牧会そのものであると言えるのである。

第Ⅲ部　説教者として生きる

説教とわたし
――個人史的回想

第三回神学生交流プログラム（二〇一二年三月二七日／イエズス会日本殉教者修道院）

はじめに――加藤常昭先生に代わって

昨日、戒能信生先生からお電話があり、講師の加藤常昭先生の奥様が緊急入院ということで、講師として参加できないとの連絡が入りました。しかしこの企画は中止するわけにはいかないので、「校長」役であったわたしが講師の役を担当してほしいという話になりました。わたしはびっくり仰天したのですが、これはやむを得ないと思いましたし、わたしなりにいくつかの神学校で説教学を担当したこともありますので、お引き受けすることにいたしました。わたしは加藤先生の代役が務まるような「器」では到底ありませんが、先生の奥様のご回復を祈りつつ、代役をさせていただきます。

もう一つ申し上げたいことは、いわゆる説教学は、もう既に皆さんがそれぞれの神学校で受講しておられるので、今更それを繰り返すつもりはありません。ただ、わたしも五十数年説教者として生きてまいりましたので、その間貧しいながらも、説教者としてどのように育まれてきたか、その過程でどのような暗中模索、試行錯誤をしてきたか、いわば個人史をお話しすることで、その特殊なケースを参考にしていただき、では自分はこれからどうするか、ということを考える材料にしていただければと願っております。そういうことで、このような題をつけました。

御言葉との出会いに至るまで

わたしは牧師の息子として生まれました（一九二八年）。八歳の時、母と死別し、それをきっかけに父から洗礼を受けました。十五年戦争の最中で日本のキリスト教会は受難期でした。小学校五年の頃、近くの神社で数人の少年たちから（その神社の宮司の子も含めて）「お前はアメリカのスパイの子だ」ということで暴行を受けました。それ以来わたしは、牧師の子に生まれたことを恨みつつ、日本という国でクリスチャンであることは怖いことだと思うようになり、自分はどう生きたらよいのかに悩み始めました。既に自己同一性の危機を意識させられました。

「軍国少年」として――体制への逃避

父親のすすめもあって、関西学院中学部に入りましたが、その年（一九四一年）の一二月八日が太平洋戦争開戦でした。ミッションスクールとはいえ、むしろそれゆえに軍事教練を厳しくし、当時の日本政府の方針に迎合せざるを得ない状況でした。わたしは普通の日本人よりも、もっと日本人的に生きることによって「牧師の子」という「汚名」から免れようと思い、ひたすら軍事教練に励み、クラブは剣道部に入り「軍国少年」としての道を歩んだのです。配属将校から陸軍士官学校に推薦すると言われ得意になっていたのでした。やがて始まる学徒動員の現場は陸軍の薬品製造工場であり、そこでも班長として、同級生にハッパをかける立場になりました。

今考えるとこういう動きは、自分の「汚名」から逃れるための「体制への逃避」であったと思います。そして敗戦を迎えました。学校が再開され、教会はキリスト教ブームで人が溢れました。学友は何も言いませんが、わたしは立場の急変についていけず、一時不登校になり、闇市を放浪しました。ある日、共産党の徳田球一や志賀義雄がトラックで乗りつけ、今次大戦の過ちと天皇の戦争責任追及の演説をしました。獄中十八年という苦節を耐えてきた彼らの言葉は、胸に響きました。わたしは受洗していなかったら、あの時入党していたのかもしれません。

敗戦による挫折と聖書との出会い

気を取り直して学校の授業に出たものの、何のための勉強なのか、その意味がつかめません。英語の教師で、矢内正一という人がいました。戦中は教頭として、予科練や戦車兵への入隊をすすめた人です。わたしは、この教師に敗戦のことをめぐり「先生は今、何を信じて生きているのですか」と手紙を書いたのです。いつもはすぐ返事をくれる先生が、なかなか返事もなく、数週間後の英語のクラスの時に「このクラスの某生徒から、かくかくしかじかの手紙をもらったが、まだ返事を出せずにいる。それはわたし自身、日本の勝利を信じ、祈っていたからで、わたしも迷い続けている」と語ったのです。その言葉に、わたしは矢内先生へのわだかまりが解けていくのを感じました。先生もわたしと同じく、悩んでいたのだと思ったからです。しかしその後「でも君たちよりは少し長く生きた者として言うことがあるとすれば、新約聖書のイエスの言葉に『蔽《おほ》はれたるものに露《あらは》れぬはなく、隠れたるものに知られぬは無ければなり』（文語訳聖書・マタイ一〇・二六）という一節がある。本当のことは今は隠されて分からなくても、やがて必ず明らかになるのだ。そのことを信じて、今は勉強を続けようではないか」と言われたのです。この言葉と出会って、わたしはわたしなりに戦後を生きていこうという思いになりました。

他方、教会は人で溢れていますが、わたしの父は、食糧不足のための栄養失調と肺結核から、その頃は床に就いていました。礼拝は関西学院大学神学部卒の友人牧師たちが交代で守ってくれていましたが、わたしは戦中の貧しさの中で必死に父が守ってきた教会を思うにつけ、この「繁盛ぶり」についていけず、礼拝出席を拒否し続けました。

見るに見かねたある友人が、別の教会に行ってみたらと紹介してくれたのが、京都に近いある町のホーリネス派の教会でした。十数人の信徒が座ぶとんに座しての礼拝でした。座ぶとんの四隅は破れ、綿がはみ出ているような貧しい教会の牧師はホーリネス弾圧の入獄を経験した人で、「どんなに時代が変わっても変わらない真理は聖書にこそある」と叫ぶ声が心に残りました。

帰宅して、床に就いている父に、初めて向かい合って「聖書のどこを読んだら、時代が変わっても変わらない真理が分かるのか」と問いました。父は半身起き上がり、詩篇第五一篇を一緒に読んで、ダビデの罪と悔い改めの物語を語ってくれたのです。「ああ神よわがために清き心をつくり、わが衷になほき霊を新たにおこしたまへ」（文語訳聖書　詩篇五一・一〇）との言葉は、わたしの祈りのように響いてきました。敗戦の価値の転換の中で、何もかも失ってしまったわたしの心に「なほき霊を新たにおこしたまへ」とは、わたしの祈りに他なりません。さらに「なんぢは祭物《そなへもの》をこのみたまはず……神のもとめたまふ祭物は砕けたる魂なり、神よ、なんぢは砕けたる悔いし心をかろしめたまふまじ」（文語訳聖書　詩篇五一・一六―一七）と読んだところで、わたしはズタズタに破れた、今までの自分を悔いる心をこそ、神は軽しめることなく喜び迎えられるという言葉に打たれ、初めて涙したのでした。ここにわたしの新しい生の始まりがあり、今でもこの言葉を読む毎に心が熱くなります。この「聖書との出会い」の故に、わたしの人生は罪のゆるしと反戦平和という、二つの柱に支えられて来ているのです。

「開拓伝道」という旅の中で

浅野順一先生との出会い――言葉と人格

青山学院大学神学科を卒業したわたしは、青山学院教会に伝道師として迎えられましたが、一年で辞任し、浅野順一先生（当時、神学科の旧約学の教授であり、日本基督教団美竹教会の牧師であった）に求められて、川崎市桜本の開拓伝道に協力することになりました。先生は戦後、美竹教会設立二五周年の記念にと、農村伝道と労働者伝道を志向され、牛久と桜本での開拓を決意されました。特に桜本の伝道開拓にあたっては、月曜会で親交の厚かった鈴木正久牧師の助言を受けられたようです。美竹教会の長老会は、先生の健康への配慮から、毎週日曜日夜の桜本伝道に強く反対していましたが、先生の志は変わることなく、どんなに疲れていても、必ず桜本の集会を指導され続けたのです。

一九五五年春に始まった桜本伝道は、近くの町内会館を借りて行なわれました。最初の頃は、著名な先生が桜本に来られるというので一五、六名の出席がありましたが、だんだん少なくなり、鈴木正久牧師による月二回の日本鋼管の職場聖研のメンバーたちと、地元の婦人たちの数名が常連になりました。わたしは神学科の友人たちと、午後三時から教会学校を行い、夜の集会に備えるという形が続きました。ある夜は大雪となり、集会は地元の二名だけの出席となった時も、浅野先生は淡々と説教をされ、その後は石炭ストーブを囲んでにこやかな歓談を続けられました。いよいよ帰路につかれる先生を送ってバス停まで来た時「今夜は少なかったが、天地が裂けても礼拝は続けようね」と言われたのです。随分大げさなことを先生は言うな、とその時は思いましたが、長老会の反対を押し切って集会を続けられる先生の激しい気迫を感じました。そして、礼拝という営みは、本当にそのような意味を持つものなのだと、ずっと後になって悟らされたことでした。

浅野先生は、人間的には決して人格円満ではなく、むしろ欠点の多い人でした。そのために、何人もの信徒を傷つけたことさえある人です。しかし先生は、恩師森明牧師が先生の母上に言われた「順一は場合によっては世間に害毒を流す人間になりかねない」との言葉を生涯心に刻んで生きた人です。そのことをわたしたち教え子は、何度か先生から聞かされたことがあります。京都大学から『イスラエル預言者の神学』という大著の故に文学博士号を得られた時も、喜んではいたものの「あれは牧師の学問で限界だらけだ」と「自嘲的」にさえつぶやかれたことを忘れられません。自らの欠点、罪深さ、限界を飾ることなくあるがままに生き、受難週の「ああ主はたがため世に降りてかくまでなやみを受けたまえる」の讃美歌を、涙しつつ歌われている姿を身近に見ている者としては、そこにこそ、浅野順一を憐れみをもって用いたもう主の真実を見ざるを得ませんでした。そしてそれこそが、わたしにとっての、浅野順一の意味だったのです。そこにこそ、浅野順一という人格に「受肉」している神の言葉を見たのでした。先生の生涯はキリストの真実に、真実に応え続けようとするものであったと思います。そこに神の言葉が必要とする人格があったのだと思います。

李仁夏牧師との出会い――日本人へのラブコール

一九五七年、桜本伝道所として出発した礼拝堂に、わたしは住み込みました。歩いて五分ほどのところに、在日大韓基督教会川崎教会があり、裵琪煥《ペキファン》牧師が浅野先生の教え子であったこともあって、合同クリスマス礼拝などをするにいたりました。一九五九年に李仁夏《イインハ》牧師が赴任して来られ、挨拶かたがた依頼に来られました。その依頼とは、長男を桜本小学校に入れるに当たって、校長に「日本人の保証人を立てろ」と言われたので、保証人になってほしいとのことでした。これが旧植民地（朝鮮半島）出身者に対する、当時の学校長の意識なのでした。この地域は約四〇〇〇人からの在日韓国・朝鮮人が居住する所です。わたしは驚きましたが、ともあれ、保証人になりました。長女を保育園に入れる時も同様の経験をした李牧師は深く傷ついたのですが、これが彼の川崎での伝道の原点になりました。彼は教会堂を用いて保育園を造り、韓国人同胞の児童を預り、希望してくる日本人の子どもも受け入れ「あなたの隣人を愛しなさい」と共に民族名を名乗るという原則で、保育活動を始めたのです。

それ以来、四九年に及ぶ李牧師との協働での宣教活動、人権確立をめぐる諸運動、日立就職差別裁判、川崎信用金庫融資差別反対、川崎市教育委員会との交渉、指紋押捺拒否運動等々の経験は、わたしの福音理解、教会観、牧会観に大きな影響を与えることになりました。

李仁夏牧師の中にもわたしは「言葉と人格」をめぐる貴重な事例を何度も見ることになりました。彼と一緒に食事をする時など、彼はメニューを見ながら品目を選ぶのに、いつもかなり時間をかけるのです。その背後にあるのは旧植民地時代の貧しく乏しかった食生活の経験があり、食べることについての特別のこだわりをわたしは見てとりました。朝鮮総督府により、キリスト者の校長が運営する中学を廃校にされ、来日して京都の仏教系の中学に転入し、和田正という日本人キリスト者と出会い、それがキリスト者としての生涯の出発であったことは、いつも彼が語ったことです。そこにはキリスト教信仰を生きた人格が、大戦中のあの民族差別が当然であった日本社会の中で、民族の相違を越え伝達されたということの意義の深さを思うべきでありましょう。そして、それはまた李牧師に「受肉」した神の言葉の事実が、様々な民族差別の構造の中で解放のメッセージとして発信される源となったのです。

川崎市の公立校で頻発する民族差別による「いじめ」をめぐって、李牧師を中心に教育委員会との話し合いが行なわれました。抑え難い悲しみと怒りに激昂しがちな若者たちを鎮めながら「人間にとって教育は恩恵として与えられるべきものでなく、権利として本来持っているものである」と穏やかに説得される李牧師の姿勢に、教育委員会の固い姿勢が変えられ、後日、児童施設「ふれあい館」建設にあたっては最も強力な支援者になっていったのです。日立就職差別裁判、指紋押捺拒否運動の中で、李牧師の綿密な配慮によって、日本社会の様々な差別に苦しむ在日同胞のどれほど多くの青年たちが、本名への転換をして在日として生きる主体性を取り戻したことでしょうか。

そのような経過の中で、いつも李牧師が目指したことは、在日の人権確保を決して小さい民族主義の主張とせず、日本人との共生を願い、より良き国際関係に生きる日本、開かれた日本になってほしいとの「日本人へのラブコール」であったことを、わたしは感謝と共に思い起こしています。

戦責告白との出会い――教団への愛

わたしは日本基督教団に属する一伝道者であるにもかかわらず、教団というものに漠然とした意識しか持っていなかったのですが、一九六七年の「戦責告白」に出会った時、初めてアジア・太平洋戦争中に犯した教会としての罪を自覚させられ、かつて宗教団体法（一九三九年）の圧力の下で合同させられて成立した（一九四一年）教団の本質に気付かされました。そして、教会とは何であるのか、特に、国家と教会の関係はどうあるべきなのかなどの問題意識を触発され、それがわたしの神学的関心の中心になっていきました。それには、それまでの李牧師をはじめ、在日韓国・朝鮮人との交流の中で経験した民族差別の現実によって拍車をかけられたことも事実です。絶対主義的天皇制下の日本社会の中で、イエス・キリストの主権の告白をしつつも天皇の「神聖性」の国家権力に屈してきた教団の歴史を回顧する時、内容的に不充分ではあるとはいえ、教団の悔い改めの告白としての「戦責告白」なくして、教団の戦後の存立と活動はあり得なかったと思います。教団がなお合同教会としての歩みを続けるのであれば、この「戦責告白」は最小限の条件とも言うべきものです。従って「信仰告白」にも何にも先立って「戦責告白」をなすことが、日本に遣わされているキリストの教会の責任であり、一致点であるべきと思います。

それと共にこの「戦責告白」を公にした当時の教団議長、鈴木正久牧師において、わたしの課題である「言葉と人格」の問題の一つの典型を見るのです。鈴木牧師に初めて会ったのは、わたしが一年だけ務めた青山学院教会の伝道集会でありました。青山学院教会という、学校体制に依存する学院教会の体質の問題に悩み始めた頃、鈴木牧師が伝道集会に来られたのです。集会の後、しばらくわたしの悩みを打ち明けた時、「人間にこき使われる牧師になるなよ」とだけ言って、さっと出て行かれた鈴木牧師の言葉が心に残りました。浅野牧師の開拓伝道に参加するようになった契機の一つでもありました。桜本の開拓伝道の中で、鈴木牧師が月二回行なわれる日本鋼管の職場聖研に参加させていただくことが、わたしの大きな喜びになりました。鈴木牧師の「歯に衣着せぬ」直言的スタイルの聖書講話は常に福音の本質を突く、激しくも慰めに満ちた話でした。一年間のドイツ留学を終えて帰国された先生が、若い牧師の集まりで「君たちは日本の教会は出店であって、小さくて弱いけれども、本家本元の欧米の教会は力があるから大丈夫などと思っているかもしれないが、とんでもないぞ。ヨーロッパの教会は今、皆ガタガタだ。われわれはこの日本で勝負しなければならないんだぞ」と言われた時の気迫に満ちた鈴木牧師の姿が、眼に焼きつきました。

その鈴木牧師が一九六九年七月に召される前、遺言とも言える二つのテープ録音を遺されました。一つは末期がんであるとの告知を受けた時の気持ちを正直に語られており、不安と苦悩の一夜の後「キリストの日」に向かって、死を越えて力強く生き続けることの告白でした。最後に「自分のような者が救われなければ、それはキリストの沽券《こけん》に関わることだ」と直言的ユーモアで話を結ばれたことは深く印象に残りました。第二のテープは「戦責告白」の発表に至るまでの鈴木先生の内的戦いの経過でした。あの大戦中に自ら苦しんだのみならず、愛する弟子の神学生たちを失ったこと、彼らの遺影を講壇に置いて説教してきたこと、そして「戦責告白」の実質化としての、広島における被爆者のための老人ホーム建設と、沖縄キリスト教団との合同のプロセスを語り、罪の贖いのための血の献げ物（旧約聖書の犠牲）に言及しつつ、教団の罪の贖いのために、教団議長の血が求められたことの光栄を涙と共に語られました。わたしはそこに、鈴木牧師でなくては語れない言葉を、神は鈴木牧師に与えたもうたと思い、深い感動に導かれました。五十歳代半ばに召された鈴木牧師の生涯は、彼の自伝的著書『王道』にも明らかなように、キリストの福音を「我における事実」として生き抜かれたものであり、「言葉と人格」の結合という、牧師にとっての恒久的課題の典型を示すものでありましょう。

このような貴重な人格との出会いを介して成長させられてきたわたしにとって、説教という営みの神学的解明はどうなのかということが、次の課題となるのであります。

神学的摸索を続けて

近代的聖書批評学の問題——理性と信仰

わたしが開拓伝道という現場に入った時に一番苦しんだ問題は、神学校で学んだ聖書学、特にその近代的聖書批評学の結論と、生活苦の慰めを求めて来る人々への説教の課題との乖離でした。神学校で学んだ科学的、理性的聖書研究の方法だけでは、素朴に慰めの福音を求めて来る人々の願いには応えられないのです。真面目に聖書の研究をすればするほど、説教が語れなくなるのです。自分の学んだことを何とか分かりやすく聴衆に届けようと四苦八苦しながら、ギリシア語の意味の解説や有名な聖書学者の見解の説明をしても、何か空転するような思いに、毎回沈み込んでしまいます。果ては信徒の方に言われます「先生のお話にはカタカナが多いですね」と。焦るわたしは、それではと太宰治や芥川龍之介の小説を使って、人間の罪と救いのことに言及していると「もっと聖書の話をしてほしい」と要求が出てくる始末です。

その頃、超教派の立場で、教会学校教師の研修会が、わたしの伝道所で開催されました。ある大学生が「自分は教会学校の礼拝説教が苦痛でならない。子どものつぶらな目を見ていると自分の生活の醜さに気付かされて、とても説教できない。もう教師をやめたい」という趣旨の発言をしました。わたしはある意味でとても共感したのですが、その時、ある短大の幼児教育科を出て間もなくの幼稚科の教師が立ち上がって「その気持ちはよく分かる。でも話をするその聖書の言葉に自分が打たれていれば、何らかのことは語れるのではないか」と述べたのです。わたしにとって、その若い女性の言葉は「天啓」のように響きました。そうなのです。「その聖書の言葉に自分が打たれていること」こそが、説教の内容になるのです。それまでのわたしは自分の持っている知識、信仰理解から語り続けていたのに、聖書に自分が新しく「打たれる」という経験をしていなかったことに、したたか気付かされたのです。聖書における慰めと希望の言葉に、自分自身がまず打たれているという現実こそが、説教の言葉の源泉となるのです。

歴史的批評的聖書研究という理性の営みから、信仰へと直接する道はありません。理性の延長線上はどこまで行っても理性であって、信仰には到りません。信仰は信仰の言葉との出会いから生まれます。実存的な聖書との出会いは、伝統的な表現では、聖霊の導きです。そして信仰は理性を否定することなく、新しい理性的営みを生み出すに至ります。そこに神学という世界の出発があるのです。わたしは今も説教の準備にあたっては、あの幼稚科の教師の言葉に従って、まず聖書の言葉との福音的出会いを求めて「黙想」という作業を一番大切にしているのです。

渡辺善太聖書論との出会い――歴史と信仰

わたしは開拓伝道の傍らアルバイトとして、青山学院高等部の聖書科講師という仕事をいたしました。その当時、同じ聖書科講師として、日本基督教団用賀教会の橋本ナホ牧師と一緒に出講していました。この橋本牧師が高等部の朝の礼拝時、一〇分くらいの説教をするのですが、それは聖句のクリアーな解釈と、学生生活の問題にふさわしい適用をなされていて、いつも感銘を与えられました。どうしたらこのような力強いメッセージが語れるのだろうか、と橋本牧師に問い、わたしは神学校で学んだ聖書研究の方法ではなかなかふさわしい福音が語れなくて苦労しているなどと、相談したのです。すると橋本牧師は「それは渡辺善太先生の所に行かなければダメよ」と言われ、立教大学の渡辺ゼミの聴講を紹介してくださいました。

渡辺正典論は最初、わたしにとっては躓きの連続でした。聖書を読むとは歴史的に読むことと教えられてきたわたしには、六六巻の聖書を「信仰と生活の規範」と言われても、やはり教会の定めた歴史的文書であり、時代と環境に規定された相対的価値の所産でしかありません。その中からイエスの言葉や預言者の言葉、諸文学の中から現代に適用できる部分を抽出して解釈することが聖書研究であり、説教であると思っていたわたしは、たびたび渡辺先生と論争になりました。福音書記者の付加句、伝承の変容、環境や政治状況の反映などが関心の中心にあり、すべては歴史的検証によって結論すべきである、というわたしの立場は、烈しい批判の的になりました。そしてある時先生は「きみの聖書の読み方は間違っている。聖書は生きるか死ぬかの瀬戸際に立って読むべきなのだ。付加句だ、伝承だと言っている間はメッセージは出てくるはずがない」と、強く叱られました。その後、橋本先生の助言もあって、わたしはかつて組織神学で学んだ「歴史と信仰」の問題が説教のための聖書解釈にとって、緊急な課題であると理解し始めたのです。

渡辺先生は若い頃、自堕落な生活をしていた時「山室軍平に拾われて」（先生自身の表現）キリスト信仰に導かれていますから、聖書のいわゆる「霊的解釈」によって育てられた方ですが、米国留学を通して近代的歴史批評学に深く学ばれました。先生の書かれた多くの旧約聖書学関係の本、例えば『モーセ五書緒論』や『出エジプト以前』などは、徹底的に近代的批評学に立って書かれた業績です。しかし同時に先生は「霊的解釈」の神学的根拠についても研究され、ドイツのフッサールの教室（ブルトマンと同席された）で現象学によって「現在するもの」の構造的解釈に開眼され、聖書六六巻の構造的解釈を深められたのです。これが先生の「聖書正典論」に他なりません。分かりやすく言うと、例えば東京都について研究する場合、歴史的生成に視点を置いて研究する立場と、鳥瞰的に現在の構成に視点を置いて研究する立場があります。そのように聖書研究も、歴史的・分析的にその成立史の視点で学ぶ立場と、六六巻という全体を構造的に研究するという立場があってよいわけです。そして聖書は信仰を目的に、信仰をもって書かれたという、聖書の基本的性格を教会的信仰をもって受容する時、聖書は「信仰と生活の規範」としての「正典」と呼ばれることになるのです。もちろん正典六六巻は、四世紀のカルタゴ教会会議によって正典として決定されたという、教会の歴史的所産です。その相対性を疑うことはできません。ですから渡辺先生も六六巻は可変的だとも言われます。しかし「信仰と生活の規範」として聖書を受容することは信仰の決断であり、その時、聖書は「正典」と呼ばれるのです。聖書のある部分が「正典的」だということではなく、全体として「正典」でなければ「正典」の意味をなしません。信仰的に表現すれば、それは聖霊による神からの「所与」なのです。「部分的評価」には人間の恣意が必ず入り込み「規範」の意味は失われるほかありません。

しかし聖書の中には、時代状況によって、内容的に今日受容し難い部分があります。例えば性差別、民族差別、文化的限界、神話などに及ぶ記事が旧約にも新約にもあります。正典的立場からは、それらは排除すべきものではなく、解釈すべきものです。「光は暗きに照る」（ヨハネ一・五）とあるように、いわば「暗き」に屈する人間の罪深い限界は逆説的に「光」を指し示し期待し、いよいよ「光」を輝かしめる役割を持ちます。「闇」を排除すると「光」の効用も失われるのです。従ってそのような「負」の部分も含めてやはり聖書は「正」典なのであります。

ここにおいてわたしは「歴史と信仰」の問題について深く学びました。歴史的批評的方法によって、聖書に人間を生かす命の言葉を求めようとすることはできません。それは史学の道に反するからです。史学の立場は相対性に徹し、観察と分析と比較の方法を一貫すべきです。逆に聖書から、命の言葉を史学の結論に基づいて求めることは、信仰の道に反することです。史学の結論という人間の所産を根拠に、命の言葉を求めようとすることは「信仰は信仰によってのみ成り立つ」という信仰の原則を犯すことになるからです。そして、両者の次元とその機能の区別を明確にし「信仰」の道と「歴史」の道を分離する時、ふしぎにも両方がそれぞれの位置づけで生かされるのです。その典型が渡辺善太という人でした。

キェルケゴールとブルトマンとの出会い――実存とは

わたしは幼くして母と死別し、継母との関係の難しさもあって、若い時から孤独の意識に深まっていました。十代後半にキェルケゴールの『野の百合、空の鳥』に出会い、一挙にキェルケゴールにのめり込みました。今でも『イエスの招き』（井上良雄訳、後に『キリスト教の修練』と改題）などには忘れられない思い出があります。わたしも人並みに失恋を経験しました。皆さん、笑いますが、しかし失恋ほど、痛苦と共に自分を成長させてくれる貴重な場面は他にあまりありません。そのような状況の中で、例えばキェルケゴールの「何事につけても唯あの方（イエス・キリスト）の許に赴くことを知る人は幸いである」（『イエスの招き』）という言葉に出会い、単なる孤独者が「単独者」に変えられていく経験をするのです。レギーネとの悲しい別離の思いの中で書いた『反復』には深い勇気を与えられました。

やがて神学校に入った頃はブルトマンの「非神話化」論争の火が燃えていました。『新約聖書と神話論』は、誰かが言わねばならなかったことを言った勇気ある主張として何度繰り返し読んだことでしょう。そして主体的実存を場として神学するブルトマンに魅せられていきました。しかも彼は歴史家としての忠実な方法で『共観福音書伝承史』という、二〇世紀新約学の最高峰とも言える著書を出しています。彼においてはまさに「歴史と信仰」の逆説的関係がしっかり把握されていますし、『ヨハネ福音書』などは、いわゆる説教のための黙想に「間接的」に大いに役立ったのでした。「実存と信仰」の問題からは、わたしは説教者の姿勢について、前述の幼稚科の教師の発言内容にも関わる貴重な学びをすることができました。説教者の実存を通さない聖書の解き明かしは、結局は空転する言葉にしかなりません。それを教会的権威なるものに結びつけて、教義に訴えて語る説教などは、最悪という他ありません。この教義解釈についてはティリッヒの「象徴論」からも大きく学んだことを付け加えておきましょう。

K・バルトの説教との出会い――慰めと自由

ブルトマンやティリッヒに深く学びながらもやがて気付かされたことは、わたしが教会の牧師であるということです。信仰の認識において、実存という契機が不可欠であることはその通りですし、それに間違いはありません。しかし、わたしは牧会者、説教者として召されているという事実は、わたしの実存的信仰の共同体的展開を要求してきます。わたし自身の福音における実存成就ということだけでは、召命の課題に答えるには充分とは言えません。教会という共同体や社会的現実における課題は、実存的信仰に立ちつつも、個的実存を越える共同性の問題に対応しなければなりません。その頃、川崎大師の近くのバプテスト同盟の教会におられた清水義樹先生との出会いがありました。仲介者は当時聖書神学校に通っていた矢田部俊夫兄でした。清水先生は当時、関東学院大学神学部の教授であり、バルト研究に深い関心を持っておられました。そこで毎週土曜日に、先生宅でバルトの『教会教義学』を読み合わせしようという話になりました。バルトの基本的関心は教会にあります。その「神の言の教理」に触れながら、わたしは実存論的神学を越えるものを示されました。特にバルトの『R・ブルトマン――彼を理解するために』という小冊子を読んで、またもや新しい開眼の経験をいたしました。

バルトのブルトマン批判の中核は、次の命題にあります。「キリストの十字架は、それがわたしのための十字架であるが故にわたしの救いの出来事である」(ブルトマン)、これに対してバルトは言うのです「キリストの十字架はそれがキリストの十字架であるが故にわたしの救いの出来事である」と。ブルトマン神学の基本モチーフはこの「わたしのため」(pro me)という、わが実存の成就にあります。そこに彼が聖書解釈における前提として「実存論的自己理解」を置く理由があります。そして前提は結論を導きますから、彼の聖書解釈の結論はキリスト教的「実存論的自己理解」に結実いたします。しかし、そこでは歴史とか共同体、さらには社会倫理という次元は第二次的なものになりかねません。ブルトマンの「プロ・メ」モチーフを学的実存論的に徹底すれば「実存成就」が目的とされる限り、キリストの啓示事件は相対化され、他宗教においても(例えば禅宗)「実存成就」は可能であるということになります。この線を明確に学問的に徹底されたのが八木誠一氏です。彼の学的業績をわたしは高く評価したいと思います。それは実存論研究に終始したすばらしい成果であり、間接的に「信仰論」に関して大いに益するものです。

しかし、わたしは牧会者として召されています。個的実存成就で終わることはできません。福音としてのイエス・キリストの事件を語らねばなりません。教会という存在の歴史性、社会性を抜きに福音を語ることはできません。聖書の福音はその共同的、歴史的性格を本質的に含有しているからです。その点『教会教義学』という形で神学を展開するバルトに魅かれましたし、何よりも聖書解釈の前提としてのキリスト告白が明確に打ち出されていました。特に教会闘争の中から生み出された「バルメン宣言」の歴史的意義の深さを知らされ、清水先生との読書会ではバルトの語るキリスト中心的神学の持つ「普遍性」に目覚めさせられました。「イエス・キリストにおける排他性こそが真の包括性である」(『和解論』)という発言には非常に勇気を与えられましたし、『聖金曜日』や『降誕』などの説教集によって、深い慰めを与えられたことが度々ありました。『教義学要綱』という「使徒信条」の講解からもキリストを信ずる者の自由とユーモア、聖霊の導きとしての愛、連帯の必然など、福音の基本的理解を示され、深い喜びを味わったことでした。これはまたわたしの聖書解釈、黙想、説教を導く視点となったのでした。

「受肉」の言葉——神の言の現実性

わたしの説教の根拠と可能性をめぐる神学的摸索の旅は、この「受肉」の言葉に集約されると思います。説教において語るべき使信が聖書から生まれることは原理的には真実でありますが、現代人の直面している様々な問題に対して、どのように有意義に、歯車が噛み合う形で使信を展開できるかという問題は、説教者の絶えず自らに問い続けざるを得ない課題です。その有効な方法としての「非神話化論」や「実存論的解釈」も参考にはなるのですが、やはり一番決定的なことは説教者における「言葉の受肉」であると思います。歴史的知識も、然るべき位置づけにおいて有用な手段となりますし、心理学的アプローチもその限界において有効性を発揮します。しかし、何はともあれ福音を生きている人格的事実は、あらゆる弁証、弁護、反論を越えて力を発揮するのです。イエスが「権威ある者としてお教えになった」（マタイ七・二九）というのは、このことを指していると思います。日本の初期キリスト教徒の入信の契機を問うてみると、そのほとんどはキリスト教の教義や聖書の知識から入信したのではなく、太平洋の波涛を越えてやってきた宣教師たちの無私の愛を注ぎ続ける人格の事実に出会って入信しているのです。ブルトマンの「非神話化」も結構です。ティリッヒの「相関の方法」も結構です。しかし、最終的に勝負するのは方法論の問題ではなく、罪を赦し弱さを慰めたもうイエスの福音を自らの人格的事実にしている者との出会いに他なりません。その人格は必ずしも品行方正で、人格円満でなくても良いのです。自らの罪と弱さをさらけ出しながら、ひたすらに主イエスの憐れみを請い求めている人格、それゆえに主の憐れみに共に与ることを熱望している人格が「権威ある者」として、期せずして用いられるのです。

そこで最後に申し上げたいことは、説教者、牧会者の成長、成熟にとってなくてはならない「模倣」のモチーフへの注目です。牧師は決して自己完結的になってはなりません。自己の相対性と他者への開放性を身に付ける必要があります。人生上の様々な喜怒哀楽の諸経験を経た人が自らの経験に即して語る、固有な福音理解、救済体験における独自なロゴスに注目することの大切さです。謙虚にそのような人格（特に若い信徒の場合もある）に学ぶべきです。外的スタイルの模倣ではなく、その人格を規定し、その人格にとって必然的なライフスタイルを規定している、福音への姿勢が示している現実性に注目しましょう。その人格にとっての個性的な福音理解は、わたしの個性的福音理解を問接的に触発し、そこに一種のライフスタイルにおける類比（アナロジー）がもたらされます。これは結果として与えられるものであって、単なる「ものまね」の成果ではありません。「わたしの轍を負い、わたしに学びなさい」（マタイ一一・二九）と主は言われます。「洗足」のあと主は「模範を示した」とも言われます（ヨハネ一三・一五）。新約の諸手紙にも数多く「模範」モチーフの言葉が現れます。著名な『説教学』の著者、R・ボーレンも「模範としての説教者」という項目を立てていますし、最近の『牧師』論で有名になったW・ウィリモンも、説教者の成熟に関して「師弟的関係」を重視しています。およそ伝道者養成の経過には色濃く「模倣の伝統」が位置を占めていると思います。「模倣」は謙虚を教え、未完成を告げ、福音の自らにおける「受肉」を求める、終わりなきプロセスの道を開くことでしょう。しかし、そこにこそ真の成長の場があり、説教者の成熟が示されているのです。この希望に生きることが説教者の全存在を約束の中で支えてくれるのです。言うまでもなく、このプロセスに導かれるのは聖霊なる神に他なりません。「そのときには、教えられることを話せばよい。実は、話すのはあなたがたではなく、聖霊なのだ」（マルコ一三・一一）。

むすび――「説教学的循環」

ここで、この場にいるみなさんにお配りしたわたしの論文「説教学的循環を生きる」（新教出版社刊『福音と世界』二〇〇三年八月号、一〇―一六頁）についてコメントいたします。後で読んでいただきたいと思います。基本的姿勢は「聞くこと」の先行です。ボーレンの言うように説教者は「二つのテキスト」に直面しています。一は聖書、二は聴衆です。つまり聖書に聞きつつ、聴衆に聞くことの中で、メッセージは生まれます。聴衆に聞きつつ聖書に聞く所に、同様にメッセージが生まれます。「聞いたこと」から「語るべきこと」がもたらされます。即ち聖書に聞き、使信を黙想し、説教として語ると共に、説教を聞いた聴衆から聞いたことが、次の説教のための聖書解釈の前提になるということです。そこには説教者を介しての聖書と聴衆との間に循環が生じています。それをわたしは「説教学的循環」と名付けています。それは聖霊によって導かれる、まことに創造的な作業と言うべきでありましょう。

参加者のみなさんの終わりなき成長の過程を、神が祝福をもって導かれることを祈っております。

【参考文献】

関田寛雄『聖書解釈と説教』（オンデマンド版　二〇〇四年　日本キリスト教団出版局）
関田寛雄『「断片」の神学——実践神学の諸問題』（二〇〇五年　日本キリスト教団出版局）

説教学的循環を生きる

『福音と世界』二〇〇三年八月号

はじめに

筆者が実践神学の分野で今日まで学びつつ確信を深められてきたことは、およそ宣教に関わるすべての営みの源にはヨハネ福音書一・一四があるということである。伝道と言い教会形成と言い、この世におけるキリスト教会の存在と言葉と行為は、この「受肉の言《ことば》」に基礎づけられているのではなかろうか。「言は肉となって、わたしたちの間に宿られた。わたしたちはその栄光を見た。それは父の独り子としての栄光であって、恵みと真理とに満ちていた」。この聖句がグノーシス主義への抵抗の言葉としてイエスの肉体性の強調を意図するという古典的解釈はともかく、今日の宣教の神学的基礎、即ち永遠なる神の救済意志の歴史的現実という福音の原点として、「受肉の言」は宣教の実践に関わる者が絶えず繰り返し立ち帰りまた再出発するべき基本的な言葉であろう。超越即内在の事件としてのイエス・キリストの出来事は、彼から継承した教会の務めのすべてを規定する性格のものであった。

1 説教としての「神の言」の性格

K・バルトが『教会教義学』で神の言の性格を、「真の人にして真の神」(カルケドン信条)という、イエス・キリストの出来事への信仰告白を軸として、聖書と説教の「人的」性格と「神的」性格の二重性と、聖霊の働きによる一致のダイナミズムとして展開したことは余りにも有名である。説教は決して一面的に神の言ではない。我々の経験からも明らかなように、それは説教者の作文である。時に誤りに満ちた人間的文章である。最近の保守的傾向の教会は、説教を権威主義的にドグマ化して、説教への真摯な批判を封殺する場合がある。それは説教の「人的」性格を無視することであり、従って恵みの出来事としての説教の奥義を失うことになる。説教の言葉は人間的限界の中で語られるものであるが、それにもかかわらず聖霊の働きによって「出会い」がもたらされ、それが神の言の出来事とされるからである。同時に批判のための批判というような、浅薄な説教批判によって、神の言たる説教が害《そこな》われることは決してあり得ない。恵みの出来事としての説教の「神的」性格はすべてを越えて貫かれるからである。これらのことは無時間的なドグマとして先き立つものではなく、説教のプロセスの後で、その恵みの出来事である所以をかたじけなくも説教者は知らされるのである。「受肉の言」から展開されるのはまずこの説教の「人的-神的」性格のダイナミズムであると言えよう。

2　神の言の三つの形式

次に「受肉の言」から指し示されるのは、神の言の三つの形式である。まず第一の形式は「人的-神的」性格の説教であるが、それは第二形式の同じく「人的-神的」性格の聖書と不可分の関係にある。聖書に基づかない説教はせいぜい人生論的エッセイに終わるものであり、恵みの出来事としてのイエス・キリストの現実に決して導くものではない。また説教を予想し前提しない聖書の解釈は、せいぜい歴史的・文献的・思想的研究ないし読解に終わり、決してイエス・キリストの証言としての使信に至るものではない。第一形式である説教と第二形式である聖書とは不可分の関係にありつつ、第三形式である、同じく「人的-神的」性格のイエス・キリストの出来事（啓示）を相互媒介的に指し示すものである。もちろん、このイエス・キリストの啓示そのものが、説教と聖書解釈とを、しかるべきものとして成立せしめ、機能せしめるものであることは言うまでもない。

これらの三つの神の言の形式をめぐり、特にこれらの不可分の関係についてK・バルトが「三一論的類比」において展開し、それが彼の神学の方法にもなっていることは周知のことである。もっともこの三形式の順序について「啓示」を第一形式とし、「説教」を第三形式とするべきであるとの議論もあるが、しかしそれは権威の秩序ではあっても、認識論的にはやはり説教を第一形式とするべきであると、バルトは主張する（ロマ一〇・一四。この点の議論についてはD・リッチュル著『説教の神学』二九―三九頁を参照されたい）。

3　神の言の「この世」性

いずれにしても「受肉の言」が明確に指し示しているのは、神の言の「この世」性である。「受肉の言」は決して「この世」の外にではなく、「この世」のただ中において、その超越的な恵みの出来事であり続ける。それが恵みの出来事であるためには、「この世」の歴史的状況との結合が必然なのであった。その「言」は「この世」のための「言」として「肉」においてあるが「肉」に従うものではない（Ⅱコリント一〇・三）。「言」と「肉」との結合は、「この世」に対する審判と救済のためであった。「言」は「この世」に受肉することにおいて自らの超越性を顕現させる。

最近の教会の説教使信の中で、「この世」はどのように「受肉の言」に相応しく位置づけられているだろうか。状況捨象の、無時間的ドグマが反復されているのではないか。教会用語の反復で説教者は「伝統」の中にあぐらをかいて自らを慰めているのではないか（この点についてのヨズッティス著『現代説教批判』またティーリケ著『教会の苦悩』などの痛烈な批判にしっかり傾聴すべきであろう）。悲痛な歴史的、社会的現実からの問いかけには眼をそむけ、教会の量的発展をのみ願って汲汲《きゆうきゆう》としているのではないか。

「この世」とはここで個人をも含めた社会的現実を指す。福音は決して個人を除外しないのみか、「いと小さき者のひとり」（マタイ三五・四〇）をこそ徹底的に受け入れ、追い求め、慰めの対話をやめない。しかしその「ひとり」の内面的・観念的・情感的慰めに終わることは決してなく、むしろその「ひとり」を重んずるが故に、その「ひとり」を囲む社会的状況、特に差別的・抑圧的に働く社会的機構との対決、抵抗を、福音を語る教会は決して怠らないはずである。それが「受肉の言」に最も相応しいことではなかろうか。端的に言って今日の教会の説教は「受肉」しているのであろうか。そうでないならば、教会の説教は、そしてそれ故に教会そのものも質的には衰退の一途を辿るのみであろう。

4　説教の言葉の生まれる「生活の座」

前項との関連で改めて思わされるのは、それでは我々の説教の言葉はどのようにして生まれるのかということである。「言」は「この世」に受肉することによって自らの超越性を示すと前述した通り、永遠なる神の愛の「言」は自らの超越的なることを示すためにこそ、「この世」への受肉を必然とする。それ故説教の言葉も「この世」との関連の深さに応じてその福音であることを明らかにすると言えよう。

「人的‐神的」性格なる聖書の歴史的成立を考えてみる時、「この世」の人間的・歴史的状況のただ中でイエスは神の国を説教し、パウロは福音を説いたことが明らかである。およそ社会的状況の中で、その問題に審判的にまた救済的に関わる説教の言葉は、その社会的状況に相応しく語られるべきであるし、また語られてきた。これらの言葉の成立の消息を明らかにする道具として、聖書の歴史的‐文献的研究、就中、最近では文学社会学という道具が重用されている。これが唯一の道具だとは思わないが、筆者の最近の学びの中では、この道具は貴重な提言をしてくれていると思うに至った。もちろん、道具なしにも説教はできる。しかし道具に習熟する時、より相応しく、より厳密に、状況とその問題にアプローチする説教準備ができるであろう。そこに説教者の不断の学びの必要性がある。

荒井献氏の『イエスとその時代』（岩波新書、一九七四年）は文学社会学という聖書研究の方法に基づく福音書解釈の本邦最初の貢献であった。その緻密極まる叙述はなかなか馴染み難い印象を持ったが、反復読み返している中にその基本的モチーフに気付かされ、その実践神学、特に教会の営む言葉の形成と吟味に関してまことに有効な示唆を与えるものとして迫ってきた。原始キリスト教団は、当時の様々な宗教的セクトを含む社会的状況の中で宗教活動を営んだのであるが、その「生活の座」が福音書伝承に大きく影響を及ぼしてきたことは明らかである。この「生活の座」を古典的様式史学派のようにキリスト教共同体に限定して捉えるのではなく、広く社会学的概念として捉え直した所に文学社会学のユニークな点があると言ってよいであろう。「教団も一つの社会的存在である限り、教団の構成員（教団伝承の担い手）も教団内外の日常生活に条件づけられて振舞っているはず」（前掲書一一〇―一一二頁）と指摘される通りである。

今日の実践神学にとって大きな変化は従来の「教会の宣教」という宣教論から「神の宣教」という宣教論へ移行してきたことであるが、それはまさに宣教を社会的コンテキストにおいて捉えるということであり、キリストにおいて「この世」の救いのために仕えるという宣教使信の確認を意味する。その場合、宣教における言語活動が、無時間的・状況捨象的なものでなく、まさに社会的状況に即したものであるべき事が求められるのは当然である。そしてそのような社会的状況に「限定」される中でこそ、宣教使信は逆説的に自らの普遍性を証示するものとなるのである。それが福音書形成に如実に示されている事柄なのではないか。

そうであるとすれば教会はその説教の言葉を語る際、そのルーツを、今、ここ、という「生活の座」に持たざるを得ないし、そのようなルーツのある言葉こそが力ある福音、慰めと希望となるのではないか。ルーツのない言葉とは一体何であるのか、まさに「死語の腐臭」でしかないのではないか。

5　説教者の「生活の座」としての牧会

R・ボーレンが「説教者は二つのテキストを解釈しなければならない。その一は聖書であり、他は聴衆である」とその「説教学」で述べているが、これはまことに深い含意を有する。つまり説教者は説教のために聖書を解釈しなければならない、と共に聴衆をも「解釈」しなければならないということである。それは換言すれば説教者は牧会を、説教のためにこそ必要とするということである。前項で「言葉の生まれる生活の座」について述べたが、説教者の「生活の座」は広い意味での牧会である。礼拝から始まる主日のすべての営み、こどもの礼拝、役員会、諸委員会や部会に加えて、週日の集会、地区、教区関係の集会など、いわば集会づくめの牧師の生活である。悪くするとこれらの集会をうまくやりくりして「こなしていく」ことが牧会であるかの錯覚に陥りがちである。しかし本当の牧会の内容は「出会い」にあると筆者は考える。ひとりの病む者、心に傷を負った者、家庭崩壊の苦悩にある者、いじめや差別に苦しむ者などなどの「ひとり」との出会いに勝って大切な牧師の務めはない。そこでの「出会い」は職業としての牧師の立場を越えて、自らひとりの人間として、あの「喜ぶ者と共に喜び、泣く者と共に泣きなさい」（ロマ一二・一五）という関係に徹すること以外ではない。このような「出会い」は牧師がまず誠意をもって「聞く」ことに集中する所から始まるであろう。説教者はとかく対話の長さと重さに耐えかねて、いち早く「語る」事が先行しがちである。早く答えを出したいわけである。しかし得てしてそのような「即答」は解決にならない。充分に「聞く」ことがなされた時、問題の解決が半ば既になされている場合が多い。相互の信頼がそこで成立する時、答えは言葉を越えて生起しているのである。筆者は常々、「聞くを八、語るを二」ということを牧会的対話の最も重要な姿勢と考えている。それは時間を要する営みであることは言うまでもない。しかしそこに真実な「出会い」と信頼の生まれることに勝って豊かな祝福はないのである。

しかしこれらのことによって事務処理のルーズさを言い訳することは許されない。事務処理の適切さは、もちろん牧会上の極めて重要な技量であることは当然である。それ故牧師は牧会的対話に尽くすと共に、組織としての教会の事務処理の責任を負うことの「狭間」にある者であり、それはまた牧師という務めの人間的限界に直面することであり、牧師としての切実な、「生活の座」からの祈りを必要とする事態なのである。

このように説教者の「生活の座」は「出会い」と共に自らの限界に説教者を直面させることによって、実存の変革を迫るものとなる。そしてこの自己変革こそが、説教者の新しい「言葉」の源泉となるのである。

6　牧会から聖書へ

このような説教者の、いわば実存的な経験及び変革から、説教の言葉を求めて説教者は聖書に赴くのである。そうせずには居られないからでもある。従来説教学という学問の分野において常識のように言われてきたのは、「聖書から説教へ」という言い方である。その順序の意味する所は、前述の通り、聖書と説教の不可分の関係であり、両者が相互媒介という密接な関係の中でこそイエス・キリストの啓示へと聖霊の導きによって至らしめられるのであるが、説教作成の準備としてはまずは聖書に聞き、釈義と黙想を経て使信を確定し、その上でそれを説教において展開すると言われてきたのであった。それ故「聖書から説教へ」は順序としても内容としても決して間違いではない。

しかし筆者としてはまず聖書に説教の備えとしてアプローチする場合、全く無前提のアプローチができるかということを思わざるを得ない。これは既に半世紀前に、ブルトマンの実存論的解釈の問題が神学の世界で華やかに論議された時からの事柄である。ブルトマンは正当にも「無前提的釈義はあり得ない」と主張し、大事なことは何を解釈学的前提として自覚するか、ということだと論じ、彼の場合はハイデッガーの実存分析を人間理解の鍵として、聖書の解釈学的前提とする、と言ってきた。その成果が『新約聖書と神話論』であったことは周知のことである。筆者はその前提にどうしても同意ができず、前提は無論必然であるが、自分としては解釈学的前提にキリスト論を置くと主張してきた（『聖書解釈と説教』教団出版局、一九八〇年）。

しかし最近の牧会的状況が深刻さを深め、更に日本という社会の矛盾に満ちた状況が更に直接的にそれを一層悲劇的なものにしている現実を見るにつけ、聖書の解釈学的前提として明確に自覚的に捉えるべきものは、民衆と共に苦しむキリストへの信仰ではないかと思うに至った。キリストは「受肉の言」としてあの当時の苦しむ民衆と共に徹頭徹尾連帯し同伴された方であった。それが福音書文学を生み出す前提となったのだとすれば、まさに普遍的に時代差を越えて、今こそそのキリスト、民衆と共に苦しみ、それ故に神の国の宣言を存在を通してなされた、苦難のキリストへの信仰が聖書の解釈学的前提として確認されねばならないのではないか、と思うに至ったのである。

それ故「聖書から説教へ」の前に、いかなる前提、いかなる視点で聖書を解釈するか、という問いに対しては、「牧会から聖書へ」という表現で意味する営みを置かざるを得ないのである。「牧会から」という場合、それはいと小さき者、苦しむ民衆と共にありたもうた、「受肉の言」なるイエス・キリストへの服従としての「牧会から」である。かくて説教者の聖書から聞き取るべき今日のメッセージは、この意味での「牧会から」得られるものとなるであろう。

7　聖書から説教へ

以上の事をふまえた上で改めて「聖書から説教へ」が述べられなければならない。言うまでもなく解釈学的には「前提が結論を規定する」のであるから、汲みとられる聖書テキストからの使信は、いと小さく貧しき者と共にあるイエス・キリストの福音であり、今日的状況に即して、十字架と復活が、和解としての罪のゆるしが、そして自立と解放の福音が、現実に生きる人間（聴衆）に語られる。その場合、今日緊急な問題と課題となっている平和、人権、環境などが、使信との関連で必然的に言及されざるを得ない。いわゆる「例話」なるものを一切用いないスタイルの説教者もいるであろうが、だからと言って今日の状況と無縁の使信を語ることは聖書に忠実に聞く限りできないことであろう。

例えば前述のような前提に立つ聖書釈義や黙想から提起される女性解放を指向する使信、障碍者や被差別者の人間的尊厳性回復を指向する使信、民族的、性的少数者の権利保証を指向する使信、地球資源や自然保護、また国際関係や平和を指向する使信などが多様な形で聖書テキストに即して語られるであろう。その場合説教者としては単にジャーナリズムの情報として得た多くの知識を用いて展開するのではなく、何らかの具体的な問題と課題に具体的に関わるという経験が裏付けとなっている時、その使信は必ずや真実な響きあるものとなるであろう。それはあの「受肉の言」の類比とも言うべき事態である。ルーツのある言葉とはそういうものである。その関わりは具体的には量的には極めて僅かなものに過ぎないにしても大切である。

多忙な牧師にとって毎日デモに出るなどということは論外な話である。しかし僅かでもいい、苦悩の中にある人々の解放を求める動きの中に身を置くことによって彼らと希望を共有する時、実は社会の根底に普遍的に通底する差別と抑圧の構造に、具体的に接触することができる。その時、必ずや、「受肉の言」の類比を生きる説教者の実存的必然として、その事態に向けての解放の言葉が説教されるであろう。

8 説教から牧会へ

しかしまた忘れてならないことは、教会の中から「そのような説教は片寄っている」とか、「政治的に偏向している」とか、「『一般的』聴衆には馴染まない」とか、「慰められない」といった非難が聞こえてくる場合があるということである。筆者はこれらの非難を真摯に受けとめるべきであると思う。なぜならこれらの発言もまたボーレンの言う「第二のテキスト」であり、説教者が解釈し受けとめるべき聴衆の声であるからである。これらの声を無視したり逆に非難したりするなどは決してやるべきではない。それはキリストにある教会の未来を否定することになりかねないからである。「ひと見て法説け」という言葉の通り、説教の展開は常に状況的でなければならない。説教者はここで再び牧会者としての営みに徹すべきである。聞く、理解し受容する、そして聖書的福音の理解を求めての

「対話の旅」に出ることである。忍耐と時間は牧会につきものである。聴衆が「神への悔改めは隣人への悔改めを伴なう」（ボンヘッファー）ということを理解し始める時、教会の体質が祝福の中に変えられることであろう。その約束を信ずる故に説教者は困難の中にありつつも自由なのである。そこに説教者の失ってはならない光栄と希望があるのではないか。

むすび

この牧会は更に次の説教のための聖書解釈を導く前提となるであろう。これらの消息を筆者は「説教学的循環」と名づけている。

暗黒の中の光
——ヨハネ一・一—五

『福音と世界』一九七七年一月号

初めに言があった。言は神と共にあった。言は神であった。この言は初めに神と共にあった。すべてのものは、これによってできた。できたもののうち、一つとしてこれによらないものはなかった。この言に命があった。そして、この命は人の光であった。光はやみの中に輝いている。そして、やみはこれに勝たなかった。

1

「初めに言があった」。これは何という壮厳な、しかも慰めに満ちた宣言でしょう。星一つ見えない暗夜に、こだまして響き渡るような、心をゆさぶる言葉ではないでしょうか。それはちょうど創世記一・一に語られる天地創造の言葉にも対応するものです。「はじめに神は天と地とを創造された」。この言葉が私たちに慰めであるのは、それが根源的な審きの言葉であるからです。すなわち、それは自ら「初め」であることを僭称しようとする人間の傲慢を打ち砕きます。そして「初め」はそもそも誰のものであったのか、「初め」にあるものは何であったのかを明らかにし、「初め」に自ら立とうとし、それを所有しようとする人間の企てを打ち壊して、人間を、造られた者としてのあり方へと突きもどす、神の言なのです。「初め」が神のものであること、それこそがこの混乱と不条理の中に生きねばならない私たちにとっての慰めなのではないでしょうか。偽りの「初め」を模造し、それにしがみつく者には根源的な審きをもたらしたもう神が「初め」にいますということが、私たちの希望なのではないでしょうか。

2

「この前の日曜のことであった。私（ぼく）はすこしひまがあったので、気ばらしにチャリンコに乗って下賀茂神社に行った。本殿に参拝した時、たくさんの願い符がかけてあった。好奇心というものであろうか、ぼくはおもしろいことが何か書いてあるのではないかと思って一つ一つ読み始めた。おもしろいのもあった。試験合格を祈る者の符もあった。しかし、ジーンと心にくる符を見てしまった。

それには『何のために生まれてきたのか教えてください』と日本語で書いてあった。が、名前は韓国文字であった。ぼくの早合点かもしれないが、たぶん朝鮮人（韓国人）の差別による苦しみから、どうにかしてのがれたいという気持ちであったろうと思う」（小笠原亮一『ある被差別部落にて』一一七頁）。

かつて朝鮮人少年から石を投げつけられたことのあるこの中学三年生は、この経験から在日朝鮮人に対する差別の事実に目ざめていくのですが、私もまたこの「願い符」の言葉に胸を突かれる思いがいたしました。テコでも動かぬ厚い差別の壁に直面して、被差別部落民や朝鮮人たちの「初め」に向けての重い歎きの問いが叫び出されているからです。それは直接的には日本という差別社会に対する歎きですけれども、根源的には、神のものにほかならぬあの「初め」をおぞましくも奪いとっている者に対する、憤りの叫びではないでしょうか。それは、単に差別社会の構造矛盾を突く言葉であるだけでなく、その奥には、あの「初め」を占有したもうお方を恐れようとしない人間への歎きの叫びなのではないでしょうか。

右のことは、「初め」についての問いが決して哲学的一般論として追求されるものではなく、また抽象的個人の観念的な人生論的悩みという次元で終始するものではないことを物語っています。「初め」への問いは個別的、具体的状況からのみ発せられる問いであるし、そうであればこそ深い射程距離をもって普遍的に反応を引き起こすのです。

神が「初め」を占有したもうこと。この事実は被差別者の声を通して差別者に対し、深い審きとして迫ることでしょう。しかしそれはまた神の審きであるが故に、差別者に対し、「初め」が誰のものであったかの認識と共に、救いの言葉となるに違いありません。

3

それ故、聖書は「初めに言があった」と語ります。この「言」は生命のない命題の如きものではもちろんありません。しかしここでこの「言」の、旧約の知恵文学との関係やグノーシス的背景について言及する必要も余裕もありません。私たちにとっては、この「言」が具体的にイエス・キリストを指すということだけで十分です（一・一四）。神は単に「初め」を占有されるだけでなく、その事実と意味とを「言」において、キリストにおいて明らかにしたまいます。「言は神と共に（直訳的には「に向かって」）あった。言は神（原語では定冠詞なし）であった」と言われている通り、それは「神」でありつつ、神とは区別され、神と共に、神に向かってあったお方です。「言」は神とその本質を同じくしつつ、神との交わりにおいてあるお方です。このことは「言」の、神に対する道具性（「これによって」）を意味しているとも言えるでしょう。

旧約聖書において明らかなように、神は「言」において一切を創造されました。「神は〈光あれ〉と言われた。すると光があった」（創世記一・三）。すなわち神の「言」は神の意志の表現であり、一切の被造物の根底には、それを根拠づける神の恵みの意志があることが言われてきました。それ故何人も、どんな被造者に対してもその存在の根拠を否定したり無視する権限はないということなのです。何となれば、その者の生と存在は神の恵みの意志と決定の中に基礎づけられているからです。「すべてのものは、これによってできた」の句が意味するのはそのことにほかなりません。

次に明らかなことは、神の「言」は単に言い放しの言葉、すなわち空手形のような無責任な言葉ではないということです。ヘブル語で言葉を意味するダーバールという語は、元来後から前に押し出す、という意味を含んでいると言われます。つまり言葉は前面に現われて現実、事実となるということではないでしょうか。「言による創造」とはそのことでしょう。神の「言」は決して無時間的な一般的命題ではなく、ある時、ある所で事実になる「言」です。それは「受肉」する「言」なのです。「行為」の「言」なのです。

しかもそれは「言」である以上、聞き手、受けとり手を生み出します。いわば神の「言」はそれを聞く対象を創造し、答える者を求めて呼びかけ続けるのです。その「言」は神と「共に」、神に「向かって」あった如くに、そしてそれ故に、また人と「共に」あり、人に「向かって」語り続ける「言」なのです。いわば人間は神の「言」によって、神の「言」のために造られ、神との関係において、生きる者として造られたのでした。「この言に命があった」とはその消息を語る言葉です。この関係は一切の被造物にとって根源的であり、それ故「初め」の関係です。この関係から一切が「初め」られるからです。キリストとしてのこの「言」はそれ故、「初め」に神の創造に関与すると共に、恵みの創造の道具として、すべてを永遠なる神との関係にまで呼び出し、自らその関係となりたまいました。

4

さて「この命は人の光であった。光はやみの中に輝いている。そしてやみはこれに勝たなかった」という句において私たちに語られる事柄は、神の「言」の究極的勝利であります。「輝いている」がこの箇所の唯一の現在動詞であることに注意しましょう。同時にやみは光に「勝たなかった」と言われており、「敗北した」とは言われていないことにも注意しましょう。やみが「敗北してしまった」とは言い切れない現実があればこそ、光は今なお「輝いている」のです。「勝たなかった」を「悟らなかった」と訳さなかったことはよかったと思います。「言」の命である「人の光」は、悟りではなく、勝利をもたらす歴史的な光だからです。やみは光に「勝たなかった」ということは「敗北した」ということと必ずしも同じではありません。しかし戦いの山はもう越えたのであって、やみの敗北は決定的だということです。それ故いよいよ光は今、輝かねばなりません。そして事実それは「輝いている」のです。ここに私たちの希望があります。それはイエスの「わたしの父は今に至るまで働いておられる。わたしも働くのである」（ヨハネ五・一七）という言葉と対応いたします。父なる神と共に働きたもう主イエスの働きが、すべての被造物を救いへともたらすべく、今行なわれているということ。このことは「初めに言があった」という宣言と共に、私たちをそれ故に将来に向け、来たるべき終末に向けて立たしめ、「神の同労者」（Ⅰコリント三・九）として働かしめる、慰めに満ちた言葉ではないでしょうか。それは現実の暗さが深ければ深いほど、いよいよ私たちの希望を強める言葉なのです。

毎週金曜日の朝、障害児の母親たちと共に持つ聖書研究会で、ある朝、「結局うちの子のような子は何のために生まれてきたんでしょう」と聞かれて、答えるべき言葉を失ってしまった私でした。しかし今本当に思うのです。「神様のために造られていない人は一人もいないのだ」と。それ故、さらに感謝と共に思うのです。「初め」にあり、すべてのものがそれによって造られた、あの祝福の神の言とその輝きを妨げる何ものもないのだということ、そしてまたその妨げを決してゆるしてはならないのだということを、小さな決意と共に思うのです。

光の証人
――ヨハネ一・六―八

『福音と世界』一九七七年二月号

ここにひとりの人があって、神からつかわされていた。その名をヨハネと言った。この人はあかしのために来た。光についてあかしをし、彼によってすべての人が信じるためである。彼は光ではなく、ただ、光についてあかしをするためにきたのである。

1

イエス・キリストの生涯を描く四福音書は、一致してバプテスマのヨハネをイエスの先駆者として描いています。しかも共通して意義深くも、あの捕囚解放の予言者と言われる第二イザヤの言葉（イザヤ四〇・三）を枕に、その約束の成就としてヨハネの出現を語っています。しかし、それぞれの福音書はヨハネの描写において微妙に異なってもいるようです。たとえば、マルコは「罪のゆるしを得させる悔改めのバプテスマ」を宣べ伝えるヨハネを、ルカはそれと共に悔改めの実を求める倫理の教師としてのヨハネを、マタイは「罪のゆるし」よりもパリサイ人、サドカイ人たちへの厳しい審判を告げるヨハネを描いています。しかし、ヨハネ福音書はもっぱら「光」（キリスト）についての「あかし」人として、バプテスマのヨハネを登場させています。

いったい、バプテスマのヨハネがキリストの先駆者として登場することがどうして必要なのでしょうか。それは単にイエスがヨハネから受洗し、ヨハネ集団の一員であったという「史的事実」を認めざるをえなかった原始教団が、苦肉の策として、ヨハネに「先駆者」という位置を与えたということなのでしょうか。少なくとも、ヨハネ福音書においてはバプテスマのヨハネは単なる「先駆者」以上の者、しかり、「証人」としてイエスの歴史の入口に立たせられています。「光」なるキリストが「世にきた」と告げられる（一・九）前に、すなわち「世」における「神の子」（一・三四）の歴史が始まる前に、ヨハネはあたかも「玄関」のように、そこを通らねばキリストに会うことができないかのような位置に立たせられています。そして、事実私たちはヨハネの「あかし」を通ってしか、受肉の神の言に接することはできません。

2

しかし、このヨハネの「玄関」をあのカフカの『審判』に出てくるような「掟の門」と同類に考えることは誤りでしょう。「今は入れない」という門番の言葉に従ったまま死の時まで待ち続け、遂に「この門はお前のための門だった」という言葉を聞いて絶命するという、あの「拒絶の門」ではなく、ヨハネは「すべての人」のための、「招きの門」なのです。「すべての人」が招かれているとすれば、なぜなおそれは「玄関」や「門」でなければならないのでしょうか。それは「信じる」ことを要求するから「門」なのです。そして「信じる」こと以外の何も要求しないから「すべての人」への招きなのです。「すべての人」が信じることによって、「光」なるキリストにめぐり会うことがゆるされています。しかも、すべての人は「信じる」ことによってしか受肉の言に出会うことがゆるされていません。「彼によってすべての人が信じるためである」（一・七）。これこそがバプテスマのヨハネの「あかし」の目的であり、彼自身の、この位置における存在理由であったのではないでしょうか。「イエスを知ることは彼を信ずることである」（キェルケゴール『キリスト教への修練』）。ヨハネは、かくて信仰の証人として現われたのでした。

3

「証人」とはそれ自らを対象とするのでなく、対象を指し示すという道具性に徹する時に、最もよく存在理由を明らかにするのではないでしょうか。さらに言えば、「証人」の存在理由など問題にもならないほどに対象そのものが明示されるという時に、「証人」はその「証人性」を全うするのではないでしょうか。ヨハネの「証人性」を強調するこの福音書は、したがってヨハネの出生物語（ルカ一・五―二五、五七―八〇）や公的活動の時代背景（ルカ三・一―二）についてはもちろん、その容姿、服装、活動、ヘロデヤによる斬首の最後などについて、ほとんど言及していません。必要なことは「あかし」という機能だけなのです。そのことは「ここにひとりの人があった」という句においても明らかです。「……があった」は一・三の「……できた」、また一・一四の「……となり」と原語は全く同じです。すなわち、自ら在るのではなく、出来事として在らしめられることであり、ヨハネが神の召しと摂理によって立てられた者であることを示しています。それはまた「神からつかわされていた」と続く句によって、彼の道具性、「証人性」がなおはっきりと語られています。そこでは人間の発心、決断、選択、思いつきという要素はいっさい排除されています。ここでは神が決意し、選択し、行為されるからにほかなりません。あの「神はこれらの石ころからでも、アブラハムの子を起すことができるのだ」（マタイ三・九、ルカ三・八）とヨハネが語った言葉は、まさしくまず彼自身の出現に関してふさわしい言葉でありました。

「この人はあかしのためにきた」。ヨハネはイエスと同様、「神からつかわされた」（四・三四、五・三八、七・二九など）者でありました。しかしイエスは「証言されるもの」であり、ヨハネは「証言するもの」であり、一方は「光」であり、他方は「鏡」（「光についてあかしをするもの」一・七）でありました。ヨハネとイエスとの関係とその相違について、この福音書はダメ押しのように、くどいと思われるほど、強調しています、「彼は光ではなく、ただ、光についてあかしをするためにきたのである」（一・八）と。歴史的に見れば、その背景にはヨハネの活動を見てヨハネをキリストと信じようとする動きがあったとし、それに対するこの福音書記者か、あるいは彼の用いた伝承における警告の句だと見ることができるかもしれません。しかし、私たちにとって大切なことは、ここでヨハネが徹頭徹尾「証人性」を貫くものとして描かれていることです。ヨハネは自ら「わたしはキリストではない」（一・二〇）と告白しています。ここに見られる否定こそは「あかしのため」の否定にほかなりません。自己が空無化されればされるほど、「あかし」の働きは鮮明になります。「太鼓は空っぽであればあるだけ大きく響くもんです」（中森幾之進）。ヨハネはここで自己の空無化がキリストの鮮明化につながるという逆説を生きる者とされたのです。「ひとりの人」に過ぎなかった者が、神に選ばれ、召され、立てられて、「証人」とされました。その存在について彼は全く神に依存し、受身的でしかありません。しかし、また彼は「証人」として能うる限り能動的に「自己空無化」の徹底に向かわざるをえません。それによって「証人」たることが全うされるからなのです。

4

しかし「自己を空無化すること」とは、一体どういうことなのでしょうか。そもそも「自己空無化」は可能なことでしょうか。もしそうであるならば、「あかし」の業は私たちの空無化への努力と忍耐の業によってなされることにはならないでしょうか。

私たちは、ここで福音書が「彼は光ではなく」と言いつつ、「光についてあかしをする」と語っていることに注目しましょう。「光についてあかしをする」のは、「光」を浴びた者だけです。「われらはあなたの光によって光を見る」（詩篇三六・九）。「光」は創造の始めでした。やみと混沌の中に「光」がさし出でることによって、世界は世界にされていきました。それゆえ、神はこの「光」を「良しとされた」（創世記一・三）のです。この「光」を浴び、「光」にあずかって生きることは、神の「良し」に生きること、換言すれば「恵み」に生きることではないでしょうか。罪と闇の中にうごめくしかなかった者が、「光」を受けた時、どうしてあの暗い罪の自己にしがみついておれるでしょうか。人はかく「恵み」を受けた時、自分を「空無化」せざるをえません。しかも、それを喜ばしい服従として始めざるをえません。そこに「証人性」が生まれます。それゆえ「あかし」の言葉は感謝と讃美の言葉であって、決して説明や解釈の言葉ではありません。

私たちは遂にヨハネについてほとんど知りえませんでした。しかし唯一つのことを知りました。それは彼自身、「光」を受けたこと、「恵み」によって生かされた人間であったことです。それが彼を語らしめました。そしてそれで十分ではないでしょうか。彼の目的は「光」についての「証人」となることだからです。「その名をヨハネと言った」とだけ語られています。ヨハネとは「主は恵み深い」の意味です。あえて彼の誕生の恵みに満ちた物語や殉教（すなわちあかし）の物語を引用しなくとも、この「名」で十分です。雨後の木の葉先の水滴はどんなに小さくとも、必ず太陽の光を映し返しています。「すべての人が信じるために」「証人」としてやってきた彼は、また私たちに「光の証人」として生きることの恵みを語りかけているのではないでしょうか。「光」が、そして「光」のみが輝くために。

光は世に来た

――ヨハネ一・九―一一

すべての人を照すまことの光があって、世にきた。彼は世にいた。そして、世は彼によってできたのであるが、世は彼を知らずにいた。彼は自分のところにきたのに、自分の民は彼を受けいれなかった。

『福音と世界』一九七七年三月号

1

この福音書の記者は、先にバプテスマのヨハネについて、彼を「光の証人」として描いた後、再びここで「光」そのものについて、特に「世に来た光」について、筆を返して語り始めます。原文の順序に従うと、九節は「まことの光があった、それはすべての人を照らしている、それは世にはいり込みつつ」です。「まことの光」とは「ほんものの光」ということです。福音書記者はこの時、「まことの光」ではない、偽りの光が乱れた光芒を放っている事実を見ていたのではないでしょうか。バプテスマのヨハネを「光」そのものと見る動きに対して、イエスこそ「まことの光」として押し出そうとこの記者は意図した、というある歴史家の判断は皮相なものに思えてなりません。

既に五節において見たように、この福音書が書かれかつ読まれた状況と文脈というものは、「光」の「やみ」に対する闘いでありました。「光がこの世にきたのに、人々は……やみの方を愛し」、「悪を行っている者はみな光を憎む」(三・一九―二〇)と言われているのは、決して抽象的な観念的宇宙論的二元論を述べているのではなく、律法主義的ユダヤ教やグノーシス的イデオロギーが、権力を伴って人間を支配し人間を脅かしているという現実から叫ばれている言葉ではないでしょうか。そこで問題になっているのは「ほんものの光」は何か、ということでした。それが「ほんもの」であることはどこで見分けられるのでしょうか。それはその「光」が、きらびやかではあるが、薄暗い、あいまいなこの「世」の光と決して同化も妥協もしない、という所にあるのではないでしょうか。「光」がそれを無視し、「受けいれなかった」ということにこそ、それが「まことの光」であるしるしがあるのではないでしょうか。

2

次にその「光」は「すべての人を照らしている」(現在形に注意)と言われています。「光」は例外なく「すべての人」(単数)一人ひとりのために輝いています(個別性)。「照らす」(erleuchten, enlighten)という語は対象に変化を起こさしめる光の働きを意味します。それは人間を支配するやみの覆いを取り除いて、かくされた部分にまでさし込み、秘められた悲しみと嘆き、絶望と諦念を明るみにもたらします。それはそのような「恥部」を持つ人間を「さばくためではなく、……(彼が)救われるため」(ヨハネ三・一七)にほかなりません。「まことの光」は人を照らすことによって「まことの人」に造り変え、自己と世界について新しい「眼」をもって生きる「いのち」をもたらします。罪と恥と弱さにもかかわらず、この「光」ある故に生きることを喜びとする人間を生み出すのです。これは「すべての人」に約束されています（包括性）。そして「やみ」とはこの「すべて」への約束を妨げ、一部の人間を「やみ」にとどめ、「恥部」を決して「光」にさらさしめず、あの忌まわしい過去の鎖につなぎ続けている力にほかなりません。その力は強く今なお働いているが故に、「光」は今なお（現在形！）照らし続けるのです。さらに「すべて」を照らし続けることによって、この「光」は唯一の「光」であることを宣言しているのです（唯一性）。「すべて」はこの「光」によってこそ照らされねばなりません（六・六八）。人間が自分の救いのために企てる、あの尽きることのない「あれもこれも」の試みが、いかに虚しく終わったことでしょう。それにもかかわらず、性こりもなくまたもや人は自ら「光」を選び得るかの如く、「この光もまたあの光も」と始めるのでしょうか。その姿勢が続く間は、実はそもそも「光」に照らされてさえいないのです。「光」に照らされた、という事実は直ちにその「光」の唯一性の告白に導きます。それはほかならぬこの「光」において「わたし」が悔い改め、赦され、かつ生かされたからです。

3

この「光」は「世にはいり込みつつ」ありました。「世」（コスモス）という語はヨハネ福音書にとって極めて特徴的な語です（新約中一八四回、ヨハネ文書中一〇五回、福音書中七八回）。それは「光」がはいり込むべき目的地であり、「世」においてこそ「光」はその輝きの「場」を見出します。そのことはこの「世」が「光」にとって居心地のよい所であることを決して意味しません。「光」は「光」である限りこの「世」を指向し、そこに「来る」必然性を持っています。しかもそれは「世」に歓迎され、吸収されるためではなく、「世」を照らし、さばき、救うために来るという「光」自らの必然性です。その意味で、「世」は「光」の働きの目的であり、闘いの場にほかなりません。「光」は「世」においてこそ自らを顕わにし、「すべての人」の前に可視的に身をさらすのです。今や「やみ」を原理として存在する「世」にしてみれば、それは予期すべくもない唐突なまた迷惑な出来事でありました。しかし「やみ」からの解放を願う「世」としては、期待すべくもなかった恵みの出来事でありました（三・一六）。コスモス（調和的宇宙）とは言うものの、不調和と不条理に満ちたこの「世」に、「やみ」の支配を駆逐する祝福の「光」が来つつあるということ、このことが福音でなくてなんでありましょう。

4

九節が「光」なるイエス・キリストの受肉の「事実」を語るものであるとするならば、一〇―一一節はその事実の「展開」を語るものと言えましょう。また、一〇節と一一節は同じ内容を用語を変えて反復しているとも見られます。それらはイエスの生涯の端的な要約でもあります。「彼は世にいた」のみならず、そもそも「世」の造られたのが「彼によって」でありました。ここに先在のキリスト、創造に関与したキリスト（一・三）が語られ、「世」はその存在そのものをキリストに負うている事実が述べられています。それはいわゆる存在論的始源についての思弁ではなく、神の創造の際の「良し」で始まった歴史総体の意味を、しかも今やその「良し」を憶えず聞かず、滅亡への道を耳目をふさいでひた走るこの「世」の存在全体の意味を問うている言葉にほかなりません。しかしまたこの「世」を彼は歩まれました、かの根源的祝福の「良し」を「世」に気付かせ、立ちもどらせ、そこから再び生かしめるために。「世」そのものはグノーシス主義の言うようにその始源から悪の充満（プレローマ）であったわけではありません。もしそうなら、悪は遺伝的体質のようなものでしょう。しかし、ヨハネ福音書が問題にするのは神との分離の罪であり（一五・一―一二）、被造性を忘れて神から独立する所に、悪と「やみ」の原因があるというのです。

しかし「世は彼を知らずにいた」のでした。「世」は神の愛の対象であり（三・一六）、「光」の受け手（四・四二、六・三三）でもあります。しかし、また神への反逆者でもあります（一四・三〇、一六・一二）。「知らず」については、気づかない（リビングバイブル）という意味よりも、知っていて認めないという意味が強いと思います。一一節もそれを裏書きしているようです。「彼は自分のところにきたのに、自分の民は彼を受けいれなかった」のです。「自分のところ」をイスラエル民族を指すという意見もありますが、それでは狭すぎるでしょう。この人間の世界ととってよいと思います。この世界は神の所領です。したがって、それはまた神の子の所領でもあります。しかしその神の子が荒廃した自分の所領に来て、それを豊かにし本来の姿に帰らせようとする時、自分に属すべき人々が、自分を「受けいれなかった」のでした（マルコ一二・一―八参照）。

では他に受けいれられやすい方法、知られやすい方法はなかったのでしょうか。時間を超越する永遠の命題の如きものであれば、万人に抵抗なくむしろ賞讃と評価をもって受けいれられたかもしれません。しかし今、ここで真理を生きることを迫られる時、人は尻ごみし辟易し躓きかつ憎むに至るのです。「光」は人となりナザレのイエスとして人々の前に現われ、「やみ」におおわれた欺瞞と「恥部」を照らしました。人々は怒り狂って彼を嘲罵し攻撃し、遂に十字架へ追い上げていきました。しかし、そのような姿の中で「光」はますます輝くのでした。

沖縄救癩事業の初期、住民の妨害と迫害に憤る林文雄は語っています。「家が半分焼かれている。いつ竹槍が飛び出すかもしれない。明日行くべき処もいずこなるや、……窮迫のドン底にあって彼らはなお歌うのだ。『うきよのなげきも心にとめじ』。……諸君が彼らに憎しみの鞭をあげる時、彼らはまた仏となるであろう。神の聖き光を放つであろう。それをも諸君はなお、竹槍をもって追い、獣の如く墓場に送らんとするのか」と(おかのゆきお『林文雄の生涯』一五六頁以下)。イエス・キリストの福音の光はかかる姿において「世に来た」のではないでしょうか。

血すじによらず
――ヨハネ一・一二―一三

『福音と世界』一九七七年四月号

しかし、彼を受けいれた者、すなわち、その名を信じた人々には、彼は神の子となる力を与えたのである。それらの人は、血すじによらず、肉の欲によらず、また、人の欲にもよらず、ただ神によって生まれたのである。

1

「しかし」という句によって、この福音書記者は前節との対照を際立てています。九―一一節は、イエスの「生涯」の要約とも言うべき言葉であり、主イエスがいかに痛ましくもこの世の民から拒否されたか、を語っていました。「しかし」主イエスの「意味」は、決してそれで終わりません。否むしろ、そのような拒否があったればこそ、この世に異なった新しい世界が明示されたのでした。この「しかし」は、まずこの世の拒否を事実として認めた上で、しかもそれを通して、それを越えるキリストを指し示しています。

それと共に、この「しかし」は主イエスを「受けいれなかった」者たちと、「受けいれた者（たち）」

との分離・対立を明らかにしています。この分離・対立は避けられませんし、またなくてはなりません。それは「受けいれた」か「受けいれなかった」かを、ある教義や信条を言葉として承認したか否か、というレベルで争うような人間的分離・対立ではありません。言葉としてだけならどんなキレイごとでも言えるでしょう。しかし、そんな無責任な自己満足的な言葉は信仰の言葉と言えるでしょうか。大切なことは「神の子となる」こと、「神によって生まれる」ことではないでしょうか。したがって、この「しかし」は人間の判断（たとえそれが「信仰的判断」であっても）のレベルでの分離・対立を言うのではなく、神自らが迫って引き起こされる分離・対立にほかなりません。罪人を「神の子」とする恵みの出来事そのものがもたらす、不可避にして不可欠の分離・対立なのです。恵みによって生かされているそのあり方、そのものに勝って、この世と激しく対決するものを私たちは知らないのですから。

2

主イエスを「受けいれた者（複数）」とはどういう人々でしょうか。まず、この人々は少数者にちがいありません。なぜなら、圧倒的多数の「民」は「彼を受けいれなかった」からです。さらに、この人々にとって「彼を受けいれる」ということは、圧倒的多数者の意見や行動に逆らうことですから、非常な冒険でありました。当然否も応もなく、それは少数者の立場を自ら選ぶことになるのみならず、迫害や抑圧や偏見の的に自らをさらすことになります。「あなたがたも去ろうとするのか」（ヨハネ六・六七）。真に「人を生かすもの」はご自分との交わりであることを述べられた時、そしてそれに躓いて主イエスから「多くの弟子たちは去って」しまった時、十二弟子に彼はこう語られました。主イエスの兄弟たちさえも「イエスを信じていなかった」（七・五）のです。このように「受けいれられなかった」主イエスをなお「受けいれた者」とは一体どういう人々なのでしょうか。

「主よ、わたしたちは、だれのところに行きましょう。永遠の命の言を持っているのはあなたです」（六・六八）というペテロの言葉は、一種の宗教的功利主義から出たものでしょうか。私にはどうしてもそうは思えません。後日、主イエスの苦難の夜におけるペテロの裏切りと挫折から、この時のペテロの誤解と認識不足をあげつらうことも可能でしょう。しかし、ここでのペテロはやはり主イエスの悲しみに、そのさびしさに引き寄せられたとしか思えないのです。否むしろ正確に言えば、主イエスの悲しみの中に、実はペテロ自身の悲しみとそれをいやす慰めを彼は見出したのではないでしょうか。さらに言えば、主イエスの悲しみの中に受けいれられている自己をペテロは発見したのではないでしょうか。拒否された者を受けいれることができるのは、自ら拒否されたことを知る者のみです。ペテロにとって主イエスがこの慰めとなった時、彼は一体ほかの誰に行く必要があったでしょうか。「他に訪ね行くべき人を知らず、何事につけても、唯彼のみもとに行くことを知る者はさいわいである」（キェルケゴール「イエスの招き」より）。かくして、主イエスを「受けいれる」とは、既に彼に受けいれられていることを受けいれることにほかなりません。全世界がこの私を告発しても、慰め主イエスと共にある時、私は安らかなのです。そこに渦巻くであろう迫害や抑圧や偏見は、決してこのことを妨げる力にはなり得ないでしょう。

3

このように主イエスを「受けいれる」ことは、また主イエスの「名を信ずる」ことです。それはキリストの支配の下に組み入れられて立たせられることを意味します。それはこの世の子であった者が、「神の子となる」という、決定的な秩序の変化であります。それは決して耳目を引くような、見栄えのよい変化ではありません。見栄えという点から言えば、この世の子らである方がはるかに魅力的に見えるかもしれません。門地、家柄、地位、財産など、人間の生を支えると見えるさまざまの資格について、この世の子らは誇らかにこれを飾りたて、可能な限り見栄えよき生を追求してやまないのです。能力の永久開発に賭けて適者生存の原則において勝ち残ることは、いよいよこの誇りを高くするものです。そこでは、差別は存在の条件であり、世界の必然的構造なのです。

しかし、主イエスの「名を信じ」、「神の子となる」ということは、その原語が示すように神の子ども（テクナ・テウー）となることであり、養育を必要とする、神の幼児（children of God）となることです。彼らは徹頭徹尾、恵みの養いを必要としています。恵みなくして彼らの生命はありません。彼らはしかし神の養いに依存しているので、あの見栄えはよいかもしれないが自縄自縛に陥る、門地・家柄、地位、財産などから解放されています。差別の循環的構造から自由にされています。したがって、彼らが誇りとするものがあるとすれば、それは自らの「弱さ」（IIコリント一二・九）でありましょう。その「弱さ」故にキリストの力が宿るからです。恵みの故に「弱さ」を誇りとし、「弱さ」故に恵みを誇りとするのです。

「神の子となる力」とは、直訳的には権威（エクスーシア）であって、神の子となるべき特権のことです。それは主の名を信じるということにおいて、すべての人に約束されている特権であって、決してこの世の資格主義のもたらす差別構造に類する、宗教的差別構造を造り出す要素ではないし、またそうあってはなりません。この特権とはむしろ門地、家柄、地位、財産などに依存せず、神の憐れみと恵みによってのみ生きるという特権なのです。

4

このことは何か精神主義的な事柄なのでしょうか。個人の内面生活の秩序維持のための了解事項のようなものでしょうか。「光は世にきた」と言われる時、私たちは「世」という言葉のもつ社会的現実性をどれだけふまえてこのみ言葉を聞いているのでしょうか。もし私たちがこの特権について精神主義的に聞くならば、私たちは世のために来たりたもうた主イエスを「受けいれなかった」ことになります。

それ故「血すじによらず」という一句に、私たちは真に革命的な、喜びの音信を聞くのです。「血すじ」（原文では「血」――複数）というこの世の誇りによって、いかに悪魔的な差別が深められたことでしょう。どれほど痛ましい圧殺の歴史が重ねられてきたことでしょう。しかし、今や主イエスの支配の下に立つ者は、「血すじ」の桎梏から解きはなたれ、「ただ神によって生まれた」者なのです。

保育園に入園を予定している、近くの韓国人集落の、ある家庭を訪れ、その子の呼び名をどうするかを話し合いました。両親は日本名で呼んでほしいと主張しましたが、私は韓国名で呼ぶことをすすめました。しかし話し合っている中で、私は日本人としてこのことをすすめ得るどんな根拠があるのかと自問せざるを得なくなったのです。韓国名を呼ぶことによってこの子をみすみす差別の対象にするに忍びない、という両親の気持ちが痛いほど伝わってきました。私にとってこの子を韓国名で呼ぶということは、直ちに民族差別への闘いを責任として負うことを抜きにしてはないのです。私は事柄の重さに打ちのめされながら、控え目に語る両親の長い被差別と被抑圧の物語を聞きました。寝ていたふとんをまくられて、着のみ着のまま連行された戦争中の経験は私の心をえぐりました。しかし最後には私の意図を分かってくれて、韓国名で呼ぶことを両親がゆるしてくれた時、私はこの地域社会に対して新しい関係に立ったことを自覚しました。「血すじによらず、……ただ神によって生まれる」という言葉のもつ力強い現実感が、この時私を掩《おお》いました。それは喜ばしい務めとしての反差別の闘いにこれからも私を招き続けることでしょう。

言は肉体となった
——ヨハネ一・一四—一八

『福音と世界』一九七七年五月号

そして言は肉体となり、わたしたちのうちに宿った。わたしたちはその栄光を見た。それは父のひとり子としての栄光であって、めぐみとまこととに満ちていた。ヨハネは彼についてあかしをし、叫んで言った、「『わたしのあとに来るかたは、わたしよりもすぐれたかたである。わたしよりも先におられたからである』とわたしが言ったのは、この人のことである」。わたしたちすべての者は、その満ち満ちているものの中から受けて、めぐみにめぐみを加えられた。律法はモーセをとおして与えられ、めぐみとまこととは、イエス・キリストをとおしてきたのである。神を見た者はまだひとりもいない。ただ父のふところにいるひとり子なる神だけが、神をあらわしたのである。

1

私が神学校に入って間もなくのことでしたか、ブルンナー博士が来日され、横浜ＹＭＣＡで講演会が開かれました。つめかけた牧師、神学者たちに向けて博士は、やおら「神様には顔があるでしょうか、皆さんいかがお考えですか」と質問されました。しばらくの沈黙が続きました。その席にいた人々は何か一見子どももじみたとも見えるこの質問に答えあぐねていたのかもしれません。そして、博士自身が「私はあると思う。イエス・キリストのお顔がそれです」と答えられました。その瞬間、私自身の中に何かボカッと戸が開かれたような気がしたのと、会場全体から共感（?）のざわめきが起こったことを記憶しています。

「言は肉体となった」。このことは特にヨハネ福音書の重要なテーマです。ヨハネ福音書はいわゆるグノーシス主義の神話や表象に影響されながらも、その霊肉二元論の立場や、イエスにおける神の言の受肉を否定する主張とは断乎として対決しようとしています。

「肉」というものはギリシア哲学においては原理的に拒否、否定、克服されるべきものでありました。「プラトンないしプロチノスの観点から見れば、受肉とは一つの堕落でしかあり得ない」（トレモンタン『ヘブル思想の特質』西村俊昭訳、一三七頁）。しかし、この当時の支配的思想では「堕落」でしかなかった出来事において、ヨハネ福音書は「栄光」を見出し、そのことを明確に宣言しているということは、何という大胆な行為でしょう。

2

ヨハネ福音書にとって、この「受肉」の主張はまことに譲れない真実でありました。それは「受肉は、世界についてのヘブル的概念のかなめ石である」（同、一三五頁）という意味においてだけではありません。ヨハネ福音書はここで世界のすべての運命にかかわる信仰を言い表わしています。神はご自身の本質を「肉」において、見える形において示されました。それは神がもはや神でなくなったということではなく、まさに神が神であるが故に、人間のためになされたところの、自己限定であり、自己謙卑化のわざであります。それと同時に、神は自ら「堕落」し、「汚《よご》れて」くださったことによって、私どもの罪の「肉」を受容してくださったのです。罪と死、孤独と不信、不正と暴力を運命とするこの私どもの「肉」が、それにもかかわらず、神に受け入れられたのです。それ故「受肉」とは、神の「創造」の意味と約束を成就する出来事であったと言えるでしょう。「受肉」において世界は、この悲惨と不条理に満ちた世界は、もはや失われることなき救いの出来事に摂取されたのでした。それはまことに恵みの出来事であったという以外に私どもは言う言葉を持ちません。私どもの「肉体」は汚れに染み、この世界はたしかに醜悪そのものです。しかし、それがみ言葉の「受肉」の場となったことによって「肯定」され、真に美しいものとされました。それ故私たちが生きるとするならば、み言葉が「受肉」されたこの世界以外に、場所を持たないし、持つ必要もありません。この世を十分に生きればよいのです。

3

この「受肉」のみ言葉は「わたしたちのうちに宿った」と記されています。直訳的には「わたしたちの間に住んだ」とも訳されるでしょう。「宿った」は元来「天幕を張る」という意味の語です。「受肉」の出来事は一つの点のようなものでなく、歴史のイエスの生活全体を含んでいます。彼は「民の罪をあがなうために、あらゆる点において兄弟たちと同じようにならねばならなかった。主ご自身、試錬を受けて苦しまれたからこそ、試錬の中にある者たちを助けることができるのである」（ヘブル二・一七―一八、さらに四・一五―一六参照）と記されているように、イエスは私たち人間の運命に連帯され、私たちと共に、重いこの世の生活を生きられたのでした。しかしそのことはまた、私たちが主イエスの生に連帯せしめられ、彼と共に歩む者とされたことを意味しています。

ヨハネ福音書は私たちの間に生活された主イエスの生を、「父のひとり子としての栄光であって、めぐみとまこととに満ちていた」と巧みにも言い表わしています。主イエスの生に連帯することをゆるされた者は、その「栄光」と「めぐみとまこと」にも参与することがゆるされています。主が私たちのもとにまで自らを低めたもうたことによって、私たちは彼のみもとにまで、高められているのです。それは彼の「めぐみとまこと」との故に与えられた独自な位置にほかなりません。まさに「めぐみとまこと」こそ、主イエスのすべてを言い表わすにふさわしい言葉でしょう。

「めぐみ」はゆるし、慈しみます。「まこと」はさばき、正します。私たちは主イエスの慈しみのもとでさばかれるのです。ゆるしの中で正しくされるのです。愛の中で真実にされ、正直にされるのです。それ故小さいことかもしれませんが、「めぐみとまこと」という句の順序にも注目したいと思います。この意味で、「さばき」もまたそれがほかならぬ主イエスの「さばき」であるが故に「めぐみ」であると言えるのではないでしょうか。かくて、ヨハネ福音書記者は「めぐみにめぐみを加えられた」と語るのではないでしょうか。「めぐみ」とは罪ゆるされ、かつ新しく立てられることです（一五・一六）。それは律法を主体化する福音だからです。かくして、私たちはめぐみの招きに従って、主イエスの生に参与する者とされています。「信仰とは服従である」（ボンヘッファー）という言葉が、ここで妥当するのです。倫理は「めぐみ」の表現にほかなりません。

4

しばらく前に、D・H・ローレンスの『チャタレイ夫人の恋人』という小説が問題になりました。「言が肉体になるのではない。肉体が言になるのだ」という彼の主張は、私たちの間にある反響と賛同を呼び起こしました。旧習にとらわれた貴族の夫人が自然の中に自由に呼吸する森番と出会い、肉体の交渉の中で人生にめざめていく、という物語ですが、抱き上げたひよこを頬ずりしながら「生命だ、これが生命だ」と歓喜する場面など、印象に残りました。そして、それがローレンスの「肉体が言になった」という主張の基になっていることもうなずけます。しかしそれは本当にそうなのでしょうか。私は文学には門外漢ですが、二十世紀の、道徳化し形骸化して、人間の生命的な全体的把握を忘れた、精神主義的キリスト教に対する批判として、一定の評価をその主張に与えることができるでしょう。しかしそれがすべてでしょうか。

数年前、大学の荒廃の中で、芽生えたかに見えた愛情に挫折した女子学生が自殺しました。相手の医学生に宛てた遺書の中に、「あなたの心が欲しかった」という句があったのを悲しい思いで読んだことでした。「心」のない交渉の中で虚しさの深まるばかりの日々を、彼女は耐えることができなかったのでしょう。論争好きの彼女の思いが、こんな切ない、単純な最後の言葉に包まれていることが不憫でなりませんでした。

「言」のない「肉体」の虚しさだ、と言い切ってしまうのは酷かもしれません。しかし本当に思うのです、「肉体」の反復だけでは何も起こらないということ、そしてやっぱり「言」が先行し、「言」が、「肉体」になるのだということを。これは決して道徳主義への逆もどりではありません。

このことはヨハネ福音書の「受肉」の福音とは何か場ちがいの問題なのでしょうか。私にはそう思えないのです。主イエスの「めぐみとまこと」は私たちに彼の「栄光」にあずからしめます。それは「言」によってこそもたらされる「肉体」の「栄光」です。主イエスが「肉体」を愛し、「肉体」において苦しみたもうたからこそ、私たちもこの「肉体」を愛し、「肉体」において苦しむのです。「肉体」として生きることの喜び、「栄光」そして感謝。それは「イエス・キリストをとおしてきた」のです。

荒野の声

――ヨハネ一・一九―二三

『福音と世界』一九七七年六月号

さて、ユダヤ人たちが、エルサレムから祭司たちやレビ人たちをヨハネのもとにつかわして、「あなたはどなたですか」と問わせたが、その時ヨハネが立てたあかしは、こうであった。すなわち、彼は告白して否まず「わたしはキリストではない」と告白した。そこで、彼らは問うた、「それでは、どなたなのですか、あなたはエリヤですか」。彼は「いや、そうではない」と言った。「では、あの予言者ですか」。彼は「いいえ」と答えた。そこで、彼らは言った、「あなたはどなたですか。わたしたちをつかわして人々に、答を持っていけるようにしていただきたい。あなた自身をだれだと考えるのですか」。彼は言った、「わたしは予言者イザヤが言ったように、『主の道をまっすぐにせよと荒野で呼ばわる者の声』である」。

1

「キリスト教的生活」とはいかなるものなのでしょうか。わたしたちはしばしばそれを小市民的生活の向上、充実というような意味で考えがちです。学校に行くならミッションスクールへ、結婚するならクリスチャンと、造るならクリスチャンホームを、就職するなら社会的に信頼度の高い企業に、という具合にです。しかし「キリスト教的生活」とは、果たして教養とか地位とか財産とか品性とか、そのようなものと直接的にも間接的にも結びつくものなのでしょうか。つまり、それは自己の「充実」した生活を意味するのでしょうか。わたしたちは既に一・六―八の箇所でヨハネの「あかし」に関連してその事を学んだはずです。「キリスト教的生活」とは決して自己の「充実」のことではなく、むしろ「空無化」されること、「得る」ことよりは「失う」ことにおいてあるのです。それは「道具性」に深まることを意味すると共に、また直ちに「主体性」に深まることを意味するのです。Ⅱコリント四・七―一一は、この信仰の逆説的構造をまたとなく適切に表現していると言えるでしょう。

それ故「主の祈り」の前半の三祈願を貫く、「汝の名」「汝の国」「汝の意」が先行しなければなりません。神の国のしるしとして、この歴史の中に善き変化が引き起こされるための道具になること。「キリスト教的生活」とはこれ以外ではないはずです。したがって、「あかし」とは決してめでたい話ではありませんし、しばしばカッコ悪い結果に終わります。それは手放しでミッションスクールを賛美せず、手きびしく批判することになります。クリスチャンホームはそのために破れることもあります。不良呼ばわりされるに至ります。しかし「まるでこじきのようなうらぶれた姿で」路上で倒れ、遺産としては「読みふるした新約聖書一冊、日記三冊、チリ紙少々」がすべてであった田中正造の中にこそ、「キリスト教的生活」があるのではないでしょうか（『キリストの証人――抵抗に生きる（一）』一四四頁以下）。正造の起こした訴訟は、彼の死後六年にして勝訴しました。しかし勝利を見ずして死ぬことも、まさに「キリスト教的生活」なのではないでしょうか。

2

さて、「ヨハネが立てたあかし」は、そのような意味で「キリスト教的生活」でありました。エルサレムの衆議会（サンヘドリン）のメンバー（一九節の「ユダヤ人たち」のこと）は「祭司たちやレビ人たち」を送りこんで、新しい宗教運動のリーダーとして登場したヨハネを査問させました。ここで、彼らはヨハネの素性をしらべるのです。「あなたはどなたですか」は四回くりかえされます。要するに根掘り葉掘りしらべあげて、それらが彼らの既知の価値体系にふさわしくあれば、彼を民衆の指導者として資格づけ、認可し、権威化しようというのです。ここには高名、高職の者を尊び、無名、無資格の者を卑しめるという俗物的精神が支配しています。そして、結局は彼らの価値体系の枠の中にヨハネを組みこみ、彼らの体制の維持に奉仕せしめるか、さもなくば有無を言わさず排除したいのです。

ヨハネはこれらの問いに対して、まず否定をもって答え続けます。かの「祭司たちやレビ人たち」は一番気になっていること、すなわちヨハネはキリストか否かをまっさきに尋ねたのでしょう。ヨハネは「わたしはキリストではない」と「告白した」のです。単に答えたのではなく、「告白して否まず……告白した」とあることに注目しましょう。「エリヤですか」（マラキ四・五参照）の問いにも、「あの予言者ですか」（申命記一八・一五参照）の問いにもヨハネは否定をもって対応しました。しかし、これはまさに否定における信仰告白なのです。この場合、自己について否定的に告白する者のみが、神について肯定的に告白するのです。ヨハネは、自分について既成の宗教的期待に基づいて人々からの資格づけを受けることを拒否しました。人間的承認を待って神の業を始めることなど、彼には思い及びもしないことでした。人間的評価から始める道を彼は否定したのです。

したがって、彼らに対してヨハネはいわば「実体なき者」として対応したのです。これは彼らにとっていらだたしいことであり、躓きそのものとなりました。二二節は、彼らの困惑を巧みに表現しています。自分自身が「聞いたこと、見たこと」（Iヨハネ一・一、マタイ一一・二―六、ルカ七・一八―二三参照）に触発されるままに、新しい現実について語ることのできない人間は哀れです。特定の見方しかできないように、権力や既成概念によって押えこまれているからです。自由な新しい一歩がふみ出せないからです。しかしこの躓きを越えて、「実体なき者」として振舞うヨハネの奥に、生きて働き、語るお方を見出した人は幸いと言わねばなりません。

3

ヨハネは一つの「声」として終始しました。自らを「実体」化せず、あくまでも「あかしの声」であることに終始しました。ここで初めて、ヨハネは自分自身について肯定的に告白するのです。人間は自分について語るとすれば、このようにしか語り得ないでしょう。しかし、またこのように自分について語ることが許されているのは、何という恵みでしょう。いったい、肯定的に自己について語り得る場が、他のどこにあるでしょうか。それ故自己について語る言葉があるとすれば、それは神の前での讃美と感謝の、告白の言葉しかありません。それはただちに「あかしの声」なのです。

ヨハネは名もなく身分もなく、一つの「声」にすぎませんでした。しかし彼はそれで十分でありました。なぜなら彼は「声」として存在し、彼の存在は「声」であることだったからです。マタイやルカと違って第四福音書のヨハネは「エリヤ」であることさえ否定するヨハネ、自らを空しくすることで「証人性」「道具性」に徹しようとするヨハネです。しかもその「声」は第二イザヤの語る、「主の道をまっすぐにせよと荒野で呼ばわる者の声」(四〇・三)でありました。この句がバビロン捕囚からの解放の歌の一部であることに注目しましょう。「荒野」はイスラエルにとって特別の意味を持った場所です。そこでイスラエルは楽な生活を経験しませんでしたが、真実の生活を学びました。そこは審きの場所であると共にそれを貫いて、神とイスラエルの蜜月の場でありました(ホセア二・一四)。祖国に帰還する民を導く主の王道は「荒野」を貫くのです。かくて、ヨハネは解放の前ぶれを告げる「声」でありました。真の審きと真の慰めを告げる、しかし無名の一つの「声」でありました。

今年の聖金曜日の夜、山谷で四六歳の一人の男が世を去りました。中森幾之進牧師の主宰する「むいか塾」で社会学の講義(明治学院大学久世了教授による)を聞きながら脳出血のため倒れたのです。私たちがSさんと呼んでいたこの人の名は実名ではありませんでした。遺骨は身許不明のため一週間も警察に留められたままでした。やっと遠い親戚との連絡がつき、一応すべてのことは終わりましたが、その時人々は彼が一九歳である会社をレッド・パージされ、転々として山谷に移り住んだこと、そして福音に触れてもう一度キリスト信仰において「社会変革と人間解放」を主題とし、希望に燃えて、「むいか塾塾生」になったことを知ったのでした。一再ならず彼の祈りを聞いてきた私は思います、彼はまことに「荒野の声」であったと。彼の身許がいかなるものであったにしろ、彼が何も残さなかったにしろ、確実なことは彼がキリストにおいてゆるされて生きた人であったこと、そしてそれを山谷で、「声」として生きた人であったことです。「主の道」を備えるべく選ばれた「声」であったことです。喘息で長く入院し、Sさんの死の直後何も知らずに退院してきたHさんは、「山谷の人間としては全く羨ましい最後でしたよ」と語りましたけれども、それはひとり「山谷の人間」にとってだけのことでしょうか。Sさんこそ、かの「キリスト教的生活」を十分に生きた一人の人と言えるでしょう。

わが後に来る者
――ヨハネ一・二四―二八

『福音と世界』一九七七年七月号

つかわされた人たちは、パリサイ人であった。彼らはヨハネに問うて言った、「では、あなたがキリストでもエリヤでもまたあの預言者でもないのなら、なぜバプテスマを授けるのですか」。ヨハネは彼らに答えて言った、「わたしは水でバプテスマを授けるが、あなたがたの知らないかたが、あなたがたの中に立っておられる。それがわたしのあとにおいでになる方であって、わたしはその人のくつのひもを解く値うちもない」。これらのことは、ヨハネがバプテスマを授けていたヨルダンの向こうのベタニヤであったのである。

1

この世に真理が姿を現わす場合には、直接、右翼とか左翼とかいう党派性を帯びては決して現われません。党派同志はどんなに対立しても、そこには党派性という共通の性格に基づく論理があって、両者を共存せしめる場を構成しています。しかし、真理が姿を現わすときは、党派性が依拠する、この世の論理そのものを審くものとして現われます。帰属性や資格を事柄に先んじて問う論理は、ここでは逆転されるのです。したがって、党派は右であっても左であっても、その党派性を破壊される危機に直面すると、それがたとえ真理であっても、真理に逆らってしまうのです。それが党派がこの世の論理に立っている何よりの証拠でしょう。

ヨハネ一・一九では、バプテスマのヨハネの帰属性と資格を確認するべくエルサレムの衆議会から派遣されたのは、「祭司たちやレビ人たち」であったことになっています。ところがヨハネ一・二四では、「つかわされた人たちは、パリサイ人であった」と記されています。「祭司たちやレビ人たち」と「パリサイ人」とは本来対立的関係にありました。というのは、祭司階級を独占していたのはサドカイ派であって、衆議会の大勢を占めて、エルサレム神殿を本拠に政治的権力を振るう支配の中心でありましたし、他方パリサイ派は会堂（シナゴグ）を中心に、民衆の中にあって律法的信仰の訓練に当たり、その敬虔の伝統は強い民族主義と結びついて、ローマの支配下に安住するサドカイ派とは神学的にも鋭い対立関係にありました。

それ故、ヨハネ福音書がここで「つかわされた人たちは、パリサイ人であった」とするのは、はっきり一・一九と矛盾するのです。この点の整合を求める説明は色々と可能かもしれません。しかし、それはともあれ私たちにとって大切な点は、サドカイ派とパリサイ派という歴史的に相対立してきた二つの党派が、共にヨハネに向かって、あの帰属性と資格への問いをもって迫り、真理の証人であるヨハネに逆らっているという事実です。真理が真理である限り、党派性というこの世の論理からの攻撃を受けるのは必然的なことでした。

2

「なぜバプテスマを授けるのですか」。彼らは資格と帰属性への問いをもってヨハネのバプテスマを授ける理由を問いつめようとしています。「キリストでもエリヤでもまたあの預言者でもない」ことを告白して、ヨハネは終末的救済者であることを自ら否定した以上、終末的救済に備えてのバプテスマをヨハネが執行する意味はないのではないか。しかも、バプテスマを執行するのはいかなる根拠と資格があるからか。このように、彼らは疑惑と非難をもって問うわけです。

このようなバプテスマ執行の根拠や資格をめぐる問いなどに、ヨハネはかかずらわる余裕はありません。二六節のヨハネの答えは、決して彼らの問いにまともに答えている言葉ではありません。ヨハネにとって問題は、彼らの問いのレベルに引きずりこまれて、自らの根拠や資格や帰属性に関する弁証を始めることではありませんでした。ヨハネにとって唯一の関心、しかも緊急な関心は、「あなたがたの知らないかたが、あなたがたの中に立っておられる」ということ、そしてその方を証しするということでありました。その方がかの終末的救済者であることは言うまでもありません。しかし、その方はサドカイ派にとってもパリサイ派にとっても「未知」の方であり、この世の論理に立つ両派の存在根拠を根源的に審こうとする方であります。彼らにとってこの「未知」の方は躓きでしかありません。彼らの「既知」の体系の中では、終末的救済者もやはり何よりも帰属性と資格において評価されるべき者でありました。彼らの論理なり評価なりが先にあって、それに見合う限りにおいて救済者はその意味を得るわけです。彼らが願っている通りの者であれば、彼らは信ずるわけです。

しかし、これは本末転倒ではないでしょうか。人間的評価を前提して、救済者はその存在を保証されるのでしょうか。私たちは「私にとって意味あるキリスト」という、一見福音的な命題に眩惑させられます。否、たしかにそれは福音の一側面ではあるでしょう。メランヒトンの「私のためのキリスト」(Christus pro me) というモチーフは、たしかに福音的であります。しかし、他面それは「意味を問うわたし」とは何かという、根源的問いから逃げています。「私にとって意味あるもの」があたかも「既知」であるかのように出発する所に、大きな錯誤があるのではないでしょうか。「意味を問うわたし」そのものが、まず審《さば》かれなければならないのです。「私のため」という限定において、キリストはキリストになるわけでは決してありません。キリストはまずキリストとして、「私のため」という限定を越えています。キリストはまずキリストである故に、「私のためのキリスト」でもありたもうのではないでしょうか。

それ故「既知」の体系の中で救済者を追い求める者たちにとって、キリストは常に、そして永遠に、「未知」の者であり続けたもうでしょう。人間の「既知」の傲慢がまず砕かれなければなりません。ヨハネのあかしの使命はこの点にこそあったのです。

3

ヨハネは自分の最後の近いことを知っていました。自分の働きはただ、「主の道をまっすぐにせよと荒野で呼ばわる者の声」にすぎなかったことを知っていました。ヨハネの働きはあかしであり、前触れであったにすぎません。しかし、実体としての救いの成就は、彼のあかしするあの「未知」なるお方、すなわち「わたしのあとにおいでになる方」によって果たされなければなりません。その方に対して、ヨハネは自分が「その人のくつのひもを解く値うちもない」、すなわちその人の奴隷にさえもなれないほどの者であることを告白します。事実、彼は何のしるしも行ないませんでした（一〇・四一）。これは謙遜の言葉ではなく、救いの成就がキリストにおいてしか果たされないことの告白です。あの十字架において一回的に「世の罪を取り除く神の小羊」（一・二九）は、神からつかわされたキリスト以外にありません。このことはあの「既知」の傲慢の中にある者にとって、たしかに躓きであったはずです。しかし、その躓きはまた人をして真に救いとは何かを問わしめ、「既知」の体系そのものが砕かれる機会でもあったはずです。

ヨハネにとって何よりも喜ばしいことは、そのキリストがすでに「あなたがたの中に立っておられる」という事実です。ヘロデによるヨハネの処刑という共観福音書に見られる伝承は、周知のことだったのでしょう。この福音書は彼の逮捕のみを伝えています（三・二四）。いずれにしても、ヨハネは新しい時を告げる「燃えて輝くあかり（ランプ）」でありました（五・三五）。真の光は今や到来しつつあります。「花婿の友人は立って彼の声を聞き、その声を聞いて大いに喜ぶ。こうして、この喜びはわたしに満ち足りている。彼は必ず栄え、わたしは衰える」（三・二九―三〇）。これが間もなく世を去るヨハネの喜びでありました。そして、この喜びは証しの業に召されている者のすべてにとっても、同様なのです。「彼は必ず栄え、わたしは衰える」。それは決して悲しみに浸された感慨のようなものではなく、あかしが全うされ、救いが成就する希望に裏打ちされた言葉です。「わたし」はどうであろうとも、「彼が栄える」ことが主題なのです。

「見た眼に効果のあらわれることより、徒労とみられることを重ねてゆくところに、人間の希望が実るのではないか。おれは徒労とみえることに自分を賭ける、と去定は言った。――温床でならどんな芽も育つ、氷の中ででも、芽を育てる情熱があってこそ、しんじつ生きがいがあるのではないか」（山本周五郎『赤ひげ診療譚』二九八頁、新潮文庫）。「氷の中ででも、芽を育てる情熱」、それはわれわれにとって、人間的がんばりではなく、「わが後に来る者」に裏づけられた「情熱」にほかなりません。徒労を重ねることが先ではなく、希望が先なのです。ヨハネと同様、晩年のパウロも「キリスト・イエスの日までにそれを完成してくださる」方を信じて（ピリピ一・六）喜びました。それ故語り得たのです、「堅く立って動かされず、いつも全力を注いで主のわざに励みなさい。主にあっては、あなたがたの労苦がむだになることはない」（Ⅰコリント一五・五八）と。

見よ、神の小羊
――ヨハネ一・二九―三一

『福音と世界』一九七七年八月号

その翌日、ヨハネはイエスが自分の方にこられるのを見て言った、「見よ、世の罪を取り除く神の小羊。『わたしのあとに来るかたは、わたしよりもすぐれたかたである。わたしよりも先におられたかたからである』とわたしが言ったのは、この人のことである。わたしはこのかたを知らなかった。しかし、このかたがイスラエルに現れてくださるそのことのために、わたしはきて、水でバプテスマを授けているのである」。

1

「その翌日」という書き始めによってこの福音書記者は、それ以前とは全く異なった状況を描き出しています。一・一九―二八はともかく「ヨルダンの向こうのベタニヤで」起こったことであり、そこではバプテスマのヨハネは彼の帰属性と資格とを「エルサレムから」の人々に問題にされ、彼は「荒野の声」として、キリストの来臨を告げる者として自らを示しました。しかし、この「その翌日」という句によって、私たちはそれらの事が第一日の出来事であったこと、そして三五、四三節に繰り返される「その翌日」、さらに二・一の「三日目」という言及によって、一・一九―二・一一までの記事が、イエス出現の最初の一週間の出来事の叙述であることに気がつきます、したがって、この度の箇所は第二日目の内容ということになります。

第一日目に見られるような種々の人物、地域を示す語は消えて、ここではただ、ヨハネとイエスのみが舞台に上がっています。ヨハネが「イエスが自分の方にこられるのを見て」語る言葉は誰に向かって語られているのか、明確ではありません。しかし、このような状況設定によってはっきりしてくることは、バプテスマのヨハネの「証人」としての機能です。特定の人のためではなく、この世の全体に向かって語る「証人」ヨハネが光を浴びて立っています。あたかも、かのグリューネヴァルトの描くように、この福音書はイエス・キリストを指さす「指」としてのヨハネを浮き彫りにしているのです。このことによって、私たちは「証人」なる者のあり方を示されます。イエスの前に何の夾雑物もなく、また一切の第三者への顧慮も取り払われて、ただキリストを指し示す者として立てられること。このことに勝る光栄はありません。それは、恵みの主御自身の迫りによって引き起こされる「不可避の道」であり、その必然の故にまた限りなく自由なる行為にほかならないからです。

ところで、ヨハネはイエスの先駆者であり、イエスに先立つ者でありつつ、しかも「あとに来る方」を待つ者でありました。また、彼はイエスに先立ちつつ、実はイエスの後から従う者でもありました。イエスが「わたしよりも先におられた」からです（一・一五参照）。このことこそ、ヨハネが単に「予言者」としてでなく、特に、この福音書で「証人」として描かれている理由ではないでしょうか。イエスに先立って「主の道」を備える働きとは、まさにイエスに従うことにおいて初めて成り立つ働きにほかなりません。それは、既に来たりたもうた方を待つことであり、想起しつつ待つ働きであります。キリストが既にいますという事実の想起こそ、待望の根拠であり、待望を促す力です。

したがって、ヨハネは自ら猟犬のように証拠漁りに夢中になるような「証言」をいたしません。そうではなくて「イエスが自分の方にこられるのを（待ち受けつつ）見て」語るのです。証しとは人間が何を発見したかを語ることではなく、神が人間に対して何をなされたかを語ることであり、神に向かう人間をではなく、人間に向かいたもう神を語ることです。その意味で第四福音書記者は「見る」ことを強調いたします。二九―五一節にかけて、「見る」ことに関する語が二二回も使われている事実に注目しましょう。「証し」とは神の業を「見る」ことに始まる、徹頭徹尾、受身の行為です（一・三四）。ヨハネがイエスに向かって歩んだのではなく、イエスがヨハネに向かって歩み寄りたもうた所以であります。

2

「見よ、世の罪を取り除く神の小羊」。ヨハネが「見よ」と呼びかけて、この世に対して「証し」するイエスは「世の罪を取り除く神の小羊」でありました。イエスを「小羊」（アムノス）と呼ぶのは、一・三六と共に新約聖書の中でこの箇所だけです。しかし、この表現の中には福音の中核とも言うべき内容が盛られているように思います。まずそれは「過越しの小羊」を示唆しています（出エジプト一二章）。さらに、イザヤ五三・七に見る苦難の主の僕を暗示しています。また「取り除く」（アイレイン）という語の別の意味、すなわち「負う」、「運ぶ」、「持ち上げる」という意味からも、この表現は明らかに代贖の機能を示しています。「アザゼルの山羊」（レビ一六・八）との関連を考えることができるかもしれません。いずれにしても罪の除去、ゆるし、きよめは聖書の福音の中心的使信です。「彼は、わたしたちの罪のための、あがないの供え物である。ただ、わたしたちの罪のためばかりではなく、全世界の罪のためである」（Ⅰヨハネ二・二）。

遊牧民イスラエルにとって、羊がどんなに大切な動物であるか、私どもの想像を越えるものがあります（イザヤ・ベンダサン『日本人とユダヤ人』参照）。それは、まさにイスラエル人の日常生活の命の支えでありました。それ故その血が人の罪の贖いとして用いられるということには、まことにゆるがせにできない深い意味があったはずです。イスラエルが神の恵みの契約に反した時、その罪は血によってしか贖われることができません（レビ一七・一一）。そのような文脈の中で、「キリストは多くの罪のために一つの永遠のいけにえをささげた」（ヘブル一〇・一二）と言われるのです。最後的に、神の子の血が世の罪のために流されたのです。

「キリストによる世の罪の代贖と除去」。このことは、もはや現代人には理解し難いドグマであり、神話論的命題なのでしょうか。したがって、現代人の知性に受容されるように概念を置きかえ、キリスト教的使信の再解釈が行なわれるべきなのでしょうか。しかしたとえば「罪」の概念を存在論的疎外状況という言葉で置きかえてみても、「罪」の現実性は一向に伝わらないではありませんか。問題は用語やカテゴリーの再吟味や再解釈でなく、「罪」の現実に恐れ、おののくことです。

あるいは「罪」を社会経済関係の矛盾の反映と見なし、矛盾の是正によって解消できる過渡期的状況と定義して、「罪」をいわば外在化することも、あまりに安易な見方ではないでしょうか。社会主義社会七〇年の歴史が物語る事実は、もはや「過渡期的状況」という「言い逃れ」をゆるさないものがあります。と言ってまた、「罪」を個人的敬虔の中で心理主義とも言うべき観念的操作によって自虐的にいじくり廻すことも、聖書の語る「罪」とは無縁のことです。ヨハネははっきり「世の罪」と述べ、しかも「罪」（単数形）の根源的普遍性を指摘しています。

3

私たちが「世の罪」について聞き、かつ語ることのできる文脈は、「罪」との具体的な闘いの場においてあるのみです。さらに厳密に言うならば、神の憐れみと赦しを求めざるをえない所で、「罪」は「罪」として認められます。ヨハネはこの時、激しい、罪との闘いの中にありました。祭司やレビ人、パリサイ人たち、ヘロデ、それに苦悩する民の渦中にあって、彼は「神の小羊」に憐れみを求めています。「見よ、世の罪を取り除く神の小羊」と彼が証しした時、彼は深い淵から叫んでいたに違いありません。救われなければならない民衆のただ中にあって、歎きと期待とをもって「神の小羊」を待っていたに違いありません。どうにも手がつけられないような「罪」の現実の中に立って、彼は「このかたがイスラエルに現れてくださるそのことのために、……バプテスマを授け（続け）て」（現在分詞）いたのでした。「キリエ、エレイソン」（主よ、あわれみたまえ）は、まさにこのヨハネの言葉ではなかったでしょうか。

ここでは「罪」の定義は不用です。「罪」は説明されたり解釈されるべきものでなく、端的に悔い改めてゆるされねばなりません。「罪のゆるし」の福音が遠ざけられるのは、信仰の衰弱を意味しています。キリストは私たちに憐れみによって生きる道を示すために、人間の運命と一つに連帯されました。己が業によって義を立てる道ではなく、すべてのものが神の憐れみによる義に生きる道を開かれました。それは、決して個人の内面秩序の回復というようなものではなく、まさに「世の罪」との闘いへと招き入れられることです。永続的かつ根源的な歴史変革の力は、ここに求められねばなりません。

わたしはそれを見た

——ヨハネ一・三二—三四

『福音と世界』一九七七年九月号

ヨハネはまたあかしをして言った、「わたしは、御霊がはとのように天から下って、彼の上にとどまるのを見た。わたしはこの人を知らなかった。しかし、水でバプテスマを授けるようにと、わたしをおつかわしになったそのかたが、わたしに言われた、『ある人の上に、御霊が下ってとどまるのを見たら、その人こそは、御霊によってバプテスマを授けるかたである』。わたしはそれを見たので、このかたこそ神の子であると、あかしをしたのである」。

1

ヨハネは「また」あかしをして語っています。それは第四福音書によると、ヨハネの出現の二日目、すなわち「その翌日」の、第二回目のあかしです。それは同時にイエスを「見て」(二九)からの二回目のあかしでもあります。ヨハネは既に一・一九以下に「あかし」を始めています。しかし、それは自己自身についての「あかし」でありました。その内容は、自分はキリストでも、エリヤでも、あの予言者でもなく、「荒野の声」にすぎないということでした。

しかし、イエス・キリストについて明確な「あかし」が語られるのは、イエス・キリストの事実を「見た」ことから始まります。この「あかし」は、人間の内側に営まれる思索、瞑想、願望に発するものではありません。それは、必ず人間の外から人間に向かって生起する、人間のための出来事の受領、認識に出発いたします。それ故、ヨハネは事実認識と言葉とを常に結びつけながら語っているのです。「……見て言った」(二九)、「……見たので、……あかしをした」(三四)と。「あかし」の言葉がそのものであるためには、この事実認識が裏づけになっていなければなりません。問題は「あかし」の言葉のスタイルや類型ではなく、言葉の内容の確かさです。そして、その確かさは、かの認識の確かさに比例するものなのです。

今日、もし教会の「あかし」の言葉の空洞化が問題にされるのなら、その言葉を言葉としてどんなに工夫してみても虚しいことだと思います。教会を可視的勢力にするとか、目立つように行動してみても無駄でしょう。ましてや伝統の権威に安易に依存することでは、もはや言葉を衰微させるばかりです。しばらく前に、ある研究会で著名な老牧師が、世俗化の波の押し寄せる現代にあって、なお何を守り、保存し、語りうるか、という発題をされ、教会的信仰の伝統の中心的部分の幾つかを、これだけは譲れないもの、として列挙されたことがありました。しかし、この発想では最初から敗北しているのではないでしょうか。現代の世俗化の状況に対して「なお何を守りうるか」という悲愴な発想でなく、状況から「なお何を学びうるか」という視点、そして「なおいかに表現できるか」という課題が、喜ばしい責務として己れに課せられることが、どうしてできないのでしょうか。

言葉の根っこになる、かの事実認識と「経験の深まり」(森有正)を抜きにしては、「あかし」の言葉は決して復活しないことでしょう。言葉を新しくするためには、「経験」が新しくされる必要があります。それ故、私たちはまず「見」なければなりません。否、既に「見」ていても見ず、聞いていても聞かず、悔い改めない自己自身が糾弾されなければならないのではないでしょうか（マルコ四・一二、イザヤ六・九―一〇）。世界がなおキリストのものでないかの如く、「見」せられている事実を「見」ようとしない私たち自身が悔い改めなければならないのです。「世界の主なるキリスト」が悔改めと共に告白され、私たちの「経験」となる時、「あかし」の言葉は押え難い力を発揮するでしょう。「わたしたちとしては、自分の見たこと聞いたことを、語らないわけにはいかない」（使徒行伝四・二〇）のですから。

2

ヨハネの「あかし」の言葉は、彼がイエスを「見た」という事実から出発していることを学びました。それでは、その場合ヨハネは何を「見た」のでしょうか。「わたしは御霊がはとのように天から下って、彼の上にとどまるのを見た」と彼は述べています。ここにはマルコ一・一〇―一一及び平行記事が反映していますし、詳細は周知のことなので、第四福音書記者が省いたのでしょう。当然のことながら、この異象を直解主義的に受け取ってはなりません。ここで問題は、聖霊とはとのイメージの結びつきではなく、またイエスはこの時「神の子」となったという養子論的キリスト論でもありません。聖霊によって存在する人イエス、すなわち神との独一な関係において生きられた人イエスが問題なのです。それ故、ヨハネはイエスを「神の子」と「あかし」をしたのです。「天から下る」という言い方でヨハネの言いたいことは、イエスの存在が、徹頭徹尾、「上から」、すなわち神によって規定され、立てられているということなのです。御霊がイエスの上に「とどまる」とは、永住するの意味です。聖霊とは神との生きた関係の現実を表わす言葉です。したがって、ヨハネの「見た」イエスは、まず神との交わりの現実に生きた人でありました。

さて、この神との交わりの現実に生きている人のみが、第三者をその喜ばしい現実に招くことができるのです。そして、その喜ばしい現実に招かれ、それに与りえた最初の人が、このバプテスマのヨハネではなかったでしょうか。ヨハネは、そのようなイエスにおいて新しい認識を得ました。まず第一に「わたしはこの人を知らなかった」ということを彼は知りました。三一節に既にこの言葉を語った時、彼は自分の無知を知ると共に、彼が罪のゆるしの備えとしてのバプテスマを授けていたことの意味を悟ったのです。それは、彼が「世の罪を取り除く神の小羊」を見た時に起こった新しい認識でありました。しかし、さらに続いて三三節にヨハネが「わたしはこの人を知らなかった」という時、彼は再び自己の無知を告白すると共に、彼が「水」でバプテスマを授けていたことの意味を理解したのでした。彼のバプテスマは「御霊」によってしか全うされない、新しい認識を待望するバプテスマにすぎなかったのです。それは彼がイエスの上に聖霊が下るのを見、かつ「ある人の上に、御霊が下ってとどまるのを見たら……」という神の言葉を聞いた時に生じた新しい認識でありました。

ヨハネはこれらの認識において、「水でバプテスマを授けるように」(一・二六、三一、三三)という限定のもとに、神が彼を「おつかわしになった」ことの意味を、感謝をもって確認したに違いありません。この「限定のもとでの派遣」ということは、ヨハネの働きを貶価することを決して意味していません。否むしろ、御霊によるバプテスマの完成のために、必要な備えのために神が選ばれた器としての光栄を意味しています（「彼によってすべての人が信じるためである」一・七）。神の御業に参画せしめられる使者は、誰一人としてこの「限定における派遣」の光栄を荷わない者はありません。それはまさに「限定」の故の光栄なのですから。使者の行なうことは決して最後的なことではありません。最後は必ず神が全うされねばなりません。使者は決して最後を全うする必要も権利もないのです。最後は神の占有したもう所です。それ故最後を見究めなければ、と頑張るのは、使者の条件を忘れた傲慢にほかなりません。最後を神が果たしたもうということに使者の慰めと自由があるのではないでしょうか。

3

ヨハネは御霊に満ちたイエスを「見て」、この認識を得たのでした。それは「証人」の本質の再認識であり、同時にイエスにおいて現実となった、あの喜ばしい神との交わりへの参与にほかなりませんでした。これら一切の認識と「経験」が、あの「このかたこそ神の子である」（ある有力な写本では「神の選ばれた者」となっている。The New English Bible）との告白と証言を生んだのです。したがって「わたしはそれを見た」という、「わたし」が、極めて重要な意味を帯びてきます。

「わたしはこの人を知らなかった」（三一、三三）と繰り返されたヨハネの、キリストについての無知の告白の場合も、また「わたしはそれを見たので……あかしをした」（三四）という、言葉の根拠を語る場合も、「わたし」という語は極めて強調されています。しかし注目すべきことは、原文を吟味すると、共に「わたしもまた」(κἀγώ)となっていることです。用例から言えば必ずしもすべてがそうであるわけではありませんが、多くの場合「……もまた」の意味を訳出しています。そして、その訳のもつ意義を無視することはできません。

ヨハネはイエスについての無知に関しても、またその認識と理解に関しても、事柄を彼ひとりのこととして終始していません。彼にとって、信仰の事柄は孤立した我の世界の問題ではないからです。彼は「光についてあかしをするためにきた」(一・八)のですが、しかしイエスを「見」るまでは、彼「もまた」イエスを知らなかったのです。彼はこの意味で、イスラエルとこの世の不信仰に連帯していたと言えないでしょうか。しかし「わたしもそれを見た」と言いえたヨハネは、イエスをキリストと信ずる群れと連帯していると言えないでしょうか。罪と不信の連帯は、あのイエスの出来事を「見」ることによって、しかも自らの主体が新しくされるほどに「見」させられることによって、義と信の連帯へと変革されるのです。バプテスマのヨハネでさえも「わたしもこの人を知らなかった」(文語訳「我もと彼を知らざりき」)と語ったということ、そしてさらに「わたしもそれを見たので……」と語り得たということの中に、私たちは深い慰めと励ましを見出さないでしょうか。そしてこの変革のただ中には、黙々とヨハネに歩み寄り、彼の前に身を低くして水の洗いを受けた神の小羊がいましたということの中に、さらに深い慰めと、新しい言葉への促しを見出すのではないでしょうか。

何を求めているのか
──ヨハネ一・三五―三九

『福音と世界』一九七七年一〇月号

その翌日、ヨハネはまたふたりの弟子たちと一緒に立っていたが、イエスが歩いておられるのに目をとめて言った、「見よ、神の小羊」。そのふたりの弟子は、ヨハネがそう言うのを聞いて、イエスについて行った。イエスはふり向き、彼らがついてくるのを見て言われた、「何か願いがあるのか」。彼らは言った、「ラビ（訳して言えば、先生）どこにおとまりなのですか」。イエスは彼らに言われた、「きてごらんなさい。そうしたらわかるだろう」。そこで彼らはついて行って、イエスの泊まっておられる所を見た。そしてその日はイエスのところに泊まった。時は午後四時ごろであった。

1

バプテスマのヨハネが、イエスの近づいて来られるのを見て証しをした「翌日」、彼は今度は「ふたりの弟子たちと一緒に立って」イエスを見ました。私たちはここでヨハネに弟子がいたこと、しかも何人もいたことを初めて知らされます。直訳的には「弟子たちの中のふたりと一緒に」と読むべきだからです。彼らがいつ、どのようにして「師弟」の関係を結ぶに至ったかについては何も告げられていません。しかし「師弟」の関係とは本来いかなるものなのかについて、深く暗示的に語られています。

ヨハネは、まず「イエスが歩いておられるのに目をとめ」ました。これは一・四二にイエスがシモン・ペテロに「目をとめ」られたという場合と同じ語が用いられており、人や物事を、その本質を見抜く仕方で見ることです。そして、ヨハネは前日の証言を弟子たちに対して語ります。「見よ、神の小羊」と。ヨハネは自ら「見た」事実について、弟子たちに「見よ」と命じているのです。世の罪を贖う神の小羊、神からつかわされた真理の啓示者はこの方であるという認識に立って、ヨハネは弟子たちにその事実を見るべく促すのです。「弟子たちと一緒に立って」真理の啓示者に向かいつつ、あの人こそそれだ、と語るのです。

ここには「師」としての姿勢があります。「師」とは自らの求めるものを「弟子」に明らかにし、「弟子」と共に求道の歩みをする者です。「師」とは決して完結的存在ではありません。真理に向かって破れており、真理を営々と追い求める一求道者に過ぎません。彼は現在さし当たって知ったことについて「弟子」に語ります。しかし、それによって「弟子」と求道を共にするのみならず、さらには「弟子」が自分を超えて真理に肉迫してくれることを望むのです。「弟子」をして己れに従属せしめず、真理に従属せしめることに徹するのが、「師」の役割にほかなりません。教育とはこのような場面でこそ成り立つものと言えないでしょうか。

敗戦直後の秋のことでした。急激な価値の転換と社会変動のただ中にあって、虚脱して生きるすべを失った私は、思い余って当時在学していた関西学院中学部の矢内正一先生に手紙を書いて指示を請いました。いつもは直ちに返事を下さる先生が、なかなか返事を下さらないことにある絶望を感じ始めていた時、ある日の英語のクラスの中で、「このクラスの某君からの手紙」について語られました。そして「私も今迷っているので、どう返事をしてよいか分からずにいる。ただ、少しく長く生きている者として言えることは、戦中も戦後も、正しいことは必ず隠れたままではいないということだ。そのことに信頼して、今は学ぼうではないか」と言われたのです。私はこの言葉に救われました。この言葉というより、矢内先生自身の「迷い」を知って救われたと言ったらよいでしょう。これが私を信仰への歩みに導きました。「師」もまた迷いつつ、求めているということの中に、「弟子」への慰めと励ましがあるのではないでしょうか。

「見よ、神の小羊」。このヨハネの証言をヨハネの「弟子たち」は、今こそヨハネから去って、イエスに赴け、という「師」の言葉として理解しました。「ふたりの弟子は、ヨハネがそう言うのを聞いて、イエスについて行った」。「弟子」に対してそのように促す「師」のすばらしさと共に、その促しに応えて、真理に向かい、「師」から離れ得た「弟子たち」のすばらしさをも思われます。真理を求めて生きるということは、「師」にとっても「弟子」にとってもこのようにあることなのです。「師」に媚びたり「弟子」に媚びたりする所に、どうして真摯な求道が生まれましょうか。ヨハネはこのようにイエスに自らをあけわたし、また自分の「弟子」をもあけわたすことにおいて、「証人」としての生と共に「教師」としての生を全うしたのでした。

2

ヨハネに促されて弟子たちは「イエスについて行」きました。ベンゲルは、ここにキリスト教会の出発があったと言っていますが、「ついて行く」ことが三七、三八、四〇、四三とくり返されていることに、注目したいと思います。啓示される真理の認識は、啓示者イエスに服従することによって得られる認識です。あぐらをかいて手をこまねいていては知られるはずはありません。「信ずることは従うことである。従うことは信ずることである」（ボンヘッファー）。服従ということが私たちの生活の中に具体的に構造化されていないで、どうしてイエスを信じていると言えるでしょうか。ドグマの承認や言葉のおうむがえしは信仰とは別のものです。

それにしても、私たちのイエスへの服従が持続されるのは、イエスの「ふり向き」、イエスのかえりみがあるからです。イエスへの服従は私どもの側での努力がどんなに重ねられても、否むしろ服従ということがイエスのかえりみによって導かれないならば、全うされることはありません。「イエスについて行った」ヨハネの弟子たちに向かって、「イエスはふり向き、彼らがついてくるのを見」たまいました。このことがさらに彼らの服従を促したのは言うまでもありません。

「何を求めているのか」（協会訳では不十分です）。第四福音書で、イエスが口を開いて語り出された最初の言葉がこれであります。この福音書の記述方法からすれば、この言葉が単なる探しものの手助けというような意味でないことは明らかです。それは人間の生をめぐる本質的問いを含んでいます。その意味では、あるインドの民話につながる意味を持っているかもしれません。何人かの若者が妻を伴って野に遊んだ時、ある男は妻がなく、やむなく遊里から一日妻を雇って加わりました。夢中で時を過ごし、ふと気がつくと金銀その他の飾り物と共に彼女が姿を消しています。男たちは女の行方を探して森にはいり、そこで冥想中の仏陀に出会いました。仏陀は、「お前たちが本当に探さねばならぬものは何か」と男たちに問うた、というのです。「何を求めているのか」とイエスに問われて、ヨハネの弟子たちは答える言葉を知りませんでした。生きるとは何かを求めて生きることに違いはないけれども、その求めているのが何かさえ分からないのです。その問いを発したその人こそが答えそのものであるにもかかわらず、師ヨハネの証しにもかかわらず、弟子はそれを悟ることができません。しかし、だからこそ弟子はこの問いの前に立ち続けなければなりません。

「ラビ、どこにお泊まりなのですか」。この弟子の反応はまた何と日常性そのものではないでしょうか。しかし、この「ラビ」という呼びかけから「メシヤ」(四一)の認識に至るまで、そしてこの日常性からキリストとの出会いに至るまでの遠い距離を、イエスご自身がこの弟子たちと共に歩み、共に宿りたもうのです。神は人間の認識にまで自らをひくめたもうのです。それが「受肉」の意味にほかなりません。「きてごらんなさい。そうしたらわかるだろう」を「来たれ、そして見よ」と訳す向きもありますが、やはり現行通りが適切です。この言葉は「受肉」の言葉なるイエスが、この地上においで初めて持つ弟子たちへの招きの言葉であります。日常性の枠を出ない、どうでもいいような問いでさえも、真正面から受けとめてくださるイエスです。意味のないような問いさえも導いて、本質的な問いを問わしめ、自らの全存在をさらしてその問いに答えようとされるイエスです。そのプロセスは他でもない、イエスと弟子たちとの共なる歩みであり共なる生活でありました。

「イエスの泊まっておられる所」。もはやそれはどこでもよいのです。大切なことは、弟子たちが「イエスの所に泊まった」ということです。「何を求めているのか」の問いの答えは、ここでイエス自身の方から事実として答えられたのです。それはイエスに従って足を運んだ者だけが与えられる新しい認識なのです。真理の認識は、このようにしてのみ成就されるに違いありません。「時は午後四時ごろであった」と結ばれていますが、ユダヤでは第一〇時、すなわち、それは仕事の「成就」を意味する時間でありました。

邂逅

――ヨハネ一・四〇―四二

『福音と世界』一九七七年一一月号

ヨハネから聞いて、イエスについて行ったふたりのうちのひとりは、シモン・ペテロの兄弟アンデレであった。彼はまず自分の兄弟シモンに出会って言った、「わたしたちはメシヤ（訳せば、キリスト）にいま出会った」。そしてシモンをイエスのもとにつれてきた。イエスは彼に目をとめて言われた、「あなたはヨハネの子シモンである。あなたをケパ（訳せば、ペテロ）と呼ぶことにする」。

1

「ヨハネから聞いて、イエスについて行ったふたりのうちのひとり」の名は「アンデレ」であったと、第四福音書は初めて最初の弟子の名を明らかにしています。アンデレはガリラヤのベツサイダの人で（一・四四）、シモン・ペテロの兄弟でありました。第四福音書の中に僅かに散見できるアンデレの姿は、何か困窮にある者とイエスとの間の橋わたしの役割を務めているように見えます（六・八、一二・二二）。しかも後から弟子に選ばれたピリポの蔭になっていて、いつも控え目な態度を示しています。この記事の場合も、彼は「シモン・ペテロの兄弟」という肩書きで現われて来ているのです。あたかもアンデレそのものとしては、ほとんど何の意味もないかのような現われ方をしています。彼が、アカヤのパトラで殉教し、×字形の十字架に磔刑されたという伝説があるにしても、この福音書でのアンデレは、全く見栄えのしない位置におかれています。

しかしイエスの弟子であるということは、彼がどのような位置を持ち、どんなことを見栄えよくしたかということには全く関係ありません。大切なことは、アンデレが自分の「出会った」キリストのもとに、最も身近の者を「つれてきた」という事実です。アンデレがその後、蔭に隠れていき、ペテロやピリポが表面に出て活躍するようになっても、アンデレが「メシヤ」イエスの最初の弟子であり、証人であり、伝道者であったことに変わりはありません。主が用いられるままに人は用いられるのです。アンデレにとっては、それで十分なのです。自分の出会ったキリストを語ること以外に、伝道者の光栄はないからです。

そう言えば、私たちはここに名をも告げられていない弟子がいることに気がつきます。「ふたりのうちのひとり」はアンデレなのですが、他のひとりは名もなく消えていきます。ある人は、この無名の弟子を第四福音書の著者ヨハネだと想像します（一三・二三、一九・二六、二〇・二、二一・二〇と共に）。しかし、あえてそのように有名な者にしたてなくともよいのではないでしょうか。旧約でも新約でも大切な信仰の伝承を担ってきたのは、無名の予言者や民衆たちであったとされています。この無名の弟子がひとりの受洗者を出さなかったとしても、一つの教会堂を建てなかったとしても、誰に「骨を拾ってもら」わなかったとしても、彼はそれで十分なのです。彼がはっきりと「イエスについて行った」ということで十分なのです。主イエスの名とその業が伝えられ残りさえすれば。

2

「わたしたちはメシヤに出会った」とアンデレは兄弟シモンに告白しています。「出会う」と訳される原語は、元来「見出す」という意味です。それは、求めていたものを見出すということです。バプテスマのヨハネを離れて「イエスについて行った」時から、アンデレはキリスト（メシヤ）を求めていました。この求めなくして、キリストとの「邂逅」はなかったことでしょう。「師」の言葉に基づくとはいえ、その「師」から離れるということは決断を要することです。単なる好ましい人間関係に自足している限りはこの決断は生まれません。それを促すものは、やむことなき「真実への渇望」であり、飽くことなき求道であります。そして、人生においてこの「渇望」に応える者との「邂逅」に勝る喜ばしい経験は他にありません。

「出会い」とか「邂逅」というものがすばらしいのは、そこで「自分」が新しく方向づけられるからではないでしょうか。「邂逅」とは他者との「出会い」であると共に「自分」との「邂逅」であり、人生への回帰にほかなりません。そこにおいて見出されるのは、新しく生きるべき「自分」です。もしも「出会い」というものが、自分の現状肯定をもたらすだけのものであるならば、それは真の「出会い」とは言えないのではないでしょうか。「邂逅」は変化と創造をもたらすものであり、「とどまる」ことではなく、新しく「歩む」ことを促すのです。

しかし、問題は誰がこのような「出会い」の相手たり得るか、ということです。あの「真実への渇望」にまことに応えてくれる人間がこの地上にいるのでしょうか。アンデレたちは「きてごらんなさい。そうしたらわかるだろう」（一・三九）というイエスの言葉に触れました。しかしこのように命じ、また命じることによって、一切を引き受ける言葉を人間の誰が語り得るでしょうか。この言葉は、まずひとりの「ラビ」（先生）の言葉として響きました。それはひとりの人間の言葉としては責任を負いかねる内容を持つ言葉です。躓きは最初から予想されていました。しかし、アンデレたちは「ついて行った」のです。「いつ失望の時が来るか」という問いが彼らの中になかったわけではありますまい。しかし「もはや後には引けない」。そんな気持ちがあったかもしれません。しかしそのような不安と疑い、あるいは悲壮な力《りき》みは「ついて行く」ことの中で消えていきました。アンデレたちはいつしかイエスに服従すること、イエスの方向に歩むことの中に自分を見出しました。「ついて行った」先で、何か観念的な平安の境地にとどまるというのでなく、「ついて行く」そのことが、イエスの弟子としての目的であったことを知りました。

3

「イエスについて行く」ということは、言うまでもなく物理的にイエスの後を追うということでなく、イエスの生の方向を自らも辿るということです。イエスの生の方向とは、隣人に向かって、隣人と共に歩むということでした。アンデレが「まず」向かった隣人は、彼の最も身近な者のひとり、「自分の兄弟シモン」でありました。これはいわゆる「家族伝道」の一つの場合になるかもしれません。肉親や身内の者たちへの愛が強ければこそ、「伝道」は家族から始められなければなりません。

家族とは自分の延長ではなく、神から与えられている最も近い隣人です。家族に対する正しい愛と責任が果たされないままに、遠くの者への伝道に励むことは矛盾ではないでしょうか。家族を無視することを犠牲的献身と見るのは大きな誤解ではないでしょうか。遠くにまで伝道はするけれども、家族は慰めのみ言葉に飢えているということはないでしょうか。このことは決してマイホーム主義を意味しているのではありません。自分の家庭で主の支配が求められているかどうか、ということなのです。キリストとの「出会い」は、具体的に隣人たる肉親に向けて「まず」私たちを押し出します。アンデレが兄弟シモンに「出会い」が促す必然にほかなりませんでした。

それにしても「家族伝道」の困難さがよく話題になります。「自分の日常生活のすべてを知られているから、何かと言えば、それでもクリスチャンか、と言われる始末さ」という話がかわされるのは、異教の国日本のキリスト者の宿命なのでしょうか。「家族伝道」についての心得やテクニックのようなことが、そこで日本の教会でよく語り合われます。それは決して些末な問題でもなく、疎かにすべきことでもありません。しかし、聖書は私たちに単純なことを語っているのみです。すなわち、アンデレがキリストに出会ったこと、彼はシモンにその事実を告白したこと、そして「シモンをイエスのもとにつれてきた」ことです。

家族に語るべき言葉を工夫する前に、キリストとの「出会い」が確認されていなければならないのです。「出会い」の現実が少しでも生きられてさえいれば、言葉を越えて聖霊が働きたまいます。そして、さらに家族も含めて隣人に私たちが何かを語ることが問題なのではなく、彼らを「イエスのもとにつれて」行くことが問題なのです。イエスとの直接的関係が与えられるまで、彼らを「つれて」共に行くこと、求道の歩みを共にすること以外に、またそれ以上に、私たちのなすべきこと、できることは他にないのです。伝道は主イエスによって成就します。イエスがシモンに「目をとめて、あなたをケパと呼ぶことにする」と言われることによって、アンデレの伝道は主イエスによって成就したのです。それはまたアンデレの、キリストとの「出会い」の喜びを一層増し加えたであろうことは言うまでもありません。

ナザレの人イエス
――ヨハネ一・四三―五一

『福音と世界』一九七七年一二月号

このピリポがナタナエルに出会って言った、「わたしたちは、モーセが律法の中にしるしており、予言者たちがしるしていた人、ヨセフの子、ナザレのイエスにいま出会った」。ナタナエルは彼に言った、「ナザレから、なんのよいものが出ようか」。ピリポは彼に言った、「きて見なさい」。

1

バプテスマのヨハネの弟子の中から、師の言葉に従って、イエスのもとに赴いた「ふたりの弟子たち」がいたこと、そしてその一人アンデレが、兄弟シモンを「イエスのもとにつれてきた」ことを私たちは既に知りました。しかし、ピリポは直接イエスが「出会って」（正しくは「見つけ出して」）、弟子にされた人です。このピリポはまた友人ナタナエルをイエスに紹介しています。イエスの弟子になる、なり方はさまざまです。イエスから直接召されたピリポが、特に秀れてイエスに近い弟子であったわけではありません。アンデレの如く新しい師を求めてきた者、兄弟や友人に誘われてきた者があってよいわけです。イエスの弟子になる経路が問題ではありません。仲介者の高名さや実力が問題なのではありません。一枚のビラ、一回の集会、たまたま見たテレビ、聞いたラジオでもよいのです。大切なことは、生き方の転換が促された機縁を大事にする「心の貧しさ」ではないでしょうか。

さて、ピリポはイエスによって直接見出され、ガリラヤへの途次、「わたしに従ってきなさい」と命ぜられました。ここで「わたしの教えに従え」と言われたのでなく、「わたしに従え」と言われたことに注目しましょう。イエスにとって、ご自身から離れた所にまとめられた教えなるものはありません。ご自身が教えそのものだからです。イエスに学ぶ者は、それ故、先立ち歩むイエスに従わねばなりません。それは死んだ教え、教理の伝授ではなく、生きた事実としての教えの伝達のためには必然の道です。それ故、イエスは自ら歩みながら「わたしに従ってきなさい」と告げられるのです。そして「イエスの招きに対する従順よりほかに、信仰への道はどこにもないのである」（ボンヘッファー『キリストに従う』）。

激しい世俗化の波にさらされて、キリスト教会は伝統や教理の今日的妥当性を問われています。そこで「教理に強くなろう」というかけ声で、教理入門やカテキズムが盛んに行なわれるようです。そのこと自体は間違っていません。しかしこの世からの問いに対して、死文と化した教理にしがみついて、教条主義的おうむ返しを反復することが「教理に強くなる」ことなのでしょうか。今日、教会が本当に伝統と教理に「強くなる」ためには、それをイエス・キリストへの服従の文脈の中で継承すること以外にないのではないでしょうか。教理を分かりやすくすることも結構です。豊富な知識にすることもよいでしょう。しかし、教理に生命を与えるのは主への服従の事実でしかありません。そして、この事実以外にこの世の問いに対する答えを教会は持っていないはずなのです。それ故「わたしに従ってきなさい」という主の言葉は、まさに教会がそのようにしてこそ生きることを告げる福音にほかなりません。

2

ピリポはナタナエルに「出会って」（「見つけ出して」四三節と同語）、「わたしたちは……ナザレのイエスにいま出会った」（「見つけ出した」前句と同根）と語りました。「わたしたち」の中には、同郷人アンデレとペテロが含まれていたことでしょう。既にイエスに従っている三人が声を揃えて証言することであっても、だからと言ってナタナエルの認識が新たにされ、信仰が触発されるわけではありません。ナタナエルがカナの人で（二一・二）、三人と故郷を別にするから、その話は聞けないというわけでもないのです。ナタナエル（共観福音書のバルトロマイと同一人物？）には、事実を「見る」ことが必要でした。「見ないで信ずる者は、さいわい」です（二〇・二九）。しかし、第四福音書はそれだからこそ「見る」福音、受肉の事実を見なければ信じられないトマスのような者のために、書かれたとも言えるのです。

ナタナエルを躓かせたのは、キリストがガリラヤの「ナザレの人」であるということでした。「ナザレから、なんのよいものが出ようか」という彼の判断は、強固な裏付けをもって言われている言葉です。「キリストはまさか、ガリラヤからは出てこないだろう」（七・四一）という民衆の判断は、彼らへの宗教上、生活上の支配を貫徹させていた「祭司長たちやパリサイ人たち」の、「ガリラヤからは予言者が出るものではない」（七・五二）という主張に基づいていました。しかし、「『強者の語る言葉が真実だ』という虚構はけっして長くは続かない」（教団新報三八八〇号「青学大神学科問題報告集会」）。ガリラヤは「異邦人の地」という歴史的な差別と蔑視の伝統は、強者の自己保存の論理の支点になっていたのです。「モーセが律法の中にしるしており、予言者たちがしるしていた人」ならば、その人は決してガリラヤの「ナザレの人」であるはずはないし、あってはならないことでした（第四福音書は、この点でマタイ、ルカのベツレヘム伝承を批判しています）。むしろ「ダビデの子」として王候貴族の家に、あるいは祭司長など由緒ある家に生まれるべきなのです。この牢固とした前提は何によって崩されるでしょうか。

「ナザレの人イエス」がキリストであるということは、キリスト教二千年の歴史が証明している、と言うべきなのでしょうか。結果から生まれるものは評価です。しかし、イエスは信仰を求めておられるのです。今ここで、信じ従うことを命じておられるのです。躓いたナタナエルにとっては「きて見なさい」（Come and see!）という友人ピリポの言葉に従うほかありませんでした。躓きは分岐点です。そこで引き返すか、なお前へ進むか。新しい認識と生命を得るには前進しかありません。「往生。それは、往きて生きん、と言うことであるところでは説くのだ。安楽に眼をねむったり寂滅の終わりを意味する言葉ではない。――往きて生きん――往きて生きん――」（吉川英治『親鸞』）。それは好奇や冒険ではなく謙遜の行為なのです。新生を欣求《ごんぐ》して過去に別れを告げ、身を投げだすことなのです。躓きとは危機です。しかし、それは生まれ出ずる好機でもありえます、「きて見なさい」と同行を促す信友の言葉に従うならば。それは、イエスがご自身を知らしめたもう時、アンデレたちに語られた言葉でした。「ナザレ人イエス」がキリストであることを知るためには、この道しかないからです。「従う」ことによって、初めて人は新しい認識を得るからです（ヨシュア三・三）。

3

強者の論理を支え、一般的通念となっていた「ナザレから、なんのよいものが出ようか」という前提をくつがえすものは、「ナザレの人イエス」との出会いの事実以外にありません。ナタナエルにとって、イエスとの出会いは意表を衝くものでした。「ピリポがあなたを呼ぶ前に、わたしはあなたが、いちじくの木の下にいるのを見た」とイエスは言われました。「いちじくの木の下」は律法を学ぶに最適の場所とラビたちに言われていたようです。ナタナエルが、ここで独り律法について瞑想し祈っていた姿を、イエスはピリポに先んじて見ておられたのです。そのような律法とイスラエルについての熱い思いを見抜かれたイエスは、たとえ誤りではあっても、率直に自分の信念を表明するナタナエルに好感を持たれたのでしょう。「見よ、あの人こそ、本当のイスラエル人である」。イエスは要領よく節を変ずるよりは、馬鹿正直に神とさえも争うヤコブの如き人物を好まれるのではないでしょうか。偽らざる疑問と挑戦の人は、一旦真実に触れた時、すばらしい真理の証人となります。そのように、真理のための率直な挑戦を受けとめるイエスにおいて、ナタナエルは真実を見出さざるをえませんでした。「先生、あなたは神の子です。あなたはイスラエルの王です」と彼が告白する時、もはやあの「ナザレから、なんのよいものが出ようか」という、差別的前提は崩壊していました。出所、家柄、資格が問題なのではなく、ここではただ一つ、イエスに見出した真実が一切を克服したのです。

イエスは、「その心には偽りがない」ナタナエルをヤコブの「石の枕」での故事になぞらえて（創世記二八・一二）、イエス（人の子）と神との交わりの幻、すなわちイエスがキリストであることを証言する事実をナタナエルに約束されます。「もっと大きなことを、あなたは見るであろう」と。そして、ナタナエルはヨハネ二一・二でペテロ、トマスらと共に、キリストの復活の現実に与る光栄を負わせられています。

カトリック教会の司祭になったI神父は私の教え子でしたが、修道士時代の厳しい生活の中で、「もうこうなったら意地でもやりますよ」と言ったことを覚えています。彼もまた躓きを超えて「往きて生きた」キリストの弟子であったのでしょう。

あとがき

本書の表題「目はかすまず気力は失せず」は、編集者たちと畏友林巖雄氏（日本基督教団まぶね教会牧師）との話し合いの中で決められたものである。言うまでもなく申命記三四章七節に由来する言葉である。筆者の生涯をモーセの生涯になぞらえることは何とも恐れ多くもったいない限りである。筆者にとって「その墓を知る者なし」（申命記三四章六節）と結ばれるモーセの献身の生涯は、ただただ憧れるばかりのものである。

本書の出版は新教出版社社長小林望氏の強い促しによるものであって、出版界の困難な事情にもかかわらず埋もれ去るべき小生の文章を集めてくださり、このような形にしてくださった。この年齢になって自分としての出版は考えられないことであり、小林社長のご厚意とご配慮に心から感謝するものである。またこれらの諸文章を快く提供してくださった方々のことを以下に記して感謝の意を表したい。

・全国キリスト教学校人権教育研究協議会
・青山学院大学同窓会キリスト教学会
・日本クリスチャン・アカデミー関東活動センター「神学生交流会」
・新教出版社『福音と世界』

本書が「イエス・キリストにある自由」を希求する諸氏にとって何らかの示唆となるならば、著者としては幸いこの上もない。

＊

終わりに臨んで記しておきたいことは、今なお筆者は三つの課題の故に現役牧師としての責任を負っているということである。

その一は、一九七七年、青山学院大学神学科廃科後の卒業生に対する責任である。二〇一八年、体調不良のため同窓会会長は信頼する牧野信次氏に継承していただいたが、第二期の卒業生として、二八年間の、恩師によって始められた神学科の歩みの全てを荷《にな》ってきた者として、廃科を阻止できなかったことについての負い目を覚えないわけにはいかない。本当に申し訳なかったと言わざるを得ない。そして卒業生に対する教師としての数々の過ち、躓きをゆるしていただきたいと思うと共に、それぞれが主にある生涯を全うしていただくことを祈るものである。

その二は、筆者の牧会者としての生涯に決定的な転機を与えてくれた故李仁夏牧師より受け継いだ、川崎市の社会福祉法人青丘社の後援会長としての責任である。最近衆知のようにヘイトスピーチの集団が青丘社をターゲットとして動き、「川崎市差別のない人権尊重のまちづくり条例」（差別を犯罪とする条例、二〇一〇年）にもかかわらず執拗な攻撃を続けている。多文化共生を旨とするこの法人の運動は、人類史的な和解と共生の「館」としての使命を全うしなければならない。あらゆる差別の根絶は変わらない筆者の祈りである。

その三は、日本基督教団教師委員会による、内容上も手続上も不当極まる北村慈郎牧師の免職に対する抵抗である。ただの一度も北村牧師に対する「勧告」なるものをしていないのに「度重なる勧告を受けるにもかかわらず」と免職通告に記す教師委員会委員長も、神奈川教区決議として北村牧師免職再検討を三回にわたって教団総会に提出しても議場にのせることもなく黙殺し続ける総会議長も、また「教団におれなくしてやる」とのおぞましい暴言を吐いて免職のためだけに教師委員会の規則まで も変えて暗躍した元常議員の東京教区K牧師も、すべてキリストの憐れみの故に生かされている人々であろう。私はそれを信じているが故に、問い続け、対話を求め続けているのである。当事者の声を一度も聴取することなく、まず結論として北村牧師排除を前提して対話も審議もない免職という措置は、教団のあり方としてどういうものであろうか。五十余年も着実な牧会を続けてきた牧師の召命を無視し、生活問題にも何らの顧慮もしない決定がゆるされるであろうか。その一方で、「教団教師論」なるものを提示するという、このような流れもパワーハラスメントとしか言いようがない。主イエス・キリストの和解の福音に今一度皆で与ろうではないか。教団の現執行部の猛省を願うものである。

以上のような責任を負った者として、私は現役牧師として、教団を心から愛する者として、提言する次第である。この責任を負わしめられている限り、「目はかすまず気力は失せず」主にお仕えする故に、主を賛美してやまない。Soli Deo Gloria!

二〇二二年六月二三日　沖縄戦終結を懺悔の思いで憶えつつ

関田寛雄

関田寛雄（せきた・ひろお）

1928年、福岡県北九州市に生まれる。青山学院大学大学院、マコーミック神学校、アンドヴァー・ニュートン神学校卒業後、青山学院大学文学部教授、日本基督教団桜本教会および川崎戸手教会牧師を経て、現在、日本基督教団神奈川教区巡回教師、青山学院大学名誉教授。主な著書『あなたはどこにいるのか』（一麦出版社）、『十戒・主の祈り』『キリスト教入門・教会』『聖書解釈と説教』『われらの信仰』『「断片」の神学』（以上日本キリスト教団出版局）、『聖書みちしるべ』『み言葉を携えて歩む』『聖書ところどころ』『私のアメリカ留学記』（以上キリスト教図書出版社）など。

目はかすまず気力は失せず
講演・論考・説教

2021年7月31日　第1版第1刷発行
2022年9月20日　第1版第2刷発行

著　者……関田寛雄

発行者……小林　望
発行所……株式会社新教出版社
〒162-0814 東京都新宿区新小川町 9-1
電話（代表）03 (3260) 6148
振替 00180-1-9991
印刷・製本……モリモト印刷株式会社

ISBN 978-4-400-51765-8　C1016